Glimpses of World History

Jawaharlal Nehru

尼赫鲁
世界史

[印度] 贾瓦哈拉尔·尼赫鲁 著

梁本彬 等 译

中信出版集团·CHINACITICPRESS·北京

目 录

原版前言

　　我不知道这些信将会在何时何地出版问世，或者它们是否会被出版，因为当今的印度是一个奇怪的国家，难以预测。但是，在我受到阻止之前，我抓住了机会，写下了这些文字。

　　对这一系列的历史信件，我需要表达我的歉意，并做一些解释。费神读完这本书的读者们，也许会发现它们。尤其重要的是，我恳请读者阅读最后一封信。在这个颠倒的世界里，也许从最后一封信开始读，也是挺好的。

　　我写给女儿的信在不断增加。对此，我本无计划，也绝没料到会有如此之多。大约6年前，我女儿10岁的时候，我给她写了几封信，是关于世界初期的一些简短描述。这些早期的信件后来出版成书，受到了热烈欢迎。继续写下去的想法一直萦绕在我的脑海里，但是我的繁忙生活充斥了很多政治运动，信件的书写被一再搁置。监狱生活给了我需要的机会，我也牢牢抓住了这个机会。

　　监狱生活的优点是清闲而且不受干扰。但缺点也是很明显的。监狱既不给犯人提供图书馆，也不提供参考书。在这种条件下，关于任何主题的写作，特别是历史，是草率鲁莽的。我收到了一些书，但都不能保留下来。这些书得到了又失去了。

然而，12年前，我和我的同胞们一样，开始了监狱里的朝圣之旅，我养成了边阅读边做笔记的习惯。我的笔记本逐渐增多，在我写作之时，它们就成了我的救命稻草。当然，其他书籍对我的帮助也很大，其中帮助最明显的则是赫伯特·乔治·韦尔斯（H. G. Wells）的《世界史纲》（*Outline of History*）。但是，事实上，好的参考书非常匮乏，因此，我写作中的叙述有时轻描淡写，有时干脆就把某些特殊时期跳过了。

这些信都是私人性质的，亲情弥漫于字里行间，对我孤独的女儿而言，意义重大。我不知道该怎么处理这些信，因为很难把信带出监狱。所以，我保留着这些信件，不让其他人触碰。

由于身体缺乏运动，我常常陷入自我反省，情绪变化也非常明显。我担心这些情绪变化在信中会非常明显地显现出来，而如何解决信中的情绪问题，则不是历史学家的目标。我不认为自己是一名历史学家。这些信只是一个不恰当的混合物，里面既有供年轻人阅读的非常初级的写作内容，也有对成年人的观点进行的讨论。里面重复的地方也非常多。其实，信中的瑕疵也不少，数不胜数。这些信只是由一根细线串起来的肤浅草图。某些事实和观点来自零散的书籍，因此也许一些错误就悄然而至了。我原打算请一位有能力的历史学家修订这些信件，但在我出狱的短暂时期里，我一直没有时间来安排这件事情。

在写信的过程中，我经常积极地表达我的观点。我坚持这些观点，但是，当我写信时，我对历史的看法逐渐发生了变化。如今，如果让我来重写这些信，我的书写的内容可能会有所不同，或者有不同的侧重点。但是，我不能撕掉我已写好的信件，我也无法重新开始。

贾瓦哈拉尔·尼赫鲁

1934年1月1日

Glimpses of World History

尼赫鲁

世界史

第一篇

古国的
兴衰

Glimpses of World History

1. 历史的意义

　　让我们重拾世界历史的发展历程，回顾一下曾经的岁月吧。那是一张交织纠缠的大网，很难轻松解开，也很难看清楚整体。我们很容易在某一个具体的点上迷失了自我，对这些历史点的关注程度，往往超过了它应该受到重视的程度。相比其他国家的历史而言，我们几乎所有人都认为，自己国家的历史远比其他国家的历史更加辉煌灿烂，更值得去研究和学习。我曾经提醒过你，现在再提醒你一次，人们很容易陷入这样的思维陷阱里。事实上，我给你写这些信就是为了阻止这种情况的发生，然而，有时候，我觉得我自己正在犯这样的错误。

　　如果我接受的教育本身就是有缺陷的，如果我学习的历史本身就是颠倒混乱的，那我能怎么办呢？在这与世隔绝的监狱里，我希望通过更多的学习来纠正这一点，在某种程度上，我也许做到了。但是，我的脑子里装满了青少年时期学到的各种历史人物和事件的知识，就像挂满了图画的艺术长廊，我无法将它们从我的脑海中彻底摒除。这些不完整的知识扭曲了我的历史观，也束缚了我的思想。因此我写信的时候就会经常犯错误。我在信中写下了很多不重要的历史事件，却忘记了把很多重要的历史事件写下来。但是，这些信件是不能代替历史书籍的。这些信件只是充当了我们之间交流的桥梁，即使我们相隔2000公里，即使高高的围墙也不能将我们分开。至少我是这么想的，这也让我心情非常愉快。

我情不自禁地写信告诉了你很多在历史书籍中占据了众多篇章的历史名人。他们有着各自不同的有趣经历，帮助我们了解了他们生活的那个时代。但是，历史不仅仅记载伟人的事迹，也不仅仅记载帝王将相们或者此类人的事迹。如果历史真是这样的话，那么历史也许就不再是历史了，因为那些曾在历史舞台上趾高气扬的君主们现在已经不复存在了。但是，事实上，真正的伟人并没有要求登上王座或戴上桂冠或佩戴珠宝或授予头衔，以此来向世人炫耀自己。而帝王诸侯们除了他们的君主身份和头衔、地位以外，其实是一无所有的，他们只有穿上了代表他们自己的服饰才能掩盖其赤裸裸的本质。然而遗憾的是，我们当中的很多人都被这些外在表象欺骗和蒙蔽了，都犯下了这样的错误："将头戴王冠的人看成高贵之人，他不过是一位国王而已。"

真正的历史不应只是零星分散的几个人的历史，而应是构成一个国家的人民的历史，他们通过自己的辛勤劳动创造了生活必需品和财富，他们以上千种不同的方式在生活，同时也在影响其他人。包括了普通大众的历史才是真正有吸引力的历史。历史是人类经历漫长岁月的一部抗争史，人类与大自然及自然万物搏斗，与野兽和丛林搏斗；最后一点，也是最困难的一点，人类还要与那些为了自身利益去压迫剥削他人的少数人展开搏斗。

历史也是人类的生存斗争史。为了生存，当天气寒冷时，某些物品如食物、住所和衣服就成了必需品，因此控制必需品的人就能成为其他人的统治者。统治者之所以有权力，就是因为他们占有或控制了某些生活必需品，这种控制使他们拥有了用饥饿来使他人屈服的权力。所以，我们可以看到一个奇怪的现象，相对数量较少的小部分群体可以剥削数量较多的大众群体；同时，少数人可以不劳而获，而多数人却劳而无获或者少获。

原始人先是独自狩猎，然后逐渐形成了家庭，整个家庭一起共同劳作。很多家庭在一起合作劳动就逐渐形成了村落，然后不同村落的劳动者、商人和工匠们联合在一起就形成了手工业者群体。社会组成单位就逐渐形成发展起来了。一开始，社会组成单位只是个人，只是以个体为单位的原始人，没有任何形式的社会。然后，家庭构成了较大的社会组成单位，进而是村落，再者是村落群。为什么这样的社会组成单位能够发展呢？答案是为了生存。生存的压力推动了社会组成单位的发展和合作，因为合作可以抵御共同的敌人，在战斗中集体合作明显比个体防御或个体进攻更加有效。甚至在劳动中，集体合作的作用也更大。相较于个体劳动而言，人们可以通过集体劳动生产出更多的食物和其他必需品。这种劳动合作就意味着经济个体得到了发展和进步，从只为自己狩猎的个体原始人发展到了较大的群体。事实上，经济体的推动发展可能源自人们为了生存而不断奋斗的动力，最终造成了社会的发展和社会组成单位的发展。穿过漫长的历史发展进程，我们可以看到，这样的发展交织着几乎无止境的冲突和苦难，甚至有时候还会倒退。但是，不要认为这样的发展就必然意味着世界一直在飞速进步，或者说世界已经发展成了一个使人更加幸福的世界。也许，如今的世界相较于以前要好一些，但是离完美仍有相当长的距离，世界各地仍充满了苦难。

2. 人类的征服

我在前面写下了人类发展的进程，从他们跌跌撞撞、低头垂肩地走出丛林开始，这是一条有着数千年历史的漫长足迹。然而，如果你把它与地球的年龄，还有人类出现前漫长的时间相比的话，这段历史却又非常短暂！但是，对我们而言，与存在于人类之前的大型动物相比，人类当然使我们更有兴趣；人类有趣的原因在于，人类带来了其他生物似乎没有的新鲜事物，那就是思想、好奇心——探究和学习的欲望。所以，从很早的时期开始，人类就开始了探索。你可以观察一个幼小的婴儿，看看他如何看待这个新奇精彩的世界，如何开始认识事物和人们，以及如何学习。看看一个小女孩，如果她健康敏锐，她就会对许多事物提出很多问题。正是如此，在历史发展的初期，人类无知而且幼稚，世界对他而言既新奇精彩又令人生畏的时候，他一定会观望和注视周围的一切，提出很多问题，但是他除了自己，又能问谁呢？没有人能给出答案。但是，他有一个奇妙的小东西——思想。在思想的帮助下，他缓慢而费力地不断丰富着自己的经验，并不断从经验中学习。所以，从最早期开始到现在，人类的探索从来没有停止过。他发现了许多事物，有很多事物迄今仍然存在。他在沿着轨迹前进的时候，发现在他面前延伸出了很多路径。这些路径告诉他，他离探索的终点还极其遥远——如果有终点的话。

　　人类的探索是什么，他的征程到了哪里？人类数千年来一直试图回答这些问题。宗教、政治和科学都在思考这些问题，也给出了不同的回答。我不想让这些答案来烦扰你，因为我也不知道其中哪一个有最充足的理由。但是，总的说来，宗教一直在努力给出一个完整的教条式的回答，对思想却经常毫不关心，但是它力图以各种方式强迫人们服从它的决定。科学给出了一个犹豫不决的答复，因为科学的本质不是教条主义，而是试验、推论，依赖的是人类的思考。我可以告诉你，我非常偏爱一切科学和科学方法。

　　我们也许不能确切地回答关于人类探索的这些问题，但是我们可以看见探索本身有着两条轨迹。人们观察着人类以外的世界，也观察着人类自身的世界；人们努力了解大自然，也在努力了解自己。实际上，这两种探索是完全相同的，因为人类也是大自然的一部分。印度和希腊的古哲学家们都曾说过：

"认识自己。"《奥义书》记录了古老的雅利安印度人（Aryan Indian）对知识的孜孜追求。大自然的另一些知识属于科学的特殊领域，我们现代世界见证了它伟大的进步。事实上，科学正在展开它的翅膀（现在更加宽广了），接管了探索的两条轨迹，并将它们整合在一起。科学正满怀自信地注视着最遥远的星球，它还告诉了我们不断运动着的奇妙的小物质——电子和质子——所有事物都是由它们组成的。

人类的思想带着人类走过了长长的发现之旅。由于人类对大自然有了更深的了解，人类已经能够利用和驾驭大自然为自己服务了，因此能获得更多的力量。然而，不幸的是，人类总是不知道如何利用这种新力量，往往是在误用和滥用。人类把科学主要用于制造可怕的武器，去屠杀他们的同胞，毁灭他们千辛万苦建立起来的文明。

3. 食物，掌控自然

早期的人们甚至获取食物都非常艰难。他们日复一日地打猎和采摘果实，为了获取食物而从一个地方寻觅到另一个地方。部落逐渐形成了，因为群居比独居更加安全，所以大家庭开始聚在一起生活和狩猎。农业的出现带来了一个巨大的变化，由此产生了极其深远的影响。人们发现，通过各种农业技术在土地上种植农作物，比四处狩猎更容易也更方便。耕地、种植和收获都意味着要靠土地来生存。人们不必像以前那样四处寻找食物了，而是要居住在离土地不远的地方。所以，村落和城镇逐渐形成并逐步发展起来了。

农业也带来了其他的变化。土地上出产的食物不是一次就能吃完的。人们把多余的粮食储存起来。和过去的狩猎相比，生活开始变得有点复杂了，不同阶级的人们在田间地头和其他地方从事着不同的劳动，有的人负责管理和组织工作。慢慢地，管理者和组织者的权力越来越大，变成了族长、统治者、国王和贵族。一旦权力在手，他们就可以获得生产出的大量剩余食物。因此，他们变得越来越富有，而在田地里劳作的人们只能获得仅够生存的食物。一段时间过后，这些管理者和组织者变得越来越懒惰，或者已经没有能力做事了，甚至组织管理方面的工作也做不了了。他们什么都不干，但很关心如何从劳动者生产的食物中占据较大的份额。他们开始认为，他们完全有权力依靠他人的劳动生活，而不用亲自做任何事情。

所以，你会发现农业的出现给生活带来了巨大的改变。获得食物的技术得到了提高，获取食物的方式也变得更加容易，由此农业改变了整个社会的基石，它使人们拥有了闲暇的时间。不同的阶级就这样形成了。每一个人不再为了食物而忙忙碌碌，所以有的人开始从事其他的工作。不同种类的手工业出现了，由此形成了新的职业。然而，权力仍然主要掌握在管理阶级的手中。

你还会发现在以后的历史里，新的食物和其他必需品的生产方式发生了巨大的改变。人们对其他物品的需求量，也开始变得和对食物的需求量一样多了。所以，任何生产方式的变化都会给社会带来巨大的改变。给你举一个典型例子吧：当蒸汽动力被应用于工厂的生产和铁路轮船的运输时，生产方式和分配方式就出现了很大的变化。蒸汽工厂的生产速度远远高于手工业者徒手或使用简单工具进行生产的速度。大型机器就是一个巨大的工具。铁路和轮船能很快地将食物和工厂的产品运往遥远的其他国家。你可以想象，这让全世界发生了多么巨大的变化啊。

在历史上，更新更快地生产食物和其他物品的方式不断地涌现出来。当然，你会认为如果有更好的方法用于生产出更多的物品，那么世界就会变得更加富有，每一个人就会拥有更多的财富。你说对了一半，也说错了一半。更好的生产方式的确让世界变得更加富有了。但是到底是哪一部分的世界呢？很显然，我们国家仍然存在着贫穷和苦难，但是即使在像英国那样的富有国家里也肯定存在着这种现象。这是为什么呢？财富去哪儿了呢？尽管创造出了越来越多的财富，但是穷人依然贫穷，这是一个很奇怪的现象。有些国家在这方面也取得了一定的进步，但是同创造出的新财富相比，这样的变化还是微乎其微的。然而，我们能很容易地看清楚这些财富的大体走向。财富大多流向了管理者或组织者，这些人一定会设法让自己占据其中的最大份额。更奇怪的是，有些人甚至不用劳动就可以占有其他人的劳动成果中的最大份额，而这样的社会阶级构成却一直在发展！你能相信吗？这种阶级还受到了尊敬和仰慕，甚至还有一些愚蠢的人认为以工作谋生是一件可耻的事！这可真是一个颠倒的世界！在田间地头劳动的农民生产了食物，在工厂里工作的工人创造了财富，但是他们却穷困潦倒，这难道不让人吃惊吗？我们谈论着要为国家争取自由，但是什么才是真正值得的自由呢？除非是推翻这个颠倒的世界，除非是辛勤工作的人们能获得劳动的果实。一些又长又厚的著作讲了政治和政府的管理艺术，还讲了经济和国家财富是怎样分配的。学识渊博的教授们举办了这些话题的讲座。但是，人们在交流讨论的时候，埋头工作的人们仍在承受苦难。200年前，著名的法国作家伏尔泰（Voltaire）曾这样评价这些政治家："他们在高谈阔论的政治学里发现了导致人们死于饥饿的原因，而正是这些饿死的人耕种了土地，给予了其他人生存的条件。"

古代的人们不断取得进步和发展，逐渐蚕食着大自然。他们砍伐森林，修建房屋，耕种土地。从某种程度上讲，人类被认为是征服了大自然。人们讨论的也是如何征服大自然。然而，这完全是信口开河，大错特错了。我们最好认为人类才开始了解自然界，人们知道得越多，才能越有能力与大自然合作，才能根据自身的目标来利用大自然。古时候的人们是惧怕大自然和各种自然现象的。他们对着自然顶礼膜拜，奉上贡品以求平安，而不是竭力去了解自然，好像大自然是一头需要被安抚满足的野兽。因此，打雷闪电和传染病都会使人们心生恐惧，他们认为只有奉上了祭品才能平息这一切。许多无知的人们还认为日食或月食是可怕的灾难。他们不去想办法了解这一简单的自然现象，而是对此毫无理由地激动兴奋，通过斋戒和沐浴的方式来保护太阳或月亮！太阳和月亮是完全有能力照顾好自己的，我们实在不必为此忧心忡忡。

4.公元前兴起的宗教

让我们在历史的长河中继续前行吧。我们来到了2500年前的一个重要的转折点，也就是在公元前600年左右的时候。切不可以为这是一个确切的时间，我只能给你一个大概的时间段。在这段时间内，在中国、印度、波斯和希腊等国家出现了许多伟人、大思想家和宗教奠基人。这些人并不是生活在一个完全相同的时间里。但是，他们生活的时期非常接近，公元前6世纪因而成了一个引人注目的伟大时期。当时一定出现了一场席卷全球的思想浪潮，这是一场不满于现状、对更好事物充满了希望与渴求的浪潮。伟大的宗教奠基者总是在寻求更加美好的事物，竭力改变人民的生活现状，使他们进步并减轻他们的苦难。

他们一直是革命志士，总是以大无畏的精神向现有的弊端发起冲锋。当旧时的传统出了问题或者阻碍了未来的发展时，他们势必会毫不畏惧地推翻陈规陋习。总之，他们为芸芸大众树立了崇高的榜样，榜样代代相传，成了理想的标杆和激励人们前行的动力之源。

公元前6世纪，印度诞生了释迦牟尼和摩诃毗罗（Mahavira），中国诞生了孔子和老子，波斯诞生了琐罗亚斯德[1]，希腊的萨摩斯岛（Samoa）诞生了毕达哥拉斯（Pythagoras）。你以前也许听说过这些名字，只是有可能关联的内容不同罢了。学校里的孩子们大多认为毕达哥拉斯只是一名数学家，因为他证明了一个几何学定理，现在的孩子们可不太乐意学习这个定理。这个定理证明了直角三角形两条直角边的平方和等于斜边的平方，欧几里得（Euclid）几何学和其他几何学采用了这个定理。但是，除了在几何学上的发现以外，毕达哥拉斯还是一名伟大的思想家。我们对他的了解不多，事实上有些人甚至怀疑是不是真有这个人。

据说，琐罗亚斯德教[2]的创始人是波斯的琐罗亚斯德，但是我不太肯定称呼他为该教派创始人是否合适。也许更恰当的说法是，他为波斯的旧思想和旧宗教指明了一个新的方向和一种新的宗教形式。在过去很长一段时间里，波斯境内几乎没有这

---

1 琐罗亚斯德大约生活在公元前7世纪。
2 琐罗亚斯德教在中国又称"拜火教"或"祆教"。——编者注

个宗教。很久以前从波斯来到印度的帕西人将琐罗亚斯德教带到了印度。从此以后，琐罗亚斯德教便在印度传开了。

在这个时期，中国出现了孔子和老子这两位伟大的人物。孔子的英文拼写是"Confucius"，正确的写法应该是"Kong Fu-Tse"。但是就"宗教"这个词的字典意思而言，这两个人其实都不是宗教的创建者。他们制定了道德准则和社会行为规则，告诉人们应该做什么，不应该做什么。但他们去世后，中国人修建了无数的庙宇来纪念他们，他们的著作也受到中国人的推崇和膜拜，就如同印度教的《吠陀经》和基督教的《圣经》一样。孔子教育所带来的一个影响就是使中国人成了世界上最彬彬有礼、举止最文明和最有教养的民族。

印度的宗教伟人是摩诃毗罗和释迦牟尼。摩诃毗罗被认为是耆那教（Jain）的真正创建者[1]，人们至今仍在信仰这个宗教。他的真名是筏驮摩那（Vardhamana），摩诃毗罗是尊称，意思是"伟大的英雄"。耆那教教徒大多生活在印度西部和卡提瓦半岛（Kathiawad），如今也常和印度教教徒（Hindus）混居在一起。在卡提瓦半岛和拉杰普塔纳的阿布山（Mount Abu）上有美丽的耆那教寺庙。耆那教教徒是非暴力主义的忠实信徒，反对可能伤害万物生灵的任何行为。就这一点而言，或许你会有兴趣知道，毕达哥拉斯是一名严格的素食主义者，他甚至坚持

---

1 原文直译是"摩诃毗罗开创了耆那教"。其实摩诃毗罗是耆那教的第24代祖师，虽不是耆那教的创始者，但被尊为真正的创建者。——译者注

要求他的学生和门徒都成为素食者。

我们现在要谈谈乔达摩（Gautama），即释迦牟尼了。毫无疑问，你肯定知道他的种姓是刹帝利，他原是一位王室的王子，悉达多（Siddhartha）是他的本名。他的母亲是王后摩耶夫人（Queen Maha Maya），古代编年史中是这样描述摩耶夫人的："（她）受到所有人的爱戴，犹如初升的月亮般美丽，意志如大地般宁静，心灵纯净得如同莲花，她就是伟大的摩耶夫人。"

乔达摩由父母抚养长大，过着舒适而奢侈的生活，他的父母竭力使他远离一切苦难或烦恼。但这是不可能的。传说他亲眼看到了人们的贫穷、苦难和死亡，他深受触动，心里充满了忧伤。虽然他有奢华的生活、年轻而漂亮的妻子，但他无法在宫廷里找到内心的宁静，人类的苦难一直在折磨着他。

他渴望找到消除这些苦难的方法，这个念头在他的脑子里生根发芽，直至有一天他再也无法忍受了。在一个寂静的夜晚，他离开了王宫，离开了亲人，独自一人走进茫茫的世界，去寻找那困扰他已久的问题的答案。他寻求答案的路程极为漫长，让他疲惫不堪。据说多年后，终于有一天，他坐在加雅岛（Gaya）的一棵树下，忽然开悟了，并立即成了佛，这就是"顿悟"。这棵树就是世人皆知的菩提树，即"觉醒之树"。在古老的迦尸国附近有一个鹿野苑（Deer Park），那时也被称为仙人鹿园（Isipatana），即今天的萨尔纳特（Sarnath）。释迦牟尼成佛后便开始在此处讲法传道。他向世人指明了一条"美好生活之路"。他反对向神灵奉上各种形式的祭品，他认为我们必须向神灵忏悔我们的愤怒、仇恨、妒忌和恶念。

释迦牟尼出生时，印度盛行的是古吠陀教（Vedic）。但是，在那时这个宗教已经发生了变化，早已没有往日的声望了。婆罗门祭司们带来了各种形式的宗教仪式、礼拜和迷信，因为礼拜仪式越多，祭司们就会越兴旺。种姓制度越来越严苛，普通百姓们都惧怕征兆、符咒、巫术和骗术。祭司们通过各种方法来控制普通百姓，挑战刹帝利统治者的权威。在刹帝利和婆罗门之间出现了相互敌对的状态。释迦牟尼以伟大的宗教改革者的身份出现在了世人面前。他抨击了已在古吠陀教里悄然蔓延的祭司专制和所有的恶行。他关注百姓们的生活幸福，同时广施善行，也不参加任何宗教礼拜仪式。他把追随自己的僧侣和尼姑召集起来，组成了佛教僧伽会（Buddhist Sangha）。

曾有一段时间，佛教作为一种宗教，在印度的传播并不广泛。后面我们将看到佛教是如何在印度传播的，以及在印度如何走到几近消亡的状态的。佛教征服了从锡兰到中国的那些遥远的国家，而在自己的诞生地——印度，佛教却被融入了婆罗门教或印度教。

那时的人们与宗教有什么关系呢？对某些人而言，宗教意味着另一个世界：天堂、天国或其他类似的名字。那些希望死后进入天堂的人对宗教是非常虔诚的，并且愿意为宗教做某些事情。这让我想起了一个孩子，他循规蹈矩就是希望能被奖励一块果酱泡芙或炸甜圈！如果这个孩子总是想着果酱泡芙或者炸甜圈，你就不会说这个孩子得到了合理的训练，对吧？你也不会赞成孩子们为了泡芙或其他美食而愿意做任何事情。那么，我们又怎能去评价有着同样的思考和行为方式的成年人呢？毕竟，果酱泡芙和去天堂的想法在本质上是没什么区别的。人都是自私的，只是程度不同罢了。但是，我们要尽力培养我们的孩子们，尽可能让他们成为无私的人。无论如何，我们的理想应该是完全无私的，这样才能无愧于他人。

我们都期望获得并看见自己行动的成果。这是一件很自然的事。但是，我们的目标是什么呢？我们是仅仅关心自己的幸福呢，还是关心更大群体的幸福，即社会的幸福、国家的幸福和人类的幸福呢？毕竟，更大群体的幸福也包括了我们个人的幸福。几天前，我在信里告诉你了一段梵文，意思是个人应该为了家庭而牺牲，家庭应该为了集体而牺牲，集体应该为了国家而牺牲。现在我要告诉你另一段出自薄伽梵信仰（Bhagavata）的梵文，说："我期望的不是极度的幸福及其八种完美的状态，我也不期望停止重生。愿我能带走受苦受难的万物生灵的哀痛，并走进他们，使他们能远离悲伤。"

一个宗教信徒说的是这样，而另一个宗教信徒说的是那样，他们彼此之间却经常把对方当成蠢货或骗子。谁是正确的呢？当他们说着无法看见或无法证明的事情时，我们是很难平息争执的。但是，他们双方都相当自以为是，都非常肯定自己的说法，并绞尽脑汁地去证明。我们中的大部分人都目光短浅，也不太聪明博学。但是我们能假装自己明晓一切真理，并强迫我们的邻居接受吗？也许我们是正确的，但也许我们的邻居也是正确的。如果你只看见树上有一朵花，你就不会说这是一棵树。如果另一个人只看见了一片叶子，还有一个人只看见了树干，那么每个人看到的都只是树的一部分而已。如果他们各执己见，坚持说这棵树是花，或者是叶子，或者是树干，并为此打架斗殴的话，这是多么愚蠢啊！

我恐怕不会对另一个世界感兴趣的。我脑子里想的都是我在这个世界里应该干点什么。如果我能看清楚我前方的道路，我就很满足了。如果我能清楚地知道我在这个世界的责任，我就不让自己去操心另一个世界的问题。

5.波斯和希腊

让我们回到希腊和波斯，来看一看这两个国家之间的战争吧。当时的波斯帝国的统治者为大流士。大流士治下的波斯帝国疆域辽阔、行省众多，从小亚细亚到印度，还包括了埃及的部分地区和位于小亚细亚的希腊城邦。这个大帝国毗邻海湾，修建了道路，并在沿途设置了驿站。出于某种目的，大流士决定征服希腊各城邦。在与希腊的几场战争中，出现了几场在历史上极为有名的战役。

希腊历史学家希罗多德记录并描述了这几场战争。希罗多德生活的时期离他记录的那几场战争很近。当然，虽然他偏袒希腊人，但是他的描述还是非常有趣，我会在这封信里节选一部分他对这段历史的记载。

波斯人第一次进攻希腊没能取得成功，因为在漫长的行军途中，波斯士兵不仅染上了疾病，还缺少足够的食物。波斯军队甚至还没有抵达希腊，就不得不返回了。对希腊的第二次进攻发生在公元前490年。这一次，波斯军队由陆路改为了海路，登陆地点在离雅典不远的一个叫马拉松（Marathon）的地方。由于波斯帝国威名远播，因此雅典全城都做好了武装准备。雅典人还是惧怕波斯大军的，于是就打算和宿敌斯巴达人（Spartans）修好，并向他们求助，希望一起来抵御外敌。但是，在斯巴达人到达雅典之前，雅典人民就成功地击退了波斯大军。这就是发生在公元前490年的著名的"马拉松战役"。

令人好奇的是，一个小小的希腊城邦居然击败了一支强大帝国的军队。但是，这样的结果也许并不奇怪。希腊人为了保家卫国是在本土作战，而波斯大军长途跋涉远离故土。这支军队的士兵们来自波斯帝国的各个地方，成分很混杂。他们愿意打仗是因为有报酬可拿，对于是否能征服希腊则完全不感兴趣。相反，雅典人是为了自由而战，他们宁死也不愿失去自由。不管出于何种理由，宁死不屈的人是几乎不会被打败的。

在大流士之后，薛西斯于公元前486年继任波斯国王，重整了一支波斯大军从陆路向前挺进，同时大批船只由海路随行。

但是在希腊附近海域，大部分船只都被海上大风暴摧毁了。面对波斯大军的到来，希腊人惊惧万分，他们抛开了彼此之间的争执，联合起来一起抵御侵略者。他们在波斯大军面前向后撤退，试图在一个叫"温泉关"（Thermopylae）的地方阻止波斯大军的前进。这是一条非常狭窄的通道，一边是悬崖峭壁，一边是波涛汹涌的大海，因此只需一小部分人就能守住这个通道。列奥尼达国王（Leonidas）亲率300名斯巴达勇士誓死守卫这个地方，直至全部战死。仅在马拉松战役的10年后，勇敢的人们又在这个生死攸关的日子里英勇奋战、报效祖国。他们拖住了波斯大军主力，掩护希腊军队向后撤退。在这条狭窄的通道里，不断有人倒下，又不断有人冲上去，波斯军队根本无法前进。列奥尼达和他的300名勇士们最终全部倒在了温泉关，之后波斯军队才得以继续向前推进。这场战役发生在公元前480年，距今已有2410年了，即使在今天，人们一想到斯巴达勇士们视死如归、不可战胜的勇气，内心都会不住地发颤。甚至是在如今，造访温泉关的游客们也许会泪眼模糊地凝视着篆刻在石头上、称颂列奥尼达和他的勇士们的文字：

　　过客啊，去告诉我们的斯巴达人，
　　我们矢忠死守，在这里粉身碎骨。

　　视死如归的勇气是多么令人惊叹啊！列奥尼达和温泉关永垂不朽。即使我们身在遥远的印度，但一想到他们，我们内心就会激荡澎湃。

温泉关暂时抵御了波斯大军的前进，但并没有持续太长时间。希腊人在波斯军队面前撤退逃离了，甚至有的希腊城邦向他们投降了。然而，骄傲的雅典人民宁愿抛弃这座心爱的城市，让它毁于战火，也不愿屈膝投降。因此，所有的雅典人都弃城远走了，大部分人坐船离开了家园。波斯军队进入了这座被遗弃的城市，并将雅典城付之一炬。但是，雅典人虽然逃离了，却并没有被打败。在萨拉米斯岛（Salamis）附近爆发了一场伟大的战役。在这场战役中，波斯军队的船只全部被摧毁，心灰意冷的薛西斯只得返回波斯。

在很长的一段时间里，波斯是一个了不起的国家，但是马拉松战役和萨拉米斯海战是波斯帝国衰落的转折点。对于生活在那个时期的人们而言，看着这个庞大的帝国摇摇欲坠是多么令人惊讶啊。希罗多德深思熟虑后从中总结出了一个规律，他认为一个国家的历史包含三个阶段：胜利；由胜利导致的自大和不正义；由自大和不正义导致的衰落。

希腊人战胜波斯人后导致了两个后果：波斯帝国逐步走向了没落，国力日益衰弱，而希腊则步入了历史上的辉煌时期。就国家历史而言，这段时间并不长，总共不到200年。它并没有像波斯帝国或没落的其他帝国那样发展成了一个幅员辽阔的国家。然而后来，希腊出现了伟大的亚历山大大帝时期，他在位时间虽短，但他的东征西讨震惊了整个世界。不过，在这封信里我们暂且不谈论他。我们要谈论的是在希波战争和亚历山大大帝出现之间约150年的历史，即从温泉关的马拉松战役到萨拉米斯海战开始这一段时间。波斯的入侵使希腊各城邦团结起来，形成了联盟。但是，当波斯对希腊的危险被解除后，希腊再次陷入分崩离析、各自为政的局面，不久之后又出现了纷争。尤其是雅典城邦和斯巴达之间简直就是死敌。但是，我们不必担心他们之间的争斗，这一点并不重要。我们要记住这段历史的唯一原因就是当时的希腊人在其他方面取得的伟大成就。

对于这段时间的希腊，留存下的只有几本书籍、几尊雕塑和几处残骸。虽然存数不多，但已足够让我们钦佩、赞美希腊人民在多个领域里取得的伟大成就。他们需要多么才华四溢的头脑，多么敏捷娴熟的双手，才能创造出如此精美绝伦的雕像和建筑啊！菲狄亚斯（Phidias）是这个时期的著名雕塑家，此外还有很多人也颇有名气。他们的戏剧作品，无论是悲剧还是喜剧，至今仍是戏剧界最杰出的作品。索福克勒斯（Sophocles）、埃斯库罗斯（Aeschylus）、欧里庇得斯（Euripides）、阿里斯托芬（Aristophanes）、品达（Pindar）、米南德（Menander）、萨福（Sappho）和其他作家，目前对你而言，只不过是一串名字罢了。但是你还是应该读一读他们的作品，我希望你能知道这些作品的荣耀是属于希腊的。

这段时间的希腊历史对我们是一个警示，它告诉了我们应该怎样去了解任何国家的历史。如果我们仅仅关注希腊各城邦境内的小战争和所有其他的小战役，我们又怎能真正了解他们呢？如果我们想充分了解他们，我们就一定要去了解他们的想法，并尽力体会他们的所感所为。

　　在这个时期，雅典是最为有名的城邦。它的统治者是一位政治家，他就是伯里克利（Pericles），执掌了雅典30年。这个时期的雅典是一座宏伟的城市，有着精美的建筑、伟大的艺术家和伟大的思想家。甚至在现在，我们只要一谈到伯里克利时期的雅典，就称它为"伯里克利时代"。我们的朋友、历史学家希罗多德就生活在这个时期的雅典。他思考了雅典的发展，他善于从道德角度进行阐释，由此他得出一个寓意；他在《历史》一书中是这样说的：

　　雅典的实力与日俱增，随手都可以找到证据来证明自由是个好东西。当雅典人民受到专制统治时，他们在与邻邦的战斗中就会处于下风；但是当他们推翻独裁者后，他们的实力就会远远超过邻邦。由此可见，当雅典人受到奴役时，他们是不会发挥自己的才干的，只不过是在给主人服役而已。但是，当他们成了独立的自由个体时，他们就会尽全力维护自身的利益。

　　我曾提到过那个时期里的一些伟人的名字，但是其中有一个名字我从来没有提到过，他就是苏格拉底（Socrates）。苏格拉底是一位哲学家，他用尽了毕生精力去探索真理。对他而言，唯一值得拥有的就是真知。他经常和他的朋友们还有熟人们辩论各种问题，通过讨论，他也许就得到了真理。他有诸多门徒和追随者，其中最了不起的就是柏拉图（Plato）。柏拉图写了许多著作，并且流传到了今天；正是通过柏拉图的著作，我们才充分了解他的老师苏格拉底。显然，政府是不喜欢人民总是在努力寻找和探求真理，他们自己也不喜欢去寻求真理。伯里克利时代之后，雅典政府不再认同苏格拉底的思想；苏格拉底遭到了审判，并被判处了死刑。他们告诉苏格拉底，如果他承诺不再与人们讨论各种问题，同时改变他的主张，他们就能饶恕他。但是苏格拉底拒绝这么做，他宁愿饮下一杯夺走他生命的毒药，也不愿放弃他的使命。在弥留之际，他对着起诉者、法官和雅典人民说道：

如果你们要让我放弃对真理的探索，才能赦免我无罪的话，我会说：我谢谢你们，哦，雅典人民，但是我将服从赐给了我使命的神，而不是服从你们。只要我还能呼吸，还有力气，我就绝对不会放弃我的信念和主张。无论我遇见谁，我都将继续传播我的理念，并且告诉对方：'你一心追求财富和荣誉，丝毫不追求智慧和真理，也不净化你的灵魂，你难道不觉得羞愧吗？'我不知道什么是死亡，也许这是一件好事，我也绝不惧怕死亡。但是，我清楚地知道，放弃自己的信念是错误的；我宁愿做一件好事，也不愿做一件坏事。

苏格拉底的一生都在致力于探索真理和真知的伟大事业，他的死亡更好地诠释了他的追求。

现在，你可以经常读到或听到关于各种问题的讨论和争论，如社会主义、资本主义和其他的主义。整个世界承载着太多的苦难与不公，人们对此强烈不满，并在积极寻求改变。柏拉图曾思考过有关政府的各种问题，并对此写了不少东西。因此，即使在那个时期，人们也在思考着如何构建一个国家的政府和社会体系，以此给人民带来更大的幸福。

柏拉图在逐渐老去的时候，另一个有名的希腊人站在了历史的前沿，他就是亚里士多德（Aristotle）。他曾是亚历山大大帝的私人教师，亚历山大对他的事业给予了极大的支持和帮助。亚里士多德并没有像苏格拉底和柏拉图那样为各种哲学问题所累。他更感兴趣的是观察自然，了解自然的各个方面；人们称之为"自然哲学"（Natural Philosophy），或者现在也被称为"科学"。因此，亚里士多德可以算是一名早期的科学家。

6. 印度的孔雀王朝

印度孔雀王朝的开创者旃陀罗笈多（Chandragupta）卒于公元前300年左右，他的儿子宾头沙罗（Bindusara）继承了王位，在他25年的统治期间似乎风平浪静。他一直与希腊化国家保持着联系。在埃及，托勒密王朝时期曾派遣使者前往宾头沙罗的王廷；在西亚，君主塞琉古之子安条克也曾去过。据说，在这段时间出现了对外贸易。埃及人过去常常在衣服上使用的靛蓝染料就来自印度，还有他们包裹木乃伊的布料也出自印度。在比哈尔发现的某些古老遗迹就显示出，在孔雀王朝前就出现了某种玻璃制品。

希腊使节麦加斯梯尼来到了旃陀罗笈多的王廷，这一点你可能会感兴趣。他用文字描述了印度人对华丽服饰和美丽事物的喜爱和追求，他还特别提到人们利用鞋子来增加身高，所以高跟鞋可不完全是现代的产物。

公元前268年，阿育王继任了宾头沙罗的王位，开始统治这个领土面积涵盖了整个北印度和中印度，并一直延伸到中亚地区的伟大帝国。也许，阿育王想把印度东南部和南部地区纳入帝国版图，因此在他即位第9年时，他开始征伐羯陵伽国（Kalinga）。羯陵伽国位于印度东海岸，哈纳迪河（Mahanadi）、哥达瓦里河（Godavari）和基斯特纳河（Kistna）的三河交汇处。羯陵伽国的人民英勇反抗，但是在残酷的屠杀之下，最终还是屈服了。这场战争和杀戮深深刺激了阿育王，他开始厌恶战争和战争带来的种种恶果。从此以后，他停止了征战。自此，除了印度半岛最南端的一小部分地区以外，几乎整个印度都在阿育王的统治之下。其实阿育王要征服那么一小块地区是轻而易举的事情，但是他克制住了征服的欲望。

幸运的是，我们保存下了阿育王的敕令，它告诉了我们他的所思所为。大量的阿育王敕令被篆刻在岩石或金属上，他的思想流传下来，传给了子孙后代。你知道的，在阿拉哈巴德就矗立着阿育王石柱。在我们居住的邦内还有很多其他的石柱。

敕令中反复提到正法（The Law）就是佛法。阿育王成了一名虔诚的佛教教徒，他竭力宣扬教义，但并不强迫他人必须信仰。他只是通过寻找佛教皈依者来赢得人心。宗教信仰者中，几乎很少有人像阿育王那样胸襟开阔。为了使他人改变信仰转而信奉别的宗教，有些人几乎会毫无顾忌地使用强迫、暴力和欺骗等手段。整个历史充满了宗教迫害和宗教战争，在宗教和神的名义下，流血超过了任何一种其他形式的冲突。所以，我们要好好记住，这位伟大的印度之子有着虔诚的宗教信仰。作为强大帝国的君主，他用自己的言行来改变人民的想法，使他们接受佛教。奇怪的是，有人愚蠢地认为宗教和信仰得用刀剑架在他人脖子上才能强迫他人接受。

所以众神的宠儿阿育王被称为天亲仁颜大王，我们可以在敕令中看到这个称号。阿育王派遣信使和使节前往亚洲西部、欧洲和非洲诸国。你还记得吧，他还派遣了他的弟弟摩哂陀（Mahendra）和妹妹僧伽蜜多（Sanghamitra）[1]前往锡兰。据说他们从加雅岛带回了神圣的菩提树的一根树枝。

佛教在印度迅速地传播开来，因为阿育王认为教义不是反复地进行空洞的祈祷和举行礼拜仪式，而是教诲民众行善，提高社会道德水平。阿育王在全国各地修建了公园和医院，还挖

---

1 此二人应是阿育王的子女，而不是他的兄妹。——译者注

井修路。他专门为妇女教育制定了相关条款。他建了四座大学城：一座在遥远的北方，位于塔克西拉，临近白沙瓦；一座位于马图拉，现在被英国人拼写成了穆特拉；一座位于印度中部的乌贾因；一座位于比哈尔境内的巴特那附近的那烂陀。这四座大学城不仅吸引了印度本土的学生，还吸引了其他遥远国度的学生，从中国到西亚，这些学生把学到的佛法带回了自己的祖国。全国各地兴建了供僧侣居住、清修的僧院，也称为"精舍"（Vihara）。显然，在巴连弗邑或巴特那有很多这样的精舍，整个邦域因僧院精舍而闻名，这个邦就是现在的比哈尔邦。但是，正如经常发生的那样，这些僧院精舍不久就失去了教诲传道和思考明智的宗旨，成了人们遵循某种宗教仪式和崇拜的场所。

阿育王对于保护生命的情感还延伸到了动物身上。他下令专门为动物建立了医院，还禁止用动物献祭。阿育王实施的这两件事情在一定程度上超越了我们当今的时代。不幸的是，动物献祭现在仍在某种程度上盛行，而且还被认为是宗教仪式中必不可少的一部分。甚至，几乎没有哪个邦有专门治疗动物的机构。

阿育王以身作则的榜样和佛教的传播让素食主义开始流行起来。在以前，印度的刹帝利和婆罗门普遍都要食肉饮酒，后来这种现象就逐渐减少了。

阿育王在位38年，他竭尽全力惠及众生、造福百姓。他时刻愿意处理公共事务，"不管任何时候、任何地方，无论我是在就餐、在后宫、在寝室、在厕所、在轿舆，还是在花园，宫廷呈报员都应随时向我报告有关人民的事务"。如果有任何困难紧急的事件，呈报员可以"在任何时候和任何地点"立刻向他报告，正如他所说的那样，"我必须为百姓的利益而工作"。

阿育王卒于公元前226年。在他去世之前一段时间，他成了一名佛教僧侣。

孔雀王朝时期留存于世的遗迹极其少。但实际上，我们迄今为止发现的最早遗迹是印度的雅利安文明，此刻让我们暂时略过摩亨佐达罗古迹吧。在萨尔纳特（Sarnath），靠近贝拿勒斯的地方，你可以看见美丽的阿育王石柱，几头石狮端坐在柱子的顶端。

我们知道阿育王派遣了使节前往遥远的国家，由此印度和很多国家之间一直保持了相互联系和贸易往来。

阿育王提到的"遥远的国家"是指哪些国家呢？在他统治期间，世界又是什么样子的呢？很长一段时间里，欧洲人认为古代史只是希腊、罗马和犹太人的历史。按照他们陈旧的思维方式，他们显然认为那个时期的世界其他地方都是蛮荒之地。之后，当他们国家的学者和考古学家告诉他们中国、印度和其他国家的历史时，他们才认识到自己是多么狭隘。所以，我们一定要警惕，一定不能认为我们有限的认知就可以囊括世界其他地区的文明和历史。

然而，我们现在也许会认为在公元前3世纪，阿育王时期的古老文明世界主要包括了欧亚的地中海国家、西亚、中国和印度。在那个时期，中国可能与西方国家，甚至与西亚都没有直接的交往和联系，但是关于中国的种种奇思妙想在西方世界普遍盛行传播。印度似乎成了连接西方和中国的桥梁。

我们看到，亚历山大大帝逝世以后，帝国便开始分崩离析，被他的将领们所瓜分。这个帝国主要被分成了三个部分：（1）塞琉古统治下的西亚、波斯和美索不达米亚；（2）托勒密统治下的埃及；（3）安条克统治下的马其顿。前两个国家存在了很长的一段时间。你要记住，塞琉古曾是印度的邻居，他贪婪地想将印度的一小部分归入他的帝国版图。但是，在旃陀罗笈多统治印度时期，印度人民英勇地抵抗了塞琉古的入侵，不仅把他赶回了自己的国家，还迫使他让出了部分地区，也就是今天的阿富汗。

马其顿则没那么幸运了，它遭到了高卢人（Gauls）和其他北方国家的掠夺和蹂躏。在马其顿，只有一个地区顶住了高卢人的侵略并保持了独立，它就是小亚细亚的帕加马（Pergamum），今天的土耳其就位于其境内。帕加马是一座希腊小城邦，但是在一百多年的时间里，它成了希腊文明和艺术的汇聚之地，精美的建筑拔地而起，还修建了图书馆和博物馆。这个国家虽然面积不大，却是亚历山大城隔海相望的竞争对手。

亚历山大城是托勒密王朝时期埃及的首都。这座大城市在古代世界闻名遐迩。雅典的荣耀已光芒大减，而亚历山大城逐渐取代了雅典，成了希腊人的文化中心。大型的图书馆和博物馆吸引了大批来自遥远国家的学生们，他们一起讨论古代世界思想的各种知识，包括哲学、数学、宗教和其他问题。

亚历山大城也是一个大型的贸易中心，商人们从文明世界的其他地区纷纷前往此地。我们知道在亚历山大城里有一个印度商人的聚居处。我们还知道亚历山大城的商人们在南印度的马拉巴尔海岸有一个定居点。

离埃及不远、横跨地中海的地方就是罗马。罗马开始发展壮大了，注定会成为一个更伟大、更强大的国家。与罗马隔海相望的对手和敌人就是位于非洲海岸线上的迦太基。在我们对整个古代世界形成任何观点之前，我们将会用一定的篇幅来介绍这段关于罗马和迦太基的历史。在东方，中国日益强大，在西方，罗马也是如此。

7. 贵霜帝国与佛教的分化

公元前1世纪，贵霜人[1]在印度边界地区建立了一个国家，这个国家发展壮大成了一个帝国，这就是贵霜帝国（Kushan

1　贵霜人是月氏人的一支。西汉张骞出使西域，目的就是联合月氏人，与汉朝共同打击匈奴。——编者注

Empire）。它的领土范围南至贝拿勒斯和温迪亚山脉（Vindhya mountains），北至喀什、莎车和于阗，西与波斯和帕提亚王国交界。因此，整个印度北部，包括联合省、旁遮普和克什米尔，还有中亚部分地区，都处于贵霜帝国的统治下。这个帝国延续了近300年，这个时期也正是安得拉王国在南印度繁荣发展的时期。贵霜帝国的首都起初设在喀布尔，之后迁都到白沙瓦，后被称布路沙布逻（Purushapura），这个名字一直沿用至今。

贵霜帝国在很多方面都让人颇有兴趣。它是一个佛教国家，其中一位著名的统治者迦腻色伽王（Kanishka）虔诚地信仰着释迦牟尼的教义。在首都白沙瓦附近是塔克西拉，这里曾在很长的一段时间内是佛教文化的中心。我想我告诉过你，贵霜人实际上是蒙古人，或者与蒙古人属于同一种系。人们一直在贵霜帝国首都和蒙古家园之间不断往来，由此佛学和佛教文化被传播到了中国和蒙古。同样，西亚也更进一步地深入接触了佛教思想。自亚历山大大帝以来，西亚一直处于希腊人的统治下，大量的希腊人将他们的文化传播到了此处。而现在，这个希腊化的亚洲（Greek Asiatic）文化与印度佛教文化交汇融合了。

所以，中国和西亚都受到了印度的影响。但是，同样，印度也受到了它们的影响。贵霜帝国像一个巨人一样横跨在亚洲大陆的后面，西边是希腊化的罗马国家，东边是中国，南边是印度。这个帝国仿佛是印度和罗马之间、印度和中国之间的中转站。

也许你想到了，这个地处中心位置的帝国促进了印度和罗马之间的密切交往。贵霜帝国所处的时期正是罗马共和国的末期（当时尤利乌斯·恺撒还活着），并一直持续到罗马帝国建立后两个世纪。据说，贵霜王当时曾派遣大使前去拜访了奥古斯都·恺撒。陆路和海陆贸易繁荣发展起来了。由印度销往罗马的物品有香水、香料、丝绸、织锦、棉布和宝石等。罗马作家普林尼（Pliny）曾抱怨罗马的金子通通流向了印度。他认为这些奢侈品每年花费了罗马帝国1亿塞斯特斯（sesterces，罗马硬币），大约价值1500万卢比或100万英镑。

在这段时间，佛教僧院和僧伽们的集会中出现了激烈的辩论。新思想或者是披着新外衣的旧思想从南方和西方传进来，佛教倡导的简朴思想逐渐受到了冲击。这个变化的过程一直在发生，佛教最终分裂成两大派系：一派音译为"摩诃衍那"（Mahayana），即大乘佛教；另一派音译为"希那衍那"（Hinayana），即小乘佛教。随着新思想和新理念的传入，对待生活和宗教的观点发生了改变，体现这些思想和理念的艺术和建筑也出现了变化。很难说清楚这些变化是怎样产生的。也许是因为来自两个主要的影响因素，即婆罗门和希腊，它们使佛教思想偏离了原来的方向。

佛教原本是为了反抗种姓制度、神职人员和宗教仪式的。乔达摩反对对神像的顶礼膜拜。他没有宣称自己是神，也不接受世人的礼拜。他认为自己只是释迦牟尼，一名觉悟者。依据这样的思想，在那个时期，在绘画和建筑中没有出现任何与释迦牟尼有关的神像。但是，婆罗门种姓想消除印度教和佛教之间的差异，一直竭力把印度教的思想和符号象征融入佛教思想。来自希腊化罗马国家的能工巧匠们往往能塑造出诸神的形象来。因此，这些神像慢慢地进入了佛教的寺庙和神殿里。起初，这些神像不是释迦牟尼，而是菩提萨埵（Bodhi-Sattvas，即菩萨）。在佛教传统里，菩提萨埵被认为是释迦牟尼的化身。这样的变化一直持续发展着，最终释迦牟尼本人的神像也被描绘或雕刻出来了，从而他的神像受到了世人的顶礼膜拜。

佛教中的大乘佛教赞成这样的变化，因此它更接近于婆罗门的思想。贵霜帝国的君主们接受了大乘佛教，并将其广泛传播。但是他们一点都不能接受小乘佛教和其他宗教。有人认为，迦腻色伽王还鼓励琐罗亚斯德教的传播。

有趣的是，学者们之间也出现了关于大乘佛教和小乘佛教孰优孰劣的大辩论。僧伽们也举行了大规模的集会，对此展开了讨论。迦腻色伽王在克什米尔举行了一次僧伽最高宗教会议。关于这个主题的辩论和争论持续了数百年之久。大乘佛教占据了北印度，而小乘佛教占据了南印度，最终这两个教派在印度都被印度教吸收同化了。如今，大乘佛教盛行于中国和日本；而小乘佛教则盛行于锡兰和缅甸。

人们塑造的艺术往往能真实地反映他们的思想。所以，早期佛教思想倡导的简朴理念让位给了精美设计的符号象征，印度艺术变得越来越精美华丽。尤其是在犍陀罗国的西北地区，大乘佛教的雕像和装饰精致无比。甚至小乘佛教的建筑也受到了这种新观念的影响，逐渐地失去了其早期简朴保守的风格，雕刻和符号象征也走向了精美繁复的表现形式。

关于这个时期的历史遗迹，存世的只有很少的一部分，其中最经典的就是阿旃陀石窟（Ajanta）的一些美丽壁画。

就像萨卡人和突厥人一样，贵霜人几乎没有侵略印度，也没有像其他统治被征服国家的外来民族一样对印度进行统治。宗教的纽带把贵霜帝国和印度联系在了一起，但是除此之外，贵霜帝国采纳了印度雅利安人的治国管理宗旨。

8. 耶稣和基督教

基督或耶稣的故事都是写在《圣经》的《新约全书》（New Testament）里的，你对此也有一些了解。《福音书》（Gospels）中几乎没有对基督青年时代的任何描述。耶稣出生在拿撒勒（Nazareth），曾在加利利（Galilee）传道。在他30多岁时，他到了耶路撒冷。不久，罗马执政官本丢·彼拉多（Pontius Pilate）对他进行了审判和判决。在耶稣开始传教之前曾干过什么或到过什么地方，我们对此都不太清楚。在整个中亚、克什米尔、拉达克（Ladakh）、中国的西藏，甚至更远的北方，至今仍有人坚信耶稣曾到过这些地方。还有人认为他曾到过印度。但这些说法都没法得到证实。事实上，专门研究耶稣一生的很多权威专家认为，耶稣并没有去过印度或者中亚。但是，如果耶稣去过那些地方，这也没什么不可能的。因为在那个时期，印度的大学闻名四方，尤其是位于西北部的塔克西拉，吸引了大量来自遥远国家的莘莘学子，耶稣也许会为了求学曾去过那个地方。耶稣的教义在很多方面和乔达摩的教义颇为相似，所以很有可能耶稣对佛教教义非常熟悉。然而，即使耶稣没有到过印度，因为那时的佛教在其他国家流传甚广，所以他也完全有可能知道佛教教义。

每一个在校学生都知道，宗教导致了激烈的冲突和痛苦的挣扎。但是，去了解世界各宗教的起源，并比较它们的异同还是蛮有趣的。就其教义思想和传道说教而言，各个宗教都非常相似，所以有人很吃惊，为什么人们会愚蠢地为细枝末节和无关紧要的事而争论不休呢？但是，人们增添并扭曲了早期宗教的教义，我们现在已很难窥探其真实面貌。传教者被狭隘偏执的盲从者所取代。更多的时候，宗教成了政治利益和帝国权益的侍从。为了达到政治目的，为了利用广大民众，也为了使民众迷信而更容易进行统治，罗马的统治者们更是助长了宗教迷信。罗马贵族们也赞成利用这个高端哲学，目的是为了他们的个人利益，而不是为了百姓的利益。后来，一位有名的意大利人马基雅维里（Machiavelli）写了一本关于政治的著作，他认为宗教的存在对政府的统治管理是很有必要的，统治者也许有责任支持宗教，哪怕这个宗教有缺陷。

甚至在当代，我们也可以看到无数披着宗教外衣却主张帝国主义的例子。因此，卡尔·马克思写下了"宗教是人民的鸦片"这句话，也就不奇怪了。

耶稣是犹太人。犹太民族是一个特殊且坚韧的民族。经历了大卫王和所罗门王的短暂荣耀时期后，这个民族步入了苦难的岁月。虽然这样的荣耀仅出现在小范围地区，但是在犹太人的心里被无限放大了，被视为历史上的"黄金时代"。他们认为，当犹太人再次伟大和强盛之时，这样的黄金时代将会再次降临。虽然犹太人分散在罗马帝国和其他地区，但是他们团结在一起，并坚信光辉荣耀之日会再次来临，救世主弥赛亚（messiah）将会引领着他们前进。犹太人没有家园或庇护所，还不断地遭受无法计数的侵扰、掠夺和迫害，甚至经常被杀害，但是他们在长达2 000年的时间里仍然保持了他们的民族性，还紧紧地团结在一起，这真是历史的一个奇迹！

犹太人期待弥赛亚的降临，也许他们曾寄希望于耶稣。但是，他们不久就失望了。耶稣用一种陌生的方式来反抗当时的社会现状和社会秩序。他尤其反对富人和伪宗教者，认为这些人使宗教变成了某种宗教礼拜仪式。与承诺财富和荣耀相反的是，耶稣倡导人们放弃所得，放弃所有，去追求一个缥缈又神秘的天国（Kingdom of Heaven）。虽然他讲的都是故事和寓言，但是他显然是一个天生的反叛者，不能忍受当时的社会现状，想站出来改变这一切。这并不是犹太人所期望的，所以大部分犹太人反对耶稣，并把他交给了罗马当局。

就宗教发展而言，罗马人民是比较宽容的，罗马帝国包容了所有的宗教。甚至如果有人亵渎或诅咒神灵，也不会受到当局的惩罚。罗马皇帝提比略（Tiberius）曾说过："如果众神受到了侮辱，就让他们自己处理吧。"在耶稣出现之前，罗马执政官本丢·彼拉多并不担心宗教方面的问题。然而，耶稣被视为了一种政治力量，被犹太人视为了一个社会的反叛者，因此，他受到了审判和判决，最终被钉死在了各各他山（Golgotha）的十字架上。在耶稣最痛苦的时候，他的门徒们抛弃了他，背弃了他，门徒们的背叛使他承受了几乎无法忍受的痛苦，因此，在他死前，他高喊出令人伤感的话语："我的神啊，我的神啊，您为何将我舍弃？"

耶稣被处死时非常年轻，仅30多岁。我们从《福音书》优美的辞藻中可以读到有关耶稣死亡的悲惨故事，并为之感慨万千。数个世纪后，基督教的发展吸引了千千万万的人们，虽然他们几乎没有遵循耶稣的教义。但是，我们一定要记住，当耶稣被钉死在十字架上的时候，巴勒斯坦以外的地区并不知道他的名字。罗马人民也对他一无所知，甚至本丢·彼拉多本人对此事也没有丝毫重视。

耶稣的直接追随者和门徒都被吓住了，都否认了耶稣的一切。但是在他死后不久，使徒保罗（Paul）出现了，他并没有亲自面见过耶稣，却开始传播他理解的基督教教义。很多人认为，保罗传播的基督教和耶稣的教义有很大的差异。保罗是一位能力卓越且学识渊博的人，但是他与耶稣不一样的地方是，他并不是一名社会反叛者。保罗成功了，基督教逐渐传播开来。一开始，罗马人没有重视基督教的存在，他们认为基督教只是犹太人的一个宗教。但是，基督教教徒们越来越活跃，他们敌视其他的所有宗教，并完全拒绝膜拜君主圣像。对罗马人而言，他们不能理解这种意识形态，认为这是思想狭隘的表现。因此，他们认为基督教教徒是一群好战的、没文化的、敌视人类进步的狂热分子。

就其宗教而言，罗马人也许能容忍基督教的存在，但是基督教教徒们拒绝向君王圣像表示敬意，因此他们被视为叛逆不忠，并被处以死刑。然而基督教教徒们却强烈地批评这种有争论性的圣像崇拜。然后随之而来的是对基督教教徒们的迫害，他们不仅个人财产被充公查抄，还被投入了狮子笼里。你一定读到过关于这些信徒殉难的故事，也许还看过关于他们的电影。但是，当一个人为了一项事业而做好了牺牲的准备时，他的死亡无疑是无比的荣耀，更不可能去压制或镇压他本人和他所代表的事业。罗马帝国对基督教教徒们的镇压是完全失败的。事实上，基督教在冲突中走向了胜利。公元4世纪初，一位罗马皇帝皈依了基督教，由此基督教成了罗马帝国的官方宗教。这位皇帝就是君士坦丁大帝，他也是君士坦丁堡（Constantinople）的建立者。

随着基督教的发展兴盛，关于耶稣神性的分歧也出现了。你应该还记得，我告诉过你乔达摩是如何成了释迦牟尼的，他本人没有宣称自己是神，也没有让自己作为神祇和神的化身而接受世人的膜拜。与之相似的是，耶稣也宣称了自己的无神性。他一再声称：他是神的儿子，也是人的儿子，这并不意味着他自己拥有了神性或超越了人类。但是人们总是喜欢将伟人们塑造成神，将之奉若神明，祭于高台，并远远地顶礼膜拜。600年后，先知穆罕默德创建了另一个伟大的宗教，他从这些先例中得到了经验教训，因此他明确地一再声明他是人，而不是神。

所以，基督教教徒不是去理解和遵循耶稣的教义，而是去争论耶稣的神性本质和三位一体（Trinity，圣父、圣子、圣灵）。他们相互指责对方是异教徒，彼此迫害，甚至砍下了对方的头颅。不同的基督教派别之间曾爆发了关于圣子、圣父同体的大规模激烈论战，由此基督教被分为了两派：一派认为应在祷告中说"圣子与圣父同在"（Homo-ousion）；而另一派则认为圣子与圣父并非同一体（Homoi-ousion）。这样的分歧关乎耶稣是否具有神性。这两派之间爆发了激烈的战斗，大批的人惨遭屠杀。

基督教教徒手中的权力越来越大，内部的分歧也随之产生了。这些分歧一直延续到了西方世界的近代。

你也许会惊讶地发现，在基督教传入英国或欧洲之前，它早就被传入了印度。在那个时期，基督教在罗马受到了轻视和排斥。在耶稣死后的百年里，基督教的传教士们漂洋过海来到了南印度。他们受到了热烈欢迎，并得到了传播他们的宗教信仰的许可，这与他们在罗马的境遇完全不同。这些传教士不仅在印度改变了很多人的宗教信仰，他们的子孙后代迄今为止仍生活在印度。他们中的大部分人是信仰旧时的基督教教派，这个派别已经在欧洲消失了。现在，他们中的一些人在小亚细亚建立起了自己的宗教总部。

如今，基督教有着重要的政治地位，因为它是欧洲人民主要信奉的宗教。但是让人觉得奇怪的是，反叛者耶稣倡导非暴力主义，他也反抗当时的社会秩序。然而，让我们来比较一下耶稣本人和现在那些大声疾呼的耶稣追随者们，后者宣扬的是帝国主义，是武装和战争，是对财富的崇拜。耶稣的登山宝训（The Sermon on the Mount），与现代欧美的基督教相比，二者的差异简直太大了！毫不奇怪的是，很多人认为相较于当今西方世界那些所谓的耶稣追随者而言，圣雄甘地的思想与耶稣教义反而更为接近。

9.罗马帝国

罗马被称为"世界霸主"。有些西方人还认为整个世界都笼罩在罗马的光辉之下。当然，这种看法是错误的，这只能反映这些人对地理和历史知识的无知。在很大程度上，罗马只是位于地中海地区的一个国家，它的地域版图往东也没有越过美索不达米亚。疆域更大、国力更强盛、文化更灿烂的国家时常出现在中国和印度。尽管如此，就西方世界而言，罗马是唯一的帝国，在以前的人们眼里，它是一种世界帝国的代表，享有赫赫威名。

最令人惊叹的是隐藏在罗马背后的思想，即统治世界的思想和成为世界领袖的思想。即使在罗马的衰落时期，这种思想也一直是这个国家的支柱和力量源泉。甚至当这一思想完全脱离了罗马，它也一直在延续。当罗马帝国已经消失，成了一个幻影，这个思想仍然存在着。

我发现要写出罗马和继任者们的历史是有点困难的。选择哪些历史来告诉你也是不容易的。我在狱中读了很多古老的书籍，各种杂乱的知识汇集在一起，充斥着我的大脑。恐怕，我的脑子有点混乱了。事实上，如果不是待在监狱里，我也不可能读到一本关于罗马的名著。这本书很厚，在做其他事情的过程中很难找到充裕的时间去从头到尾地读完。这本书是由一位名叫吉本（Gibbon）的英国人所著，书名是《罗马帝国衰亡史》（*The Decline and Fall of the Roman Empire*）。这本书写于很久很久以前——大约150年前写成于瑞士（Switzerland）日内瓦湖（Lac Leman）的湖滨。但是，即使在今天，这本书也让人爱不释手、神魂颠倒。我发现，这本书辞藻华丽且音律优美，比任何一本小说都引人入胜。大约10年前，我在勒克瑙监狱读过这本书。在一个多月的时间里，我与吉本亲密做伴，深深地沉浸在他用语言所描绘的历史画卷里。在我就快读完这本书的时候，我突然被释放了。这种阅读的魅力顿时被打破了，我发现我很难再找到时间和心情重新回到古代罗马和君士坦丁堡，去阅读完那剩下的几百页。

在基督纪元前夕，奥古斯都·恺撒开启了罗马帝国时代。罗马皇帝也曾尊敬元老院，但是这个罗马共和国最后残存的痕迹很快就消失殆尽了。事实上，奥古斯都成了手握全权、独裁专制的君主，受到过分地崇拜和神化，几乎被人们视为了神祇。在生前，他被尊为半神；在死后，他被尊为神。在那个时期，在所有作家的笔下，早期罗马帝国的皇帝们都被赋予了一切美德，尤其是对奥古斯都。他们称这段时间为"黄金时代"和"奥古斯都时代"。那时的人们崇尚和颂扬一切美德，好的会受到褒奖，坏的要受到惩处。在专制国家，这就是作家的写作风格。显然统治者是喜欢这样的写作风格的。最有名的一些拉丁作家就生活在那个时代，如维吉尔（Virgil）、奥维德（Ovid）和贺拉斯（Horace），我们在学校里曾读过他们的作品。这或许因为在罗马共和国最后时期，内战和灾难不断发生；在这之后，罗马帝国的建立带来了和平与安宁，贸易与教化得以繁荣、发展，这是莫大的慰藉。

但是，此时的文明是什么呢？它是富人的文明。这些富人完全不同于古希腊那些爱好艺术且机智敏锐的富人，他们只是一帮乏味愚蠢的人，主要工作就是寻欢作乐。他们享用着来自世界各地的食物和奢侈品，大肆炫耀挥霍。甚至现在，这样的人也依然存在。圆形竞技场里举行着宏大的庆典表演、一系列华丽的列队游行和竞技比赛，还有角斗士的死亡格斗。但是，这些浮华的背后是百姓们的悲惨境况。繁重的税收主要落在百姓头上，而繁重的劳作则落在无数奴隶头上。更有甚者，罗马的伟大医师、哲学家和思想家大多是来自希腊的奴隶！我们可以毫不费力地发现，当罗马人自认为是世界霸主时，这个世界的真实情况到底是怎样的。

帝国皇帝一个接着一个地出现，有贤君，也有暴君。慢慢地，军队掌握的权力越来越大，甚至能废立帝王。因此，出现了对军队的公开示好和拉拢。从百姓和被征服地区压榨和掠夺而来的金钱被用于贿赂军队，以赢得他们的欢心。其中一个最大的财富来源是奴隶交易。在东方，罗马军队定期有组织地俘获奴隶。奴隶商人往往随军同行，并当场买下所有的奴隶。提洛岛（Delos）曾是古希腊人的圣地，后来成了大型的奴隶交易市场，有时候，甚至一天有多达1万名奴隶在此地交易。一位深受百姓爱戴的罗马皇帝曾在罗马斗兽场（Colosseum of Rome）里一次性投入了1200名角斗士来进行格斗，这些奴隶用生命向皇帝和民众提供竞技表演。

这就是罗马帝国时期的罗马文明。然而，我们的朋友吉本在书中写道："如果让一个人说出，在世界历史中的什么时代人类过着最为幸福、繁荣的生活，他定会毫不犹豫地说，那是从图密善（Domitian）去世到康茂德（Commodus）继位的那个时期。[1]"这说的是从公元96年到公元180年的84年时间。虽然吉

1　译文引自吉本的《罗马帝国衰亡史》上册，黄宜思、黄雨石译，商务印书馆，1997年。——译者注

本学识渊博，但是恐怕大部分人是不会同意他这番言论的。他所说的"人类"，事实上主要是指地中海地区的人民，因为他完全不了解印度、中国和埃及。

10.世界国家的思想

罗马帝国被认为是统治着全世界的伟大帝国。然而，事实上没有任何一个帝国或国家能够统治整个世界。但是，由于对地理知识的无知和匮乏，长途交通运输和旅行的艰难险阻，古代人经常认为这样的国家是存在的。因此，在欧洲和地中海沿岸地区，罗马这个国家，甚至在成为一个帝国之前，也被那些弱小的臣服的人们视为一个超级大国。它的威名远扬，甚至连其他国家的统治者，如帕加马古国、小亚细亚的希腊化国家和埃及，都匍匐在罗马人的脚下，视他们为统治者，他们认为罗马无所不能，根本无法抵挡。然而，我告诉过你，无论是共和国时期还是帝国时期，罗马的统治从来没有越过地中海国家。欧洲北部的"野蛮人"从来没有臣服于罗马，也对此毫不关心。但是，无论罗马的威名如何，在其身后一直怀揣着世界国家（World-State）的思想。那个时期的西方国家大多接受了这个思想。正是这个原因，罗马帝国能够存在如此之长的时间，甚至这个帝国已没有了国家形式上的实体，但它的名字和威望依然能够影响深远。

一个大国主宰世界的思想并不是罗马所特有的。我们可以发现，中国和印度在古代也是如此。你知道的，中国幅员辽阔，疆域直达里海，远远超过了罗马帝国的版图。中国皇帝被称为"天子"，被中国人视为全世界最至高无上的统治者（Universal Sovereign）。实际上，在中国也有一些部落与之不睦，不服从皇帝的统治。但他们被视为"蛮夷"，就像罗马人称北欧人为"野蛮人"一样。

同样，在印度早期，你总会发现有类似的称呼来形容所谓的全世界最至高无上的统治者，如查克拉瓦尔蒂诸王。当然，他们对世界的看法是狭隘的。由于印度的疆域辽阔，所以在印度人的眼里印度就是全世界，他们认为统治了印度就仿佛是统治了全世界。而疆域以外的民族则被称为"野蛮人"或"野蛮的外国人"（mlechchhas）。我们的国家被赋予了一个神秘的名字"巴拉特"（Bharat），即印度次大陆。按照传统，这个称号被认为是查克拉瓦尔蒂的疆域。据《摩诃婆罗多》记载，坚战（Yudhishthira）和他的兄弟们为了争夺这个世界统治权，展开了厮杀。马牺牲（ashwamedha），即以马献祭，这是一种追求统治全世界的表现形式和标志。阿育王可能曾经志在统一世界，但由于陷入悔恨与自责，他停止了一切战争。以后，你会看到印度的其他帝国主义统治者，如笈多王朝（Gupta）的君主们，他们的目标也是统一世界。

　　因此，你将会看到，古代时期的人们常常想到这几个词，意指最至高无上的统治者和世界国家。很久以后，出现了民族主义和一种新的帝国主义，它们使这个世界坠入了万劫不复的深渊。时至今日，我们再一次谈到了世界国家这个概念，它既不是一个帝国，也不是一种最高统治权，而是一种世界共和国（World-Republic）的形式。它能够阻止一个国家剥削另一个国家、一个阶级剥削另一个阶级。这个概念或者类似的概念是否能出现在不久的将来，我们很难下定论[1]。但是这个世界已误入歧途，似乎已没有别的方法来摈弃陋习了。

　　在罗马帝国最初的300年内，罗马城是西方世界的中心。这是一座伟大的城市，四处矗立着高大的建筑。全国各地的人们和外国人纷纷来到了此地。无数的船只从遥远的国家带来了各种珍品，如稀有的食物和昂贵的物品。据说每一年，一支由120艘船舶组成的船队会从红海（Red Sea）的埃及港口出发，驶向印度。他们利用季风应时出海，这给长途航行带来了极大的帮助，通常他们的目的地是南印度。然后，又在盛行风的帮助下，他们满载着珍贵货物返回埃及。各种商品又经由陆路和海路从埃及运抵罗马城。

　　但是，所有的贸易主要都是为了富人的利益。在极少数人

---

1 尼赫鲁所表述的这一理念最早由美国前总统伍德罗·威尔逊（1913-1921年间任美国总统）提出。出于这一理念，威尔逊在巴黎和会中力促"国际联盟"的组建。但是，从本书的最后十余章中可以看出，尼赫鲁决然认定"国际联盟"是一次失败的尝试。直到二战后联合国成立，才基本实现了"世界共和国"的构想。——编者注

奢侈享受的背后，是广大民众的苦难。在300多年的时间里，罗马城在西方有着至高无上的地位。君士坦丁堡建立之后，也分享了这一至高无上的地位。令人好奇的是，在这么长的一段时间内，罗马城没有在思想领域取得任何伟大的成就，然而古希腊人却在短时期内做到了这一点。事实上，罗马文明似乎在很多方面都是希腊文明的一个影子。只有在一个方面，罗马人被认为是做出了巨大贡献的，那就是法律。即使是现在，西方国家的律师们都要学习罗马法（Roman Law），因为罗马法被视为欧洲现代法律的基础。

大英帝国（British Empire）经常被拿来与罗马帝国相比较 —— 英国人通常这么做，由此得到极大的满足感。所有的帝国差不多都是相似的。它们都是通过剥削他人来发展自己。然而，罗马人和英国人之间有一个极为相似的地方，那就是他们都非常缺乏想象力！他们都自以为是、沾沾自喜，认为全世界都是以他们的利益而存在的，他们的一生都不会遇到任何不确定因素或困难。

11. 罗马陷落

中国的王朝把中亚的某些部落驱离了中国，而这些部落给欧洲和印度带来了灾难性的后果。这些部落，或者是被他们驱离的其他部落，向西方和南方迁徙，给其他国家和地区带去了不安和骚乱。他们中的很多人在东欧和印度定居下来了。

事实上，罗马和中国之间曾有过直接的往来，也曾互派过使节。据说中国史书中记载的最早遣使中国的是罗马皇帝"安敦"，发生在公元166年。这个"安敦"就是马可·奥勒留·安东尼[1]。

罗马的衰落在欧洲是一件影响极为深远的事件，这不仅仅是一座城池或一个帝国的衰落。从某种程度上来说，罗马帝国在君士坦丁堡存在了很长的一段时间，这个帝国的幽灵在整个欧洲上空盘旋了大约1400年。但是，罗马的衰落代表了一个伟大时期的结束，也代表了希腊和罗马的古代世界的终结。在罗马的废墟上，西方正冉冉升起一个新的世界、新的文化和新的文明。我们现在会被某些词所误导，因为我们发现这些词在以

---

1 罗马帝国皇帝马可·奥勒留（公元161—180年在位），被称为"哲学家皇帝"，《沉思录》是其代表作。——译者注

前曾被使用过，我们往往以为这些词有着同样的含义。罗马衰落后，西欧继续使用罗马的语言，然而在语言的背后却包含着不同的思想和不同的含义。人们认为，今天的欧洲传承自希腊和罗马。就某种程度而言，这的确是事实。但是，这种说法也是一种误导。因为欧洲国家在某些方面与希腊和罗马是完全不同的。罗马和希腊的旧世界几乎已经完全倒塌瓦解，建立在这个旧世界基础上的千年文明已经衰老腐烂。于是，半文明半野蛮的西欧国家登上了历史的舞台，慢慢建立起了一个新的文化和文明。他们大量学习罗马的经验，借鉴了旧世界的模式和思想。但是，这个学习借鉴的过程是困难而费力的，因为欧洲的文化和文明似乎在数百年间都在昏睡之中。这是一段无知而盲从的黑暗时代，所以这几个世纪被称为欧洲的"黑暗时代"。

　　为什么会这样呢？为什么世界会走向黑暗呢？为什么经过了数百年努力而积累的知识会消失或被遗忘了呢？这些问题太难回答了，即使是我们当中最聪明的智者也感到非常苦恼。我也没法回答。印度曾是思想和行动的巨人，却衰落到了如此凄惨可悲的境地，甚至长期以来沦为一个被奴役的国家，这难道不奇怪吗？曾有过辉煌灿烂历史的中国却成了长期争斗中的猎物，这难道不奇怪吗？也许，人类通过一点一滴而积累起来的数千年的知识和智慧是不会消失的。但是，我们不知何故闭上了双眼，我们经常看不见外面的事物。窗户的紧闭带来了一片黑暗，但是外面的世界却一片光明。如果我们一直紧闭双眼或关上门窗，这并不意味着光明就消失了。

有人认为，欧洲的黑暗时代得归因于基督教——这里说的基督教不是指基督耶稣的宗教，而是指罗马皇帝君士坦丁大帝承认其合法地位后在西方繁荣发展起来的官方基督教。事实上，有些人认为君士坦丁大帝在公元4世纪承认了基督教的合法地位就是"开启了千禧之年（即一千年）。在这一千年里，理性被禁锢，思想遭到控制，知识毫无进步"。这不仅带来了迫害、盲从和偏执，而且还使人们难以在科学或其他领域取得进步。"圣"书常常会成为进步的绊脚石。它们告诉了我们世界就是书中所写的样子，它们告诉了我们那个时期该有的思想和习俗。没有人敢挑战这些思想或习俗，因为它们被载入了"圣"书中。所以，虽然世界也许正发生着巨大的变化，但我们不允许改变自己的思想和习俗来适应这个变化的世界。造成的结果就是，我们无法适应变化的世界，这肯定就成了一个问题。

所以，有些人指责是基督教给欧洲带去了黑暗时代。但另外有一些人告诉我们，正是基督教和神父们在欧洲的黑暗时代里点亮了一盏启迪之灯，正是他们使艺术和绘画一直得到了发展，他们还小心地保存和誊写了很多有价值的书籍。

于是，人们围绕这个话题争论不休。或许双方的观点都是正确的。但是，如果说基督教应该对造成罗马衰亡的所有恶行负全责，那可简直是太荒诞可笑了。事实上，罗马的衰亡是由于其自身的种种罪恶造成的。

12. 中国的盛世唐朝

公元7世纪初期，中国在唐朝的统治下成了一个强大的统一国家。

在中国的分裂时期，尽管鞑靼人自北而来进犯中国，但是中国的文化艺术一直延续着。我们获悉，那时仍然出现了大型的图书馆和精美的绘画。一直以来，印度不仅对外出口美丽的布料和其他货物，还对外传播了它的思想、宗教和艺术。许多佛教僧侣从印度前往中国，带去了印度的传统艺术，印度的艺术家和能工巧匠可能也随之前往了中国。佛教的传入和印度新思想的到来给中国带来了深远的影响。当然，中国本身也是高度文明的国家。这并不能说明印度的宗教、思想或艺术就被传播到了一个落后的国家，甚至"占领"了这个国家。印度的文化与中国本身的古老艺术和思想发生了碰撞。二者相互影响的结果就是出现了既不同于中国也不同于印度的情况，即有着印度的烙印，但在本质上仍按照中国的传统，保有了中国固有的模式。因此，由印度传入的思想形态成了中国艺术和精神生活的推动力。

同样，印度佛教教义和印度艺术被传播到了更加遥远的东方，传入了朝鲜和日本。看看这些国家是怎样受到印度佛教和艺术的影响是一件很有意思的事。每一个国家根据本国的特点进行吸收和改变。因此，虽然佛教在中国和日本得到了发展，但是每个国家的佛教却有着不同的特点。同样，艺术也因为国家和人民的不同而发生了改变。在印度，我们这个民族如今已经忘记了艺术和美丽。长久以来，我们不仅没能创造出伟大而美丽的杰作，而且我们当中的大部分甚至已经忘记了如何去欣赏美。在一个如此不自由的国家里，美与艺术又怎么能繁荣呢？它们在屈服和桎梏的黑暗中枯萎凋零了。但是，随着自由在我们面前的出现，我们对美的认知正在慢慢苏醒。当自由来到我们面前时，你将会看到这个国家的美与艺术将再次复兴；我希望它将扫除我们的家园、城市和生活中的所有丑陋。中国和日本比印度更幸运，它们一直都保持了对美和艺术的认知和追求。

随着佛教在中国的广泛传播，越来越多的印度佛教僧侣前往中国，而中国僧侣们也来到了印度和其他国家。我向你提到过法显，你也听说过玄奘。他们从中国来到了印度。一个非常有趣的旅行故事记录了一位名叫慧深的中国和尚，他航海跨过了东部海域，于公元499年到达了当时的中国首都。他声称自己到访过位于中国东边数千公里以外的一个岛屿，他称这个岛屿为扶桑。中国和日本以东就是太平洋，可能慧深曾航行穿过了那片海域。他到访的地方可能是墨西哥，因为墨西哥在那时也出现了古老的文明。

受到佛教在中国广泛传播的吸引，印度佛教大师和禅宗菩提达摩漂洋过海由南印度到达了中国的广州。也许是因为佛教在印度的影响逐渐减弱了，才促使他前往中国的吧。当他于公元526年到达中国时已经年龄很大了。与他随行的以及在他之后还有很多印度僧侣前往中国。据说，当时仅在中国的洛阳就已经居住了3000多名印度僧侣和1万多个印度家庭。不久以后，佛教在印度出现了另一个复兴时期。作为释迦牟尼的诞生地，作为宗教经典的发源地，印度一直吸引着虔诚的佛教教徒们。但是，佛教的荣耀似乎已经离开了印度，如今，中国成了主要的佛教国家。

唐朝始于公元618年，开国皇帝是唐高祖李渊。他不仅统一了整个中国，还威服四海，南至安南和柬埔寨，西到波斯和里海。朝鲜半岛的一部分也在这个强大帝国的影响范围之内。唐朝的国都长安以其华美壮丽和灿烂文化名扬东亚。无数大使和使节团从日本和当时还是自由的朝鲜南部纷纷来到了长安，学习艺术、哲学和文明。

唐朝历任帝王都鼓励发展海外贸易和欢迎海外游客的到来，还针对来到中国或定居中国的外国人制定了专门的法律，以便于在任何情况下，可以根据这些人的习俗来进行裁定。尤其是我们发现阿拉伯人约在公元300年时就定居在了中国的南部地区，位于广州附近。这早于伊斯兰教传入中国的时间，也早于先知穆罕默德诞生的时间。在这些阿拉伯人的帮助下，阿拉伯和中国的船只便在两地之间展开了海外贸易。

在唐朝初期，中国出现了另外两个宗教——基督教和伊斯兰教。传入中国的基督教在西方被视为异端并遭到了驱逐，这个教派被称为聂斯脱利派（Nestorian）。我在前几封信里曾告诉过你，基督教派之间出现了分歧和斗争。这些分歧造成的其中一个结果就是聂斯脱利派被赶出了罗马。但是，它们在中国、波斯和其他很多亚洲地区得到了广泛传播[1]。这个宗派的教徒们也来到了印度，他们一定程度上也成功地传播了该派教义。但是后来，基督教的其他分支和伊斯兰教吞并融合了聂斯脱利派，如今这个教派几乎已无迹可寻了。

基督教传到中国颇费了一段时间。然而，伊斯兰教的传播速度则要快得多。事实上，在基督教聂斯脱利派出现在中国的前几年，也就是伊斯兰教先知在世时，伊斯兰教就已经传入了中国。中国唐朝皇帝以礼待友，欢迎伊斯兰教和聂斯脱利派的使者们的到来，并聆听他们的述说。他充分理解这些人的宗教信仰，并公平对待、一视同仁。阿拉伯人被准许在广州修建了一座清真寺。虽然已过去了1300年，这座清真寺至今仍然矗立着，它是世界上现存最古老的清真寺之一[2]。

唐朝皇帝还允许修建基督教教堂和修道院。这种包容的态度与那个时期欧洲的狭隘思想形成了鲜明的对比。

据说，阿拉伯人向中国人学习了造纸术，然后又把它传到了欧洲。公元751年，在中亚的突厥斯坦（Turkestan）爆发了一场中国人和穆斯林阿拉伯人之间的战斗。阿拉伯人俘虏了几

1　在中国，涅斯脱利派所传基督教被称为"景教"。——编者注
2　即广州怀圣寺，保存至今。——编者注

个中国人，正是这几个中国俘虏教会了阿拉伯人如何造纸。

　　唐朝灭亡于公元907年，其统治持续了300年。有人认为这300年是中国最伟大的时期，不仅有高度的文化水平，老百姓还享有极大的幸福感。当时的中国早就掌握了西方国家在很久以后才知道的一些东西，比如我提到过的纸，还有火药。中国人是杰出的工程师，一般来说，在几乎每一个领域里，他们都远远领先于欧洲。如果中国人是如此居于世界领先地位，那么为什么他们不能继续保持下去，并在科学和探索领域继续引领欧洲呢？但是不管怎样，欧洲逐渐迎头赶上了，像赶超老年人的年轻人一样，很快就在某些方面处于了领先地位。为什么在各国历史上会发生这样的情况呢？这是哲学家们思考的最大难题。

　　自然而然地，中国在这个时期的伟大和辉煌对亚洲各国造成了极大的影响，这些国家敬仰中国，赞美中国，视中国为艺术和文明的引领者。然而，同其他国家一样，中国的进步和文明带来了穷奢极欲和闲适安逸的生活。国家出现了贪污腐败，给老百姓带来了沉重的赋税。所以，人民受够了唐朝君主的统治，最终推翻了这个王朝。

13. 曷利沙·伐弹那与玄奘

　　统一了北印度之后，曷利沙·伐弹那（Harsha-Vardhana）[1]于612年建立曷利沙帝国，定都曲女城。曷利沙本人是一名诗人和剧作家，在他身边云集了大批诗人和艺术家，曲女城由此而闻名于世。曷利沙是一名虔诚的佛教教徒。佛教是有着独立信仰的宗教，它的地位早就在印度被大大地削弱了，并逐渐被婆罗门同化融合。曷利沙似乎是印度最后一位伟大的信仰佛教的统治者。

　　在曷利沙统治期间，我们的老朋友玄奘来到了印度。他在归国途中写下了一本游记，向我们讲述了大量关于印度和他前往印度时途经中亚诸国的所见所闻。玄奘是一名虔诚的佛教徒，他巡礼了诸多佛教圣地，并带走了佛教经书。他穿过了戈壁沙漠，一路上到访了许多著名的城市——塔什干、撒马尔罕、大夏、于阗和莎车。他游历了整个印度，或许还去了锡兰。他在游记里记录下了种种奇异神秘的所见所闻，既详细描写了他所游历的不同国家，还绝妙地刻画了居住在印度不同地区的百姓们的特征，这些见闻甚至在今天读来似乎都是真实可信的；他

1　中国又称之为"戒日王"。——编者注

在游记里还记下了他所听闻的奇妙故事和关于释迦牟尼和菩提萨埵的大量神迹。

玄奘在印度待了很多年，尤其是在伟大的那烂陀大学。那烂陀是佛教寺院和大学的综合体，据说曾有上万名学生和僧侣在这里学习、居住。它是伟大的佛教教徒的学习中心，也是贝拿勒斯的竞争对手，后者可是研习婆罗门教的中心。

我曾告诉过你，印度历史悠久、闻名于世，也被称为"月亮之国"！玄奘也在游记中提到了这个名字，还向我们描述了这个名字是多么适合印度。显然，中文拼音"In-Tu"（印度）就是指月亮[1]。所以，你接受这个中文名字应该是非常容易的吧！[2]

玄奘于公元629年来到了印度。他从中国启程开始印度之行时年仅26岁。古老的中国文献告诉我们，玄奘相貌英俊，身材高大。"他神情柔和，双眼灼灼有神。他的举止端庄肃穆，容貌似乎散发着迷人的魅力和聪慧……他的威严如同流淌在大地上的千江万水，他的祥和与光辉如同水中盛开的莲花。"虽然中国皇帝拒绝了他前往印度的请求，但他仍独自一人，身着藏红色的佛教教徒僧袍，踏上了伟大的旅程。他穿过了戈壁沙漠，

1　现代中国人可能并不能看出"印度"与月亮的联系。其实，中文中的"印度"一名为玄奘首创，并取代了从前"天竺"、"身毒"等说法。玄奘在《大唐西域记》中解释说："详夫天竺之称，异议纠纷：旧云身毒，或曰贤豆。今从正音，宜云印度。印度之人随地称国，殊方异俗，遥举总名。语其所美，谓之印度。印度者，唐云月，月有多名，斯其一称。言诸群生轮回不息，无明长夜，莫有司晨。其犹白日既隐，宵烛斯继，虽有星光之照，岂如朗月之明。苟缘斯致，因而譬月。良以其土圣贤继轨，导凡御物，如月照临，由是义故，谓之印度。"——编者注

2　英迪拉的昵称是"印度"。

经历了严峻的生存考验，抵达了位于沙漠边缘的高昌国。这个沙漠之国是一个小小的奇异独特的文化绿洲，然而现在却是考古学家们和古文物研究者们挖掘历史遗迹的死亡之地。但是在公元7世纪，玄奘经过高昌国的时候，这里充满了勃勃生机，有着高度发达的文化。这个文化令世人瞩目，充分融合了印度文化、中国文化和波斯文化，甚至还有一小部分欧洲文化。梵文记录下了佛教的繁荣和印度的影响在这里留下的鲜明烙印。然而，高昌国人民的生活方式主要是借鉴了中国和波斯。奇特的是，雕刻在石头上的壁画人物特征与欧洲人极为相似。这些壁画精美无比，刻画了释迦牟尼、菩提萨埵和男女众神。女神们的服饰往往展现出印度服饰的特征，或者是希腊头饰和服饰的特点，所以法国评论家M.格鲁塞（M. Grousset）说："（它）完美地融合了印度的精美柔和、希腊的生动流畅和中国的迷人魅力。"

高昌至今仍然存在，你可以在地图上找到它的位置。但它现在已是一个无关紧要的地方了。在遥远的7世纪，灿烂丰富的各种文化自遥远的地方而来，汇集于此，并和谐统一地融合在了一起，这是多么令人赞叹啊！

朝圣者玄奘离开了高昌国，前往了龟兹国。龟兹国在当时是中亚的另一个有名的文化中心，它有着丰富灿烂的文明，尤其是以享有盛名的音乐家和美丽迷人的女子而闻名遐迩。它的宗教和艺术都源自印度；伊朗（Iran）促进了龟兹国文化和贸易的发展；龟兹国的语言还涉及了梵文、古波斯语、拉丁语和凯尔特语。这可真是另一种奇妙迷人的融合！

　　玄奘继续踏上了旅程，途经了突厥，突厥的大可汗是一名佛教教徒，统治了中亚绝大部分的地区；接着，他来到了撒马尔罕，这座古老的城市在当时还保留了亚历山大大帝约1000年前途经此地时留下的痕迹；然后玄奘经过了大夏、喀布尔河河谷和克什米尔，最后抵达了印度。

　　这时正是中国唐代的初期，长安是它的都城，也是艺术和学习的中心。此时的中国居于世界文明的领先地位。你一定还记得，玄奘来自这个高度文明的国家，他对其他国家的比较标准一定很高。因此，他对当时印度现状的描述是非常重要而且有价值的。他赞美了印度人民和当时印度的统治王朝。他说："就普通老百姓而言，他们虽然天生轻率，却正直诚实，值得尊敬。他们在钱财上不施以诡计手段，在执法审判上宽厚慎重……他们的行为举止不阴险奸诈，还信守诺言。政府的规章制度非常公正清廉，同时他们的举止十分和蔼有礼。罪犯和反叛者的数量很少，只是偶尔带来点麻烦。"

　　他还说道："政府的管理是基于温和宽厚的原则，所以行政管理方面就显得简单朴实……百姓们没有强迫性劳役。""通过这样的方式，百姓们承担了很轻的赋税，被要求履行的个人劳务也比较温和适度。每一个人都能安全地保有自己的财产，所有人都要为生计而耕作土地。那些耕作皇室庄园的人们要将产量的六分之一作为贡税。从事贸易的商人们来来往往地进行着贸易活动等。"

　　玄奘发现当地人在很早的时候就开始组织实施教育了。在学习了识字入门后，男孩和女孩在7岁的时候就被要求开始学习5本圣典（Shastras）。"圣典"一词现在是指纯粹的宗教书籍，但是在当时它们是指各种各样的知识。因此，这5本圣典是：（1）语法；（2）艺术和手工艺；（3）医学；（4）逻辑学；（5）哲学。这些科目的学习要一直持续到大学，通常在30岁的时候才能全部学完。我认为能一直学习到30岁的人并不是很多。但是，似乎初等教育在当时相对比较普及，因为所有的僧侣和神职人员都是教师，在数量上非常充足。印度人民对于学习的热爱给玄奘留下了十分深刻的印象，他在整本游记中都在不断提及这一点。

玄奘向我们描述了般雅城（Prayag）举行伟大的印度大壶节（Kumbh Mela）的情景[1]。当你再次看到这个节日时，你要想一想玄奘在1300年前曾到访过此地，还要记住在当时这个古老的仪式来源于吠陀（Vedic）时代。与这座古老的城市相比，我们现在这座有着古老血统传承的城市阿拉哈巴德却已是明日黄花了。阿克巴（Akbar）在不到400年前建造了这座城市。般雅城则更加古老，数千年来它年复一年地吸引着千百万人来到这个恒河和亚穆纳河的汇集之处。

玄奘还向我们讲述了曷利沙是如何前往参加这个特有的印度教节日的，虽然他是一名佛教教徒。曷利沙下达了诏令，邀请了"印度五国"（Five Indies）的所有穷困百姓作为他的客人

---

1 般雅城是阿拉哈巴德的旧称。大壶节是一个宗教集会。

前来参加这个节日。这对帝王而言是一个勇敢大胆的邀请。毋庸置疑，很多人前往参加了大壶节。据说，每天有多达10万人作为曷利沙的客人而受到款待。每5年，曷利沙就在这个节日里常常向众人馈赠多余的财宝：黄金、珠宝、丝绸——事实上包括了他拥有的一切东西。甚至，他还赠送了他的皇冠和昂贵的衣物，他还从他姐姐拉芝修黎那里拿走了一件穿破了的普通衣服。

作为一名虔诚的佛教教徒，曷利沙禁止宰杀动物为食。这可能并没有遭到婆罗门的极力反对，因为自释迦牟尼的教义传播以来，越来越多的婆罗门人逐渐地接受了素食主义。

在玄奘的游记里，有一个小趣闻也许会使你颇有兴趣。他告诉我们，在印度当一个人生了病，他会立刻禁食斋戒7天。大多数人会在斋戒期内康复。但是，如果病痛仍没有痊愈，然后他们才会服药。在当时，生病可能不是一个普遍现象，而且对医生的需求也并不高。

在当时的印度还有一个突出的特点，就是统治者和军人非常尊敬有学识、有文化的人。在印度和中国都有意识地崇尚学识和文化，而不是暴力和财富，这种做法取得了极大的成功。

玄奘待在印度多年后启程回国，他再次跨越了北部群山，差点淹死在了印度河里，他的许多珍贵书籍还被河水冲走了。但是，他仍然竭尽全力带走了大量原稿，并花费数年时间把它们翻译成了中文。他回国后在长安受到了唐朝皇帝的热烈欢迎，这位皇帝还让他写下了旅行游记。

14.伊斯兰教的到来

阿拉伯半岛是一个沙漠国度，沙漠和群山养育出吃苦耐劳的人民，他们热爱自由，不轻易屈服。它不是一个富裕的国家，几乎不能吸引外国征服者和帝国主义者。在这个地方有两个小城镇，毗邻大海的麦加和耶斯里卜（Yathrib）。其他地区则位于沙漠之中，这个国家的人民主要是贝都因人（Bedouins）——"沙漠的居住者"。他们亲密的伙伴是敏捷的骆驼和出色的马匹，甚至驴子因有着非凡的忍耐力也被视为了忠诚的朋友。在这个国家里被比喻成驴子是一种赞美，而不是侮辱。由于沙漠国家的生活非常艰苦，因此与世界任何一个地方相比，力量和耐力被认为是最珍贵的品质。

他们是沙漠之子，骄傲敏感又喜口舌之争。他们以氏族和家庭为单位在一起群居，与其他氏族和家庭相互争吵。每年中有一次他们会和平相处——前往麦加朝圣，他们信仰的许多神灵的神像就保存在那里。总之，他们崇拜的是一块名为"克尔白"（Kaaba）的巨大黑石。

这是一种游牧式家长制的生活——在中亚或其他地区的原住民们在定居城市和拥有文明之前，都过着这样的生活。在阿拉伯半岛周边地区崛起的帝国经常将其纳入版图，但事实上却有名无实。要想征服或统治这些沙漠游牧民族可不是一件容易的事。

从前在叙利亚的帕尔米拉出现了一个小的阿拉伯国家，它曾在公元3世纪时期有过短暂的辉煌。但即使如此，这个国家也位于阿拉伯半岛以外。所以，贝都因人一代又一代地过着沙漠生活，一艘艘阿拉伯船只外出，进行贸易活动，而阿拉伯半岛却一直没有任何改变。一些人成了基督徒，一些人成了犹太教徒，但是绝大多数人仍然信仰着麦加的360名神像和黑圣石。

令人奇怪的是，这个阿拉伯民族长久以来一直悄无声息，显然与外界发生的一切中断了联系，但是它突然惊醒，焕发出巨大的能量，使整个世界都惊恐不已、一片混乱。关于阿拉伯人的故事，关于他们如何迅速扩散到整个亚洲、欧洲和非洲的故事，关于他们如何发展高度文化和文明的故事，这些都是历史上的一大奇迹。

伊斯兰教是一种新的力量或新的理念，它唤醒了阿拉伯人，使他们充满了自信和力量。伊斯兰教创始人、阿拉伯人的先知穆罕默德于公元570年出生于麦加。他并不急于传播这个宗教。他度过了一段平静的生活，深受同胞们的喜爱和信任。事实上，他被尊称称为"艾敏"（Al-Amin），也就是忠实者。但是当他开始传播新宗教时，尤其是当他布道反对麦加的神像时，他遭到了强烈的抗议，最后他被驱逐出境，过上了逃亡的生活。最重要的是，他强调真主是唯一的神，而他，穆罕默德就是真主的先知。

穆罕默德被当地的人逐出了麦加，他向在耶斯里卜的一些朋友和救助者寻求庇护。这次离开麦加的逃难在阿拉伯语中被称为"圣迁"（Hijrat），伊斯兰历就是从这个日期开始算起——公元622年。这个伊斯兰教纪元（Hegira）历法是一种阴历——也就是按照月球公转来计算日子的。因此，它比我们通常观测到的太阳年要短五六天，它的月份也没有固定在同样的一年四季里。因此，同样的月份在今年可能是冬季，几年后就可能是盛夏。

有人也许认为，伊斯兰教始于公元622年的逃难——圣迁，虽然在某种意义上，可能要开始得更早一些。耶斯里卜非常欢迎穆罕默德的到来。为表示对他到来的欢迎，这座城市更名为"麦地那 - 纳比"（Madinat-un-Nabi）——意思是"先知之城"——简称麦地那（Medina），也就是我们今天知道的这个名字。帮助了穆罕默德的人就被称为"安萨尔"（Ansar）——意思是"辅士"。这些辅士的后代们以此名为荣，时至今日仍沿用着这个称呼。

在经历了7年的逃亡之后，穆罕默德以征服的姿态回到了麦加。在这之前，他就在麦加向全世界的国王和统治者要求，承认一神论和他的先知身份。君士坦丁堡皇帝希拉克略收到了这个要求，此时他正在叙利亚征战波斯人；波斯皇帝也收到了；据说，中国唐朝皇帝也收到了。这些统治者们一定很想知道这个素昧平生的人怎敢如此命令他们！从发出的这些信息中，我们可以得知穆罕默德对于他的传教活动一定有着无比的自信。这个以前没有对世界造成任何重大影响的沙漠民族，在穆罕默德传播的自信、信念、激励和抚慰的支撑下，设法征服了一半的已知世界。

他们的信心和信念是非常了不起的。伊斯兰教也给予了他们兄弟般的情谊——所有的穆斯林都是平等的。因此，一定程度上的民主展现在了人们的面前。与那个时期腐朽的基督教相比，这种兄弟情谊的传播一定有着极大的号召力，不仅吸引了阿拉伯人，还吸引了他们所到之处的许多国家的人。

财富和帝国带来了豪华的生活、体育竞技和奢华的艺术。赛马成了阿拉伯人最喜爱的娱乐方式，还有马球、狩猎和国际象棋。阿拉伯人对音乐，尤其是歌唱，有着时尚狂热的追求。整个首都到处是成队的歌者和追随者。

另一个巨大但又是非常不幸的变化逐渐发生了，即女性的地位发生了改变。在阿拉伯，妇女并不佩戴面纱。她们既没有遭到隔离，也没有被藏起来。她们可以在公开场所四处行走，可以去清真寺，参加讲学，甚至能举办讲学。但是，扩张的胜利使得阿拉伯人越来越效仿地处阿拉伯半岛两侧的两大帝国的生活习俗——东罗马帝国和波斯帝国。阿拉伯人打败了前者，结束了后者，但是他们自己也染上了这两个帝国的习俗。据说，尤其是因为受到了君士坦丁堡和波斯的影响，阿拉伯妇女开始过上了被隔绝的生活。女眷们的生活范围逐渐开始被局限在了内室，男人和女人在公开场合见面的机会越来越少，这种生活方式成了伊斯兰世界的一大特点。穆斯林们来到印度后，印度也向他们学习了这个特点。令我感到惊异的是，有一些人还在容忍这种行为。只要我一想到戴着面纱的妇女待在小屋子里与外世隔绝，我就一定会联想到犯人！如果一个国家一半的人口都被藏在像监狱一样的地方，那么这个国家如何才能进步呢？

幸运的是，印度正在迅速地撕掉这层面纱。在土耳其，凯末尔帕夏（Kemal Pasha）完全废除了这个习俗。在埃及，这个习俗也正在迅速消逝。

阿拉伯人，尤其是在他们觉醒的初期，对他们的信仰充满了热情。然而，他们是一个宽容的民族，这种在宗教上的宽容态度有着无数的事例。在西班牙，大量的基督徒曾有过最大的意识自由。在印度，除了信德以外，阿拉伯人没有统治过任何地区，还与印度保持着频繁的交流联系，这种联系是和睦、友好的。事实上，最值得关注的一点是，穆斯林阿拉伯人的宽容和欧洲基督徒的狭隘形成了鲜明的对比。

15.拒绝自由的封建制

我们现在有国别的概念，有英国人、法国人和德国人的概念，他们中的每一个人都把自己的国家视为家乡故土。这种对国家的情感在当今世界是非常清晰可见的。我们在印度为自由进行的抗争，也是为我们的"国家"抗争。但是，这样的国家理念在古时候是不存在的。那时只有基督教世界的理念，也就是同属于基督教的某个团体或某个社群以共同抵制异教徒或穆斯林的理念。同样，穆斯林也有相同的理念，即他们都同属于伊斯兰教世界，和其他非穆斯林是相对立的。

但是，这些基督教和伊斯兰教的理念都是非常模糊的概念，并不能触及人们的日常生活。只有在特定的场合下，根据具体的情况，它们才会激发信徒的宗教狂热，一起抵抗基督教或伊斯兰教。人与人之间是通过一种特殊的关系联系在一起的，而不是通过国家。这就是从所谓的封建制度中产生的封建关系。罗马帝国倾覆以后，西方世界的旧秩序已经崩溃，到处是混乱无序、暴力冲突的局面。强者占领了能占领的地区，并尽可能地坚守，只要更强大的人不推翻他们。坚固的城堡建立起来了，城堡的领主们带着抢劫团伙洗劫乡野，有时候也和其他领主打斗。当然，以土地为生的穷困农民和工人遭受了最大的灾难。封建制度就在这个无序混乱的状态下逐渐建立并发展了起来。

此时，农民们没有被组织起来，也无法抵御强盗式贵族的劫掠。也没有一个强大的中央集权政府来保护他们。所以，他们只有做吃力不讨好的事情，甘心屈服于搜刮他们的城堡领主。他们愿意缴纳耕种土地所获得的部分劳动果实，也愿意以某些方式为领主服务，只要他不再抢劫和掠夺他们，并保护他们免受其他人的侵扰。小城堡的领主以同样的方式屈服于大城堡的领主。但是，小领主无法向大领主缴纳土地里的果实，因为他不是农民或生产者。所以，他承诺提供军事服务——也就是，无论大领主何时需要，小领主都会为他而战。反之，大领主以向小领主提供保护作为交换，而后者就成了领主的家臣。因此，一步一步往上就是更大的领主和贵族，最后就是封建社会结构顶峰的国王。但是，他们并不会在此停下脚步。甚至对他们而言，上帝管理的天堂因为有三位一体，所以也有一点封建制度的痕迹。

这个制度在无序混乱中逐渐发展，并在欧洲普遍盛行了起来。你一定还记得，在那个时期还没有出现实际意义上的中央政府，也没有警察或起震慑作用的人。一块土地的拥有者就是它的管理者和领主，也是这片土地上所有人的首领。他就像一个小国王，应该保护这片土地上的人民，而人民向他提供服务和土地上的部分劳动产品作为回报。他成了这些人的君主，这些人则被称为隶农（villeins）或奴隶（serfs）。理论上，他从上一级领主手中获得了土地，成了上一级领主的家臣并提供军事服务。

甚至基督教的神职人员也是封建制度的一部分。他们既是神父，又是封建领主。因此，在德国，近一半的土地和财富都在主教和男修道院院长的手中。教皇本身也是一位封建领主。

你会注意到，整个体制是一个等级阶级制度。没有平等可言。隶农或奴隶处于最低层，他们不得不承受整个社会结构的重担——小领主、大领主、更大的领主和国王。他们还要承受整个基督教的重担——主教、男修道院院长、红衣主教和普通牧师。无论是大领主还是小领主都不从事任何可能生产食物或其他财富的工作。这被认为是比他们阶级地位低下的人才做的工作。战争才是他们的主要工作，在没有战争的时候，他们就四处打猎，或沉溺于模拟战争和骑士比武。他们多数粗俗鲁莽且大字不识，除了打仗和吃喝，其他消遣方式一概不知。因此，生产食物和其他生活必需品的整个重担就落在了农民和工匠身上。整个制度的顶端就是国王，国王则被认为是上帝的仆从。

这就是封建制度背后的思想理念。理论上，领主们理应保护仆从和隶农，实际上他们却是独断专行。他们的上级或国王几乎不能遏制他们，农民过于弱小，也不能拒绝他们的要求。虽然他们并不是异常强大，但是他们能从奴隶手中榨取最大的财富，只给奴隶留下一小部分，勉强维持悲惨的生活。这一直都是土地所有者的行为，每一个国家皆是如此。土地的所有权就产生了贵族身份。夺取了土地的强盗骑士建立了一座城堡，成了受世人尊敬的贵族领主。这种所有权还会产生权力，拥有者往往利用权力尽可能地从农民、生产者或工人手中夺取更多的财富。甚至，法律也在帮助土地的所有者，因为法律就是由他们和他们的盟友制定的。这就是为什么许多人认为土地不应该属于个人而应该属于集体的原因。如果土地属于国家或集体，那就意味着它属于生活在土地上的所有人，没有人能够剥削他人或者从中获取不公平的利益。

但是，这样的思想还没有到来。在我们谈及的这个时期里，人们还不能沿着这个思路来思考。广大人民群众苦不堪言，但是他们并没有办法摆脱困境。因此，他们忍受着一切痛苦，一直过着毫无希望的劳动生活。他们被反复灌输要习惯服从的思想，一旦被灌输了这个思想，人们就几乎能忍受一切。所以，我们发现，一个社会的发展一方面包括了封建领主和他们的仆从，另一方面则包括了穷苦大众。在领主用石头修建的城堡周围，聚集的则是隶农用泥石或木头搭建的小屋。这是两个相差甚远的世界——领主的世界和隶农的世界；贵族可能认为隶农就如同他们饲养的牲口。

有时候，一些较小的牧师试图保护隶农免于领主的剥削。但是，通常情况下，牧师和神职人员与领主都站在同一条阵线上，事实上，主教和男修道院院长都是封建领主。

在印度，我们没有出现过这种封建制度，但是我们有与之类似的社会制度。事实上，在印度出现的各个国家都有自己的统治者、达官显贵和小贵族，这些国家仍然保持着许多封建习俗。印度的种姓制度虽然完全有别于封建制度，但仍然把社会分成了不同的阶级。我想我曾告诉过你，中国从来没有出现过这种形式的专制制度或特权阶级。通过古老的科考制度，中国向每一个人敞开了走入国家高级机构的大门。但是，在实际情况中，这一定存在着诸多的限制条件。

因此，在封建制度里是没有平等和自由的，只有权利和义务——也就是封建领主有权获得服务和部分劳动产出，并把提供保护视为义务。但是，被记住的总是权利，而义务往往会遭到遗忘。甚至现在，在某些欧洲国家和印度，大地主们不从事一星半点的劳动生产，就从佃户手中搜刮了大量财富作为土地的租金，但是所有承担的义务都被长期遗忘了。

令人奇怪的是，欧洲古老的野蛮民族曾十分钟情于他们的自由，他们是如何逐渐转变、甘心接受完全拒绝自由的封建制度的呢？在过去，这些部落往往通过选举确定他们的首领，并能约束首领的行为。然而现在，我们却发现到处是专制和独裁，根本没有选举的踪影。我无法说明这个变化产生的原因。也许，教会传播了基督教教义，助长了非民主思想的扩散。国王成了上帝在世界的影子，你能如何不服从或质疑全能的上帝的影子呢？封建制度似乎囊括了天堂和它笼罩下的整个世界。

在印度，我们还发现，古老的雅利安自由思想也在逐渐发生着变化。它们越来越渺小，最后几乎完全被遗忘了。但是，我对你讲过，在中世纪早期，印度在一定程度上存在过自由思想，《政术精华》和南印度的一些铭文就告诉了我们这一点。

一些自由的思想以渐渐兴起的新形式慢慢地再次降临了欧洲。除了土地所有者和耕种土地的劳动者外，即领主和农奴以外，出现了其他的阶级群体——手工业者和商人。就其本身而言，这些人不是封建制度的一部分。在无序无政府状态，贸易活动非常少，手工业并不兴盛。但是，渐渐地，贸易活动增加了，能工巧匠和商人们的重要性提高了。他们越来越富有，领主和贵族也要向他们借贷。他们愿意出借金钱，但是他们坚持要领主授予他们某些特权。这些特权加强了他们的力量。所以，我们现在发现，农奴的小屋不再聚集在领主的城堡周围，所有的房屋都聚集在一所大教堂或小教堂或会馆的周围，由此小城镇正逐渐形成。商人和手工业者成立了行会或协会，这些协会的总部发展成了会馆，之后发展成了市政厅。

16.1000年前的亚洲和欧洲

我们完成了对公元1000年末的世界的回顾，也就是对亚洲、欧洲和一部分非洲的回顾。但是，让我们再看一看。

亚洲。印度和中国的古老文明一直都在延续和繁荣。印度文化传播到了马来西亚和柬埔寨，并带去了丰硕的文化成果。中国文化传播到了朝鲜半岛和日本，在一定程度上，还传入了马来西亚。在西亚，阿拉伯文化遍布了阿拉伯半岛、巴勒斯坦、叙利亚和美索不达米亚；在波斯或伊朗出现了古老的伊朗文明和新传入的阿拉伯文明的融合。中亚的一些国家也吸收了这个相互交融的伊朗-阿拉伯文明，同时还受到了印度和中国的影响。在所有这些国家中都出现了高度发达的文明；贸易、知识和艺术得到了繁荣发展；到处都是大城市；著名的大学吸引了远道而来的学生。只有蒙古、中亚的部分地区和北方的西伯利亚等地的文明相对比较落后。

与先进的亚洲国家相比，这时的欧洲还相对比较落后，处于半野蛮状态。古老的希腊-罗马文明只是遥远过去的一个回忆。知识不受重视，也没有太多的艺术成就，贸易发展远远滞后于亚洲。欧洲此时有两个亮点：一个是阿拉伯人统治下的西班牙，延续了阿拉伯人伟大时期的传统；另一个是位于亚洲和欧洲交界线上的君士坦丁堡，即使是在缓慢衰落的时期，它仍是人口密集的大城市。欧洲的绝大部分地区时常处于混乱无序的状态，在当时盛行的封建制度下，每一个骑士和领主便成了自己管辖的领地上的小国王。罗马城，这个旧时期的帝国首都，曾经一度还没有一个村庄的面积大，古老的罗马圆形斗兽场里栖居着野生动物。但是，它后来又再次得到了发展。

所以，如果你比较一下公元1000年后的亚洲和欧洲，这对我们还是很有帮助的。

让我们再看一看，尽力发现表象之下的本质。我们发现，一个肤浅的观察者也许会认为亚洲并不是那么万事皆好，印度和中国这两大古老文明的摇篮正处于困境之中。它们遭遇的困境并不仅仅是外来的侵略，而真正的困境更多是由内在活力和实力的耗损衰竭造成的。西方的阿拉伯人已走到了光辉时期的尽头。诚然，塞尔柱突厥人日益强大起来了，但是他们的崛起只不过是因为他们好战的天性所致。他们并没有像印度人、中国人、波斯人或阿拉伯人那样能代表亚洲的文明，他们只是代表了亚洲好战的特点。在亚洲的每一个角落，古老的文明民族似乎都在萎缩。他们丧失了自信，处于防御状态。强大且精力充沛的新民族崛起了，他们征服了亚洲的古老民族，甚至威胁到了欧洲。但是，他们没有带来新的文明浪潮，也没有为文化带来新的助推之力。古老的民族慢慢地教化和同化了这些征服者。

所以，我们看到亚洲正在发生巨大改变。古老文明还在延续，精美的艺术在蓬勃发展，奢侈享受变得越来越精致；与此同时，文明的脉搏却在减弱，生命的气息似乎也越来越微弱。它们还能延续很长的时间，没有出现明显的断层或终结；只是在阿拉伯半岛和中亚，由于蒙古人的入侵，才出现了文化断层。

中国和印度都出现了缓慢的衰退，古老的文明最终变成了类似绘画一样的东西，从远处看很精美，但没有生命；如果你靠近一点，还会看见上面布满了白蚁。

与帝国一样，文明的衰落不是由于外来敌人的强大，而是因为自身的缺点和腐朽。罗马的没落不是因为蛮族的到来，他们仅仅是推倒了已经死亡的躯壳而已。当手臂和大腿都被砍掉后，罗马的心脏就停止了跳动。我们还看到这个进程的某些阶段同样也发生在了印度、中国和阿拉伯国家。阿拉伯文明的倒塌突然而至，甚至就和他们的崛起一样迅速。在印度和中国，文明衰落的过程持续了很久，所以很难发现。

早在加兹尼的马哈茂德[1]来到印度之前，文明衰落的进程就已经开始了。我们可以看见人们的思想发生了变化。印度人们

1　加兹尼王朝是10至12世纪称霸中亚的伊斯兰王朝，由突厥人所创。马哈茂德是该王朝在军事征服和政治建设方面贡献卓著的一位苏丹（皇帝），为加兹尼王朝赢得了鼎盛时期。——编者注

不再有创新的思想和事物，他们忙于重复和模仿已有的事物。虽然他们仍然思维敏捷，但他们只是忙于阐述和解释很久以前的观点和作品。虽然他们仍然制作了精妙的雕塑和雕刻作品，但是他们关注细节和修饰，时常会混入一点奇异的风格。原创和大胆杰出的设计不见了。富人一直在追逐优雅的风度、艺术和奢华，他们几乎没有想办法去减轻人民的劳苦和苦难，也没有提高生产。

所有的这一切都是文明衰退的标志。一旦出现这些标志，你或许就能断定这种文明的生命力正在消失；因为生机与活力的标志是创新，而不是重复和模仿。

同样的过程也出现在了当时的中国和印度。但是，请不要误解我。我并不是说中国或印度由于这个原因而消失了，或者退化到了野蛮的原始状态。我的意思是说，中国和印度曾经拥有的创新精神的古老推动力已经耗尽了能量，已经停止了自我更新。它自身没有去适应变化的环境；只是在不断地重复。每一个国家和文明都发生过同样的情况，都出现过努力创新和繁荣发展的伟大时期，也出现过衰退枯竭的时期。令人惊叹的是，印度和中国的衰退和枯竭出现得如此之晚，即使如此，这个过程也从来没有完结。

伊斯兰教给印度带来了人类进步的一个全新的推动力。在某种程度上，它为印度输入了养分，也唤醒了印度。但是，它在印度的影响和作用小于它也许本该产生的影响。原因有两个：一个原因是伊斯兰教传播的方式有误。在加兹尼的马哈茂德入侵印度前的数百年间，伊斯兰教的传教士们就已经在印度四处游历传教了，而且受到了热烈的欢迎。他们带着和平而来，也取得了一定的成功。当时人们几乎没有对伊斯兰教表示反感和敌意。然后，马哈茂德带着战火与刀剑来到印度；他是以一个征服者、抢掠者和杀人犯的身份前来的，严重破坏了伊斯兰教在印度的声誉。当然，就和其他伟大的帝王一样，除了烧杀抢掠以外，他也对宗教毫不关心。但是，在很长的一段时间里，他的入侵掩盖了伊斯兰教在印度的光芒，使人们很难平心静气地看待伊斯兰教，而印度人本来是可以平心静气地看待伊斯兰教的。

另一个原因是伊斯兰教传入的时间较晚。伊斯兰教出现400年后才传入了印度，在这么长的一段时间里，伊斯兰教本身在一定程度上已经衰竭，失去了大部分创造力。如果阿拉伯人在伊斯兰教发展的早期就来到了印度并开始传播伊斯兰教，兴起的阿拉伯文明也许会和古老的印度文明交流融合，这两者也许会相互作用和彼此影响，产生出伟大的文明成果。这两个文明的民族本该融合在一起的；众所周知，阿拉伯人对宗教抱有宽容和理性的态度。事实上，曾有一段时间，在哈里发的庇护下，巴格达出现过一个社团，信教的和不信教的可以聚在这里，从纯理性的角度探讨和争辩各种问题。

但是，阿拉伯人来到印度的时机不对。他们停留在了信德，印度几乎没有受到他们的影响。伊斯兰教是通过突厥人和其他部落民族传入印度的，这些民族既没有宽容的态度，也没有阿拉伯文化，他们主要是一群军人。

尽管如此，印度还是出现了推动进步和创造力的新力量。我们会在后面谈到它是怎样给印度注入了新的活力，又是如何逐渐显现的。

现在，印度文明衰落的另一个后果已经显而易见了。由于外部的攻击，印度给自己搭建了一个壳子，几乎把自己囚禁在里面。这又是一次软弱和恐惧的表现；修修补补只会让病情继续恶化。真正的疾病不是外来的侵略，而是自身的停滞不前。由于这种排他性，停滞萧条在不断滋生，所有的发展途径都被中断了。此后，我们会看见中国也出现了同样的情况，日本也是如此。生活在一个封闭得像壳子一样的社会里是有点危险的。我们会僵化麻木，失去活力，还会不习惯新鲜的空气和崭新的思想。新鲜的空气对社会和个人来说都是十分重要的。

如今，你会发现亚洲出现了一种新的活力，一种新的创造精神和新的生机。毋庸置疑，亚洲再次崛起了。在欧洲，特别是在西欧，尽管仍处于伟大辉煌的时期，但已显现出了腐朽的迹象。

第二篇

现代的

黎明

Glimpses of World History

17.欧洲城市的兴起

十字军东征时期是欧洲充满信仰、有着共同抱负和信条的伟大时期，人民在这种信仰和希望下，从他们每日的痛苦不幸中寻求着慰藉。此时，没有科学，也几乎没有知识，因为信仰、科学和知识是不容易走到一起的。知识和学问使人们思考，怀疑和质疑很难成为信仰的同伴。科学的方法就是探究和试验的方法，它不是信仰的方法。我们会在以后看到这种信仰是如何被削弱，怀疑又是如何产生的。

但是，目前我们看到信仰正在蓬勃兴旺地发展，罗马教会使自己成了"忠诚者的领袖"，还经常剥削他们。成千上万的"忠诚者"被派去参加了前往巴勒斯坦的十字军东征，却再也没有回来。教皇还开始宣布凡是在欧洲没有一切服从教皇的基督教信徒或组织，都要对其发动十字军的征伐。教皇和教会甚至通过经常颁布"特赦令"和出售"赎罪券"的方式来利用这种信仰。"特赦令"允许人们违背教会的某些法律或协议。于是，教会制定的法律允许在某些特定情况下被置之一旁。遵守这样的法律是不可能长久下去的。"赎罪券"则更为糟糕。根据罗马教会的说法，灵魂死后要进入炼狱，那是介于天堂和地狱之间的一个地方，灵魂要在这个地方为在人世犯下的罪孽而承受痛苦。然后，灵魂才能升入天堂。教皇向人民许诺，他们可以付钱逃脱炼狱，直接升入天堂。于是，教会利用了无知人们的信仰，甚至犯下罪行，也就是所谓的罪孽，以此来赚取金钱。在十字军东征后，这种出售"赎罪券"的行为蔓延开来。它成了一个巨大的丑闻，这也是为什么有许多人反对罗马教会的原因之一。

　　奇怪的是，信仰单纯的人们，他们的忍耐力是如此巨大。这是因为在很多国家，宗教成了最大最合算的生意之一。看看寺庙里的神职人员吧，他们是多么努力地欺骗穷苦的拜神者啊。去恒河岸边吧，你会看见印度教学者（pandas）拒绝表演某些仪式，除非不高兴的村民拿出钱来。无论在一个家庭发生哪种情况——出生、结婚和死亡——神职人员都会走进这个家庭，索要金钱。

　　每一个宗教皆是如此——印度教、基督教、伊斯兰教以及琐罗亚斯德教。每一个宗教都有自己的方式从忠诚者的信仰中获取钱财。印度教的方式是显而易见的。在伊斯兰教里本应是没有神职的，在过去，这并没能保护它的追随者免受宗教的剥削。但是，个人和阶级出现了，他们自称为宗教里的专业人士、学者、先生（mavlavis）、大师和诸如此类的称呼。他们压迫剥削充满信仰的无知信徒。他们留着长长的胡须，或脑瓜顶上留有一撮头发，或前额上有一个长长的标记，或身着苦行僧的服装，或身穿遁世者黄色或赭色的衣服，这些都是通往神圣的通行证，很容易就让人们深信不疑。

　　如果你去美国，这个最先进的国家，你会发现那里的宗教是靠剥削人维持的大产业。

我已经远离了中世纪和信仰的时代。我们必须得回去了。我们发现，这种信仰已清晰可见，已具有了创造性的雏形。公元11、12世纪是一个伟大的建设期，大教堂纷纷拔地而起，遍布了整个西欧。一种以前欧洲从来没有见过的新建筑出现了。通过灵巧的设计，沉重的屋顶的重量和压力被分散到了建筑物外面的扶壁上。令人惊讶的是可以看见在建筑物的里面，精巧的圆柱赫然支撑着巨大顶部的重量。这种穹顶借鉴了阿拉伯的建筑风格。在整个建筑物的上面，尖顶一直往上指向了天空。这就是哥特式（Gothic）的建筑风格，在欧洲逐渐形成和发展。这种建筑风格有着极其惊人的美丽，似乎代表了高涨澎湃的信念和渴望。它的确是代表了信念时代。只有那些热爱自己工作的建筑师和工匠，在伟大的事业上展开通力合作，才可能建造出这样的建筑物来。

哥特式风格在西欧的产生是一件令人惊异的事情。在交织着无序混乱和无知狭隘的时代，居然能诞生出这样的美，几乎像是一位去往天堂的祈祷者。哥特式教堂几乎同时出现在了法国、意大利北部、德国和英格兰。没有人确切地知道它们是如何产生的。也没有人知道这些建筑师的名字。他们似乎更多地代表了所有人的共同愿望和努力，而不是代表某一位建筑师。另一个新事物则是教堂窗户的彩色玻璃。绚丽多彩的颜色在这些窗户上描绘出了精美的图案，光线透过窗户照进来，为整个建筑物增添了庄严敬畏的效果。

不久前，在我最近的一封信里对欧洲和亚洲做了比较。我们看到，在那个时期，亚洲远比欧洲有着更高水平的文化和文明。然而，在印度却没有出现太多的创造性作品，而我认为创造力是活力的标志。出自半文明的欧洲的哥特式建筑向我们展示了充满了勃勃生机的欧洲。尽管文明的混乱无序和倒退落后带来了种种困境，但是这种活力突然出现了，并找到了自我表现的方式。哥特式建筑物就是其中的一个例证。随后，我们会看见这种风格也出现在绘画、雕刻和对冒险的热爱里。

你已经见过一些哥特式大教堂。我想知道你是否还记得它们。你参观过德国科隆的美丽大教堂。在意大利的米兰（Milan）有一座非常精美的哥特式大教堂，法国的沙特尔（Chartres）也有一座。但是，我没法一一说出所有的地方。这些大教堂遍布了德国、法国、英格兰和意大利北部。奇怪的是，罗马却没有著名的哥特式建筑物。

公元11、12世纪是伟大建筑的时期，然而在这一时期也修建了一些非哥特式的教堂，如巴黎圣母院（Notre Dame）[1]，还有你见过的威尼斯圣马可大教堂（St. Mark），它可能是拜占庭作品的典范，有着美丽迷人的镶嵌图案。

信仰的时代衰落了，教堂和大教堂修建的数量也跟着减少了。人们的思想转到了其他的方向，转到了商业和贸易上，转到了市民生活之中。大教堂已经不再修建，取而代之的是市政厅。

---

1 这里是尼赫鲁的记忆有误。巴黎圣母院是典型的哥特式建筑。——编者注

所以，我们发现，从公元15世纪初开始，华美的哥特式市政厅或会馆分布在了北欧和西欧。在伦敦，英国的国会大厦（Houses of Parliament）就是哥特式风格，但是我不知道它是什么时候落成的。我有一个想法，最初的哥特式建筑物已经被焚毁，后来修建了另一个也是哥特式风格的建筑物。

这些出现在公元11、12世纪的伟大的哥特式大教堂都坐落在各个城镇和城市里。古老的城市正在觉醒，新的城镇正在形成。整个欧洲都在发生变化，各地的城镇生活正逐渐增多。当然，在过去的罗马帝国时期，大型城镇则坐落在地中海沿岸。但是，随着罗马的沦陷和希腊-罗马文明的衰落，这些城镇也衰败了。除了君士坦丁堡和阿拉伯人统治的西班牙以外，欧洲几乎没有一座大城市。在亚洲——印度、中国和阿拉伯世界——大城市在这个时期却非常繁荣。但是，欧洲没有这样繁华的城市。城市、文化和文明似乎是相辅相成的。在罗马秩序倾塌后，欧洲在很长的一段时间里都没有出现城市、文化和文明。

这些新城市，或者是其中的大部分城市，肯定和旧式的帝国城市是有区别的。欧洲新兴城市的重要性不是由于皇帝或国王，而是由于它们自己控制的贸易活动。因此，它们的力量不是来自贵族阶级，而是来自商人阶级。它们都是商业城市。所以，这些城市的兴起意味着中产阶级的兴起。我们会在后面看到，这个中产阶级的实力在不断壮大，最后它成功地挑战了国王和贵族，还从他们手中夺取了权力。但是，这发生在我们目前谈论内容的很久以后了。

我说过，城市和文明常常是联系在一起的。随着城市的发展，知识会发展，自由的精神也会发展。居住在农村地区的人们零星分散，往往十分迷信。他们似乎受到了自然环境的支配，不得不努力工作，几乎没有闲暇时间，他们也不敢不服从他们的领主。在城市里，大批的人居住在一起；他们有机会过上更文明的生活，接受更开化的教育，更有教养地讨论和批判，也有机会去思考。

所以，自由精神不断地发展，与封建贵族代表的政治权威、与教会代表的精神权威背道而驰。信念时代衰落了，质疑的思想出现了。

18.为思想自由而战

我们可以看见公元14世纪和此后在欧洲发生的为宗教自由而战的斗争，以及后来发生的为政治自由而战的斗争，实际上它们是同一场斗争的两个方面。这是反抗权威和独裁主义的斗争。神圣罗马帝国和罗马教廷代表了绝对的权威，他们试图凌驾人们的精神。罗马皇帝有"神授的权力"，教皇更是如此，没人有权质疑这一点；以上两位颁布的命令，无人胆敢违抗。

服从是最好的美德。甚至，个人的判断都被视为有罪。因此，在盲目服从和自由之间的争议是相当明显了。欧洲发起了一场长达数个世纪的伟大战斗，为思想自由而战，继之为政治自由而战。在经过了无数次的跌宕起伏并承受了艰难困苦之后，这场战斗取得了一定程度上的成功。但是，正当人们庆祝取得了自由的时候，他们却发现他们错了。只要贫穷仍然存在，没有经济自由就不可能有真正的自由。号召一个饥饿的人去争取自由就是对他的嘲笑。所以，下一步则是为经济自由而战。

在印度，没有出现过思想自由的斗争，因为从最早期开始，这样的权利似乎就从来没有被拒绝过。人们信任他们喜欢的几乎所有事物，而且都是自愿的。影响人们思想的方式是讨论和辩论，而不是棍棒和火刑柱。当然，也许偶尔也使用了强迫或暴力的手段，但是古老的雅利安理论承认了思想自由的权利。由此造成的结果却不完全都是好的，虽然这也许似乎很奇怪。人们确信了理论的自由，就不会足够警惕，逐渐地，他们会越来越陷入退化堕落的宗教仪式、典礼和迷信中。他们发展了宗教思想，这个思想使他们后退了很远，也使他们成了宗教权威的奴隶。那个权威不是教皇或其他个人的权威，而是"圣书"、习俗和惯例的权威。所以，当我们谈到思想自由且自豪地拥有它时，我们实际上是在远离它，我们被烙印在脑海里的思想束缚了，而这些思想就是古老的典籍和我们的习俗。权威和独裁主义统治了我们，控制了我们的思想。这些有时候束缚了我们身体的枷锁就够坏的了，但是由思想和偏见构成的无形的枷锁束缚了我们的思想，这个更加糟糕。它们是由我们自己制造出来的，我们常常没有意识到这些思想偏见的存在，但又被困其中，这是很可怕的。

穆斯林作为侵略者来到了印度，印度的宗教信仰也染上了强迫的特征。这场斗争实际上是征服者和被征服者之间的政治斗争，但披上了宗教的外衣，有时候还出现了宗教迫害。但是，我们不能错误地认为伊斯兰教就代表了这样的迫害。有一个十分有趣的记录，记载的是一名西班牙穆斯林发表的讲话，那个时候是公元1610年，当时他和剩下的阿拉伯人被赶出了西班牙。他抗议宗教法庭，说道：

我们那些取得胜利的祖先在掌握权力之后，难道曾把在西班牙的基督教连根拔除了吗？难道他们没有允许你们的祖辈在戴上锁链的同时，还享有宗教礼拜仪式的自由吗？……如果有强迫改变信仰的情况，那也是十分少见的，简直不值一提。有的人不畏惧上帝和先知，做出了强迫他人改变信仰的行为，这是直接地、完全地违背了伊斯兰教神圣的戒律。任何人只要成了值得尊敬的穆斯林，他都不会违背教规和亵渎神圣。就使用劝服手段改变他人的信仰这个方面而言，在我们中间你们绝对无法制造出任何嗜血残忍的正式法庭，也无法实施你们宗教法庭使用的恶劣手段。事实上，我们敞开怀抱，接纳所有愿意皈依我们宗教的任何人，但是我们神圣的《古兰经》不会允许我们去残酷统治他人的思想意识。

所以，宗教的宽容和思想的自由曾经是古老印度生活的鲜明特征，却在一定程度上悄然消失了，然而欧洲迎头赶上了我们，在经过了许多次的斗争后，他们先行一步建立起了这些非常重要的原则。现在印度还偶尔会发生教派冲突，印度教教徒和穆斯林纷争不断，相互残杀。这种情况确实在一些地区偶有发生，但是我们绝大多数人在和平友好地相处，因为这是我们真正的目标。对任何以宗教为借口对兄弟施以暴力的印度教教徒或穆斯林来说，这都是可耻的行为。我们必须制止这一点，当然，我们一定会这么做的。但是，重要的是要摆脱习俗、惯例和迷信带来的复杂意识形态，它们隐藏在宗教的外表下，束缚了我们的思想。

与宗教宽容一样，印度在政治自由方面一开始也做得非常不错。你应该记得我们的村落共和体制，国王的权力是如何在一开始的时候就受到了限制，没有出现欧洲那样的"君权神授"。因为我们整个政治形态是建立在村落自由的基础之上的，人们不太关心谁是国王。如果他们当地的自由能被保持下来，那么谁是统治者又有什么关系呢？但是这是一个危险而愚蠢的观点。逐渐地，顶层的统治者加大了手中的权力，蚕食了村落的自由。于是，这样的时期来临了：我们有了完全意义上的君主，没有了村落自治体系，从上到下都没有了自由的踪影。

19.中世纪的终结

　　让我们再看一看公元13世纪到15世纪的欧洲吧。它似乎到处充斥着无序、暴力和冲突。印度的情况也非常糟糕，但是相较于欧洲而言，人们几乎认为印度是很平静的。

　　蒙古人曾把火药传入了欧洲，火器在这个时期得到了使用。国王们利用火器来镇压封建贵族的叛乱。在镇压过程中，他们还得到了城市新兴商人阶级的帮助。贵族们之间常常爆发小型的私人武装冲突。这削弱了他们的实力，但也骚扰掠夺了农村地区。国王的权力日益增强，镇压了这种私人武装冲突。在一些地方，为了争夺王位，两个敌对势力之间还会爆发内战。因此，在英格兰，两个家族——约克家族（House of York）和兰开斯特家族（House of Lancaster）之间发生了冲突。双方都以一朵玫瑰作为族徽，一个是白玫瑰，另一个是红玫瑰。因此，这场战争被称为"玫瑰战争"（Wars of the Roses）。大批封建贵族在内战中丧命。许多封建贵族也死于十字军东征。于是，封建领主们逐渐受到了控制。但是，这并不意味着权力从贵族手中转移到了人民手中，国王得到了更多权力。百姓们仍和以前一样，不过私人战争减少了，他们的境况稍微有了一些好转。然而，国王越来越强大，慢慢地成了手握全权的专制君主。国王和新的商人阶级之间的冲突即将出现。

甚至比战争和屠杀更可怕的，是发生在公元1348年的欧洲大瘟疫。瘟疫蔓延了整个欧洲，从俄国和小亚细亚到英格兰，还扩散到了埃及、北非、中亚，然后一直向西蔓延。在这场被称为了"黑死病"（Black Death）的浩劫中，有数百万人丧生。英格兰有三分之一的人口在这场瘟疫中丧生，在中国和其他地方，死亡人数也十分惊人。令人惊讶的是，这场瘟疫没有蔓延到印度。

这场可怕的灾难极大地减少了人口的数量，耕种土地的劳动力出现了短缺。由于缺乏人口，劳动者希望他们原先低得可怜的工资水平可以适当提高。但是，地主和财主控制了立法机构，他们通过法律强迫人们工作，只按照以前的工资水平支付，不允许他们有更多的要求。压迫和剥削已经超过了人们的忍耐极限，于是农民们和穷人们暴发了起义。在整个西欧，农民起义一个接一个地不断爆发。公元1358年，法国爆发了扎克雷（Jacquerie）起义。英格兰爆发了瓦特·泰勒（Wat Tyler）起义，公元1381年，泰勒在英王的面前被处死。这些起义都被镇压了，采用的往往都是极为残酷的手段。但是，平等的新思想慢慢地传播开了。人们问自己，为什么他们应该挨饿受穷，而其他人却可以享受荣华富贵和拥有一切呢？为什么有些人是领主，而有些人是农奴？为什么有些人可以穿华丽的衣裳，而其他人却衣不蔽体？整个封建制度是建立在服从权威的旧思想之上的，而此时这个思想基础正在崩塌。所以，农民们一次又一次地起义，但是他们太弱小了，也没有被很好地组织起来，所以他们的起义都遭到了镇压，只有过一段时间之后才能再次爆发。

英格兰和法国几乎是在不断地交战。从公元14世纪初期到15世纪中叶，英法两国之间的战争被称为"百年战争"（Hundred Years' War）。在法国以东是勃艮第（Burgundy），这是一个强大的国家，也是法国国王名义上的属国。但是，勃艮第是一个不安分且麻烦不断的属国。英格兰人与它相互勾结，加上其他势力，一起对付法国。曾有一段时间，法国被各方面包围了。法国西部的很大一片地区长期以来被英格兰人占领，英格兰国王也开始称自己为法国国王。当法国处于国家命运最低谷的时候，当一切都似乎陷入了绝望的时候，希望和胜利却以一个年轻农家女的形式降临了。你知道一些有关圣女贞德的历史，她被称为"奥尔良少女"（Maid of Orleans）。她是你心目中的女英雄。她给意志消沉的人们带来了信心，还尽最大努力去激励他们，在她的带领下，他们把英国人赶出了法国。但是，她得到的回报却是审判，是宗教法庭的判决，最终被烧死在火刑柱上。英格兰人抓住了她，他们让教会给她定罪。然后在公元1430年，他们在鲁昂（Rouen）的广场上烧死了她。多年后，罗马教会推翻了对贞德的定罪，撤销了对她的判决；很久以后，他们把贞德塑造成了一个圣女！

贞德宣扬法国，宣扬要把她的家乡从外国人的手中解救出来。这是一种新的说法。在那个时期，人们的脑子里满是封建制度的观点，不会去想到国家主义。所以，贞德的这个说法让人觉得很吃惊，他们几乎无法理解她的想法。我们可以看到，就是从圣女贞德那个时期开始，法国出现了模糊的国家主义思想的萌芽。

甚至在比这个时期更早的时候，即公元12世纪，英国人就开始试图征服爱尔兰（Ireland）。那是在700年前，从那时起，爱尔兰就出现了频繁的战争、暴乱、恐怖和恶行。这个小国家拒绝屈服于一个外来民族的统治，一代又一代的爱尔兰人站起来反抗，宣称他们绝不会屈服。

公元13世纪，欧洲的另一个小国——瑞士——宣示了获得自由的权利。它本是神圣罗马帝国的一部分，由奥地利（Austria）统治。你一定读过有关威廉·退尔（William Tell）和他儿子的故事，但这可能不是真实的。不过，更加惊奇的是，瑞士农民在反抗强大的帝国，他们拒绝臣服于帝国的统治。起初有3个州爆发了起义，并在公元1291年结成了同盟，被称为"永久同盟"（Everlasting League）。随后，其他州也纷纷加入。公元1499年，瑞士成了一个独立而自由的共和国。它是由不同州组成的一个联邦，称为瑞士联邦（Swiss Confederation）。

在欧洲的东面，君士坦丁堡正在发生着什么呢？当蒙古人穿过亚洲，一路向前挺进的时候，5万名奥斯曼突厥人在他们面前四散逃跑了。这群人与塞尔柱突厥人有所不同。他们敬仰一位祖先，也是一个王朝的缔造者，这个人叫作奥斯曼（Osman）。因此，他们被称为奥斯曼人（Ottoman）或奥斯曼突厥人。这些奥斯曼人向西亚的塞尔柱人寻求庇护。当塞尔柱突厥人逐渐衰落的时候，奥斯曼人的实力似乎越来越强大了。他们一直在四处扩张。公元1353年，与其他人之前做过的一样，他们没有攻打君士坦丁堡，而是绕过它来到了欧洲。他们迅速扩张，占领了保加利亚（Bulgaria）和塞尔维亚，然后定都阿德里安堡（Adrianople）。因此，奥斯曼帝国（Ottoman Empire）在君士坦丁堡的两边（亚洲和欧洲）开始扩展开来。它包围了君士坦丁堡，但这座城市仍在这个帝国的版图之外。然而，有着千年历史、骄傲的东罗马帝国的疆域已缩小到只剩这座城市的范围了。虽然突厥人[1]正在吞并东罗马帝国的疆域，但是苏丹和罗马皇帝之间似乎保持着友好的关系，他们的家族也在通婚和联姻。最后，公元1453年，君士坦丁堡落入了突厥人之手。我们现在只谈论奥斯曼突厥人了，塞尔柱人已经退出了历史的画卷。

君士坦丁堡的陷落，虽然早就在预料之中，但它仍是震动欧洲的一件大事。它意味着有着千年历史的希腊人统治的东罗马帝国结束了。它还意味着穆斯林对欧洲的又一次入侵。突厥人继续扩张，有时候它似乎好像要征服整个欧洲，但是被阻止在了维也纳的城门外。

罗马皇帝查士丁尼在公元6世纪兴建了圣索菲亚大教堂，此时这座教堂已经变成了一座清真寺，教堂里的有些财物也遭到了洗劫。欧洲对此大为吃惊，但无能为力。然而，事实上，土

1　这里指奥斯曼突厥人。——译者注

耳其苏丹对希腊正教教会是十分宽容的。在占领了君士坦丁堡以后，苏丹穆罕默德二世（Mohammad II）居然宣称自己是希腊教会的保护者。后来，有一个被称为苏莱曼大帝（Suleiman the Magnificent）的苏丹，他自认为代表了东罗马帝国的皇帝，给自己冠上了"恺撒"的头衔。这就是古老传统的力量。

奥斯曼突厥人似乎受到了君士坦丁堡的希腊人的欢迎，他们目睹了旧帝国的衰落崩溃。相较于教皇和西边的基督徒们，他们更喜欢突厥人。在拉丁人十字军的统治期间，他们的境况十分糟糕。据说，在君士坦丁堡最后被围困期间，即公元1453年，一位拜占庭贵族说："先知的穆斯林头巾比教皇的三重冕更好。"

夺取了君士坦丁堡以后，奥斯曼苏丹似乎从前任拜占庭皇帝那里继承了许多奢侈和腐败的恶习。整个拜占庭帝国的堕落体制腐蚀了他们，逐渐地削弱了他们的实力。但是，曾有一段时间他们非常强大，信仰基督教的欧洲非常惧怕他们。他们征服了埃及，从软弱无能的阿拔斯家族的代表手中夺走了哈里发这个头衔。从那时起，奥斯曼苏丹就称自己为哈里发，直到几年前，穆斯塔法·凯末尔·阿塔土克才废除了苏丹和哈里发。

君士坦丁堡的陷落之日是历史上的一个重要日子。它是一个时代的结束和另一个时代的开始。中世纪结束了。1000年的黑暗时代结束了。欧洲有了复苏的迹象，新的生命力和活力已清晰可见了。这被称为"文艺复兴"（Renaissance）的开端——知识和艺术的复兴。人们似乎从长长的沉睡中苏醒了，他们跨过了几个世纪，回顾了古希腊的荣耀时期，从中获取了灵感。

这几乎是一场思想反抗，反抗教会提倡的阴郁、压抑的生活观点，反抗束缚人类精神的枷锁。欧洲出现了崇尚古希腊式的审美观，遍地绽放出精美的绘画、雕刻和建筑作品。

当然，所有这一切并不是由于君士坦丁堡的陷落而突然引起的。这样的想法非常荒谬可笑。突厥人占领了这座城市仅仅是加快了这个变化的速度，因为大批有学之士和学者离开这座被占领的城市前往了西方。他们把希腊文学作品的瑰宝带到了意大利，此时正是西方世界欣赏、重视这些作品的时候。从这个意义上来说，君士坦丁堡的沦陷对文艺复兴运动的兴起起到了一点助推作用。

但是，对这个巨大的变化而言，这只是一个很小的原因。古老的希腊文学和思想在中世纪的意大利或西方国家算不上什么新事物。在大学里，人们要学习它，饱学之士要了解它。但是，它被局限在了小部分群体中，因为它与当时普遍盛行的生活观点不太一致，所以传播并不广泛。逐渐地，人们开始质疑，接受新生活观念的土壤已经具备了。人们对本来已有的事物感到不满，要去寻找另外一些也许能让他们更满意的东西。当他们处于怀疑和期待的状态时，他们发现了古老的非基督教的希腊哲学，并从希腊文学中吸收了大量养分。这似乎就是他们要追寻的东西，这个发现使他们充满了热情。

20.海路大发现

我们的地球是圆的，它围绕着太阳转动。所有人都认为这是显而易见的道理。可是在过去，情况并非如此。那些胆敢这样想并且胆敢这样说出来的人们，教会会找他们麻烦的。可是尽管人们害怕教会，但还是有越来越多的人开始相信地球是圆的了。因而有些人认为，如果地球是圆的，那么向西走就有可能到达中国和印度。还有些人认为，绕过非洲就能够到达印度。

当时是没有苏伊士运河的，船只无法从地中海到达红海。物资和商品以前都是在陆地上运输的，可能是放在骆驼背上，穿过地中海和红海之间的陆地，然后在陆地的另一边装进另外的船上。这样做，在任何时候都是很不方便的。而且在土耳其的南部还有埃及和叙利亚，这段旅程因而变得更为艰难了。

但是印度巨额的财富继续诱惑、激励、吸引着人们。西班牙和葡萄牙率先踏上了探险的旅程。那时的西班牙正在格拉纳达驱逐最后的摩尔人或萨拉森人（Saracens）。阿拉贡王国的费迪南德和卡斯蒂利亚王国的伊莎贝拉的联姻，统一了信奉基督教的西班牙。1492年，也就是土耳其人占领欧洲另一边的君士坦丁堡近50年之后，阿拉伯人的格拉纳达沦陷了。这样，西班牙就立刻成了欧洲一个庞大的基督教国家。

　　葡萄牙人尝试往东航行，而西班牙人则往西航行。1445年，葡萄牙人发现了佛得角（Cape Verde），这是航海史上第一个重大进展。佛得角位于非洲的最西端。看看非洲地图你就会发现，如果从欧洲去佛得角，船就得向西南方航行。到了佛得角，绕过海角之后就开始向东南方向航行。发现佛得角是个鼓舞人心的信号，因为它使人们相信，他们可以绕过非洲，向印度航行。

　　然而，又过了40年，才有人成功绕过了非洲。1486年，葡萄牙人巴托罗缪·迪亚士（Bartholomew Diaz）航行绕过了非洲的最南端——也就是好望角（Cape of Good Hope）。几年之后，又一个葡萄牙人，瓦斯科·达·伽马（Vasco de Gama），利用这个发现，经好望角来到了印度。1498年，瓦斯科·达·伽马抵达马拉巴尔海岸上的卡利卡特（Calicut）。

　　因此，在到达印度的竞赛中，葡萄牙人胜出了。然而，在世界的另一端，此时也发生了不少重大事件，西班牙人从这些事件中获得了很大益处。克里斯托弗·哥伦布（Christopher Columbus）于1492年抵达美洲大陆。哥伦布是个贫穷的热那亚人，他相信地球是圆的，所以他想向西航行去日本和印度。可他没有想到这次旅程最终远比他预想的要长得多。他往来于宫廷之间，到处游说，想劝诱某个王子来资助他的航海探险。终于，西班牙的费迪南德和伊莎贝拉同意资助他。于是，哥伦布带领三艘小船和88名船员出发了。这是一次勇敢的、充满未知的冒险航行，因为没有人知道前方等待他们的是什么。但是哥伦布满怀着信念，而且最终事实证明了他的信念是正确的。经过69天的航行，他们来到了一片陆地。哥伦布认为这块陆地就是印度。而事实上，它只是西印度群岛（West Indies）的一部分。那就是说，哥伦布就连美洲大陆都未曾到达过，可是他至死都以为他到过亚洲。而且他这个奇怪错误的影响力，一直延续到了今天。甚至到现在，这些岛屿仍然被称为西印度群岛，而美洲的原住民仍然被叫作印第安人。

哥伦布返回欧洲，又在第二年率领了比上一次多得多的船，再次出发了。欧洲人以为发现了去印度的新航线，为此激动不已。此后不久，瓦斯科·达·伽马仓促地开始了向东航行的旅程，并抵达了卡利卡特。随着东方和西方新发现的消息频频传来，欧洲人的激动情绪更加高涨了。而争夺这些新版图的两个竞争对手就是葡萄牙和西班牙。这时候，教皇出场了。为了避免西班牙人和葡萄牙人之间发生冲突，他决定以牺牲他人的利益为代价，慷慨大方了一把。1493年，他颁布了一个教皇诏书——出于某种原因，教皇的公告或法令被称为"公牛"（Bull）——即分界法令（the Bull of Demarcation）。他在亚速尔（Azores）以西100里格的地方，由北向南画了一条假想的线，宣布葡萄牙拥有这条线以东的所有非基督教的土地，而西班牙则拥有这条线以西的土地。这简直就是除了欧洲之外的整个一个世界的大礼，而教皇不花分文就把这份大礼分送给了西班牙和葡萄牙。亚速尔是位于大西洋的群岛，在距亚速尔群岛以西100里格——大约相当于500公里处画线，就是把北美洲的全部和南美洲的大部分划到了西边。因此，实际上教皇就是把美洲作为礼物送给了西班牙，而把印度、中国、日本和其他东方国家以及整个非洲，作为礼物送给了葡萄牙！

于是，葡萄牙人便开始行动了，他们要去占领这片广阔的领土。虽然这并非易事，但是他们取得了进展，并继续向东进发。他们在1510年到达了果阿（Goa）；1511年到达了马来半岛的马六甲（Malacca）；很快又到达了爪哇岛；1576年到达了中国。这并不意味着他们占领了这些地方。他们只是在一些地方站稳了脚跟。

在去东方的葡萄牙人中，有一个名叫费迪南德·麦哲伦（Ferdinand Magellan）的人。他因为与他的葡萄牙主子们闹翻了，就返回了欧洲，并成了西班牙的臣民。他已经从东方航线经好望角去过印度和东部群岛，现在他想走西方航线，绕过美洲去那里。也许他知道，哥伦布发现的陆地根本就不是亚洲。的确，1513年，一个名叫巴尔博亚（Balboa）的西班牙人曾穿越中美洲的巴拿马山脉，到达了太平洋。可不知什么原因，他把这一海域称为"大南海"，他站在海岸边，声称这片新发现的海洋以及它所冲刷的土地归属于他的主子西班牙国王。

1519年，麦哲伦开始了他向西的航行，这将是航海史上最伟大的一次航行。他带领5艘船和270名船员，穿越大西洋到南美洲，然后继续向南航行，直到抵达了大陆的南端。他的一艘船失事沉没了，还有一艘船开小差跑了；这样就剩下三艘船了。他带领这些船穿过南美大陆与一个岛屿之间的狭窄海峡，进入另一边的广阔海域。这就是太平洋，它是由麦哲伦命名的，因为和大西洋相比，它非常平静。

麦哲伦只用了14个月就到达了太平洋。他穿越的海峡至今仍以他的名字命名——麦哲伦海峡（Strait of Magellan）。

接着，麦哲伦继续勇敢地向北航行，然后再向西北航行，穿越了这片未知的海洋。

这是此次航行中最糟糕的一段旅程。没有人想到它会如此漫长。大概有四个月，确切地说，是108天，他们都在大洋中漂泊，食物和水极为匮乏。在历尽千辛万苦之后，他们终于到达了菲律宾群岛（Philippine Islands）。那里的人们很友善，给他们食物，还和他们交换礼物。但是西班牙人十分傲慢无礼。麦哲伦参与了两个酋长之间的小规模冲突，在冲突中被当地人杀死了。还有许多西班牙人被当地岛民所杀，因为他们对岛民的态度极为傲慢无礼。

西班牙人要寻找香料岛，因为那里盛产珍贵的香料。他们在四处找寻的时候，不得不又抛弃并焚毁了一艘船；这样，就只剩下两艘船了。于是，他们决定一艘船经太平洋返回西班牙，而另一艘则经好望角返回西班牙。经太平洋返回的那艘船没走多远就被葡萄牙人捕获了，而另外那艘名叫"维托里亚号"（Vittoria）的船则缓慢地绕过非洲，于1522年抵达了西班牙的塞维利亚（Seville），船上只剩下18名船员。这距他们起航的日子仅仅过去了三年。这艘船环游了世界，而且它是第一艘环游世界的船。

当麦哲伦环绕地球航行的时候，科尔蒂斯进入墨西哥，为西班牙国王征服了阿兹特克帝国。科尔蒂斯于1519年到达了墨西哥；皮萨罗于1530年到达了南美洲的印加帝国（Inca Empire，即现在的秘鲁）。凭借勇气、胆量，还有背信弃义和残忍，利用当地人内部的不和，科尔蒂斯和皮萨罗成功终结了两个古老的帝国。不过，这两个帝国本来就已经是明日黄花了，从某种意义上说，它们是十分原始的。所以它们就像纸牌屋一样，一推就坍塌了。

探险家和探索者们所到之处，都有成群的冒险家蜂拥而至，迫不及待地进行洗劫和掠夺。西班牙的属地美洲尤其深受其苦，甚至连哥伦布也遭到了冒险家们的虐待。

同时，黄金和白银从秘鲁和墨西哥源源不断地流向西班牙。大量贵金属制品的涌入，令欧洲人眼花缭乱，并且使西班牙成了主宰欧洲的强国。这些黄金和白银也流入欧洲的其他国家，于是那里的人们就有了充足的钱去购买东方制品。

葡萄牙和西班牙的成功，自然激发起其他国家人们的想象力，尤其是法国人、英国人、荷兰人和德国北部城镇的人们。起初，他们拼命想找一条通向亚洲和美洲的北方航线，从挪威（Norway）的北部向东，经格陵兰岛（Greenland）再向西航行。但是他们没有成功，于是，也走上了那些众所周知的航线。

那一定是一个无比辉煌的时代，世界似乎敞开了大门，向人们展示她的宝藏和奇迹！新的发现接踵而来，海洋、新大陆，还有无以计数的财富，都在等待着那一声充满魔力的呼叫——"芝麻开门！"就连空气中都一定有这些冒险的魔语在低吟。

21.马来西亚的满者伯夷和马六甲

大约在公元1300年后的300年中，三佛齐这个佛教帝国兴旺繁盛，控制了马来西亚东部的几乎所有岛屿，甚至一度在印度、锡兰和中国都占有一席之地。它是一个商人的帝国，其主要支柱就是贸易。但是，在不远处，爪哇岛的东部，另一个商人的国家出现了——爪哇国是一个印度教国家，它始终不向三佛齐帝国屈服。从9世纪初开始的400年间，这个东部的爪哇国一直受到不断壮大的三佛齐帝国的威胁，但是它成功地保全了自己的独立地位，同时还修建了许许多多精美的石头寺庙，其中最为壮观的是婆罗浮屠塔，这些塔群留存至今，仍吸引着无数的观光客。东爪哇国不仅没有被三佛齐帝国统治，它自己还变得寻衅好斗，反而对其老对手三佛齐帝国构成了威胁。两个帝国都是商人的帝国，做跨海贸易，所以它们之间经常发生冲突。

我对爪哇岛和苏门答腊岛之间的竞争以及当代强国之间的竞争，比如德国和英国之间的竞争很感兴趣，于是将它们做了个对比。爪哇国觉得，抑制三佛齐帝国并扩大自己贸易的唯一方法，就是大力加强自身的海军力量，发展海上实力。于是，他们派出了大规模的海军远征队，但是很多年来，远征队并不常和敌人发生冲突。这样，爪哇国继续发展壮大，变得越来越好斗。至13世纪末，他们建立了一座城市，名叫满者伯夷，它就成了不断发展壮大的爪哇国的首都。

爪哇国变得非常专横跋扈，傲慢自大，竟然侮辱了大可汗忽必烈派来收贡品的使节。他们不仅没有向大可汗进贡，还在一位使节的前额上刺上了侮辱性的词语！这是在和蒙古可汗玩一个非常愚蠢而危险的游戏。成吉思汗毁灭了中亚，后来旭烈兀毁灭了巴格达，原因都是因为类似的侮辱。然而，小岛上的爪哇国竟敢如此胆大妄为。但是，幸运的是，蒙古人已经温和了许多，已经无意去征服别人了。况且海战也不是他们的强项，他们只有在坚固的土地上才能感到自己的强大。但是忽必烈还是派了远征队去爪哇，惩罚那个罪不可恕的统治者。蒙古人打败了爪哇人，杀死了国王。然而，他们似乎并没有进行什么破坏活动。蒙古人在中国人的影响下发生了多么大的变化啊！

的确，蒙古的远征军似乎最终使爪哇，或者我们现在称它为满者伯夷帝国[1]，变得更加强大了。这是因为蒙古人把火器带到了爪哇，可能就是因为使用了这些火器，才使得满者伯夷帝国在后来的战争中赢得了胜利。

满者伯夷帝国继续扩张。它的扩张既不是偶然的，也不是随意的。这是由帝国组织的，由高效能的陆军和海军执行的帝

1　尼赫鲁并没有将此处的历史梳理清楚。在蒙古对爪哇的远征中，蒙古远征军曾联合了一部分爪哇势力。一名叫克塔拉亚萨的爪哇王族，开始是蒙古的盟友，他抓住战机，反戈击退了蒙古军，接着击败了他的爪哇政敌，统一了爪哇，于1293年建立的满者伯夷帝国。——编者注

国主义扩张。在帝国扩张期间,有一个阶段帝国的统治者是一个女人,她就是苏希达(Suhita)女王。当时的政府似乎权力高度集中,效率极高。西方的史学家们说,满者伯夷帝国有极好的税收、关税、通行费以及内部税入制度。政府的各部门包括:殖民部、商务部、公共福利和公共健康部、内务部和作战部。它的最高法庭里有两名主管官员和七名法官。婆罗门牧师似乎有很大的权力,但是他们都在国王的控制之下。

由于满者伯夷是一个贸易帝国,所以它自然会很周密仔细地安排出口和进口贸易,即输出的商品贸易和从其他国家输入的商品贸易。它主要是和印度、中国以及它自己的殖民地进行贸易。只要它和三佛齐处于战争状态,就不可能与三佛齐及其殖民地进行和平的贸易活动。

爪哇国维持了好几百年,但是满者伯夷帝国的全盛时期只有45年,从1335年至1380年。正是在此期间,三佛齐终于在1377年被占领并遭到了摧毁。满者伯夷帝国与安南、暹罗和柬埔寨结成了联盟。

满者伯夷的首都是个美丽繁荣的城市,在城市的中心,有一个巨大的湿婆神庙。它还有许多壮观的建筑。的确,在马来西亚的所有印度殖民地都热衷于修建精美的建筑。另外,在爪哇岛上,还有其他几个大城市和许多港口。

这个大帝国在灭掉它的老对手三佛齐之后,自己也行将就木。帝国发生了内乱,又在中国惹上了麻烦,致使中国出动了一支强大的舰队来到爪哇。帝国的殖民地也在逐渐减少。

1426年，帝国发生了大饥荒，两年之后，满者伯夷帝国已不复存在，然而，它作为一个独立的国家又继续存在了50年，直到被伊斯兰王国马六甲占领。

马来西亚的早期印度殖民地区产生了许多帝国，而满者伯夷是这其中第三个覆灭的帝国。我们的信虽然短，但是涉及的历史时期非常漫长。第一批印度殖民者几乎在公元之初就从印度来到这里，而现在我们已经讲到了15世纪。所以，我们已经概括论述了1400年的印度殖民历史。我们特别讨论的这三个帝国——柬埔寨、三佛齐和满者伯夷——都存在了几百年。在这些漫长的岁月里，人们看到了稳定和高效的帝国。它们尤其爱好精美的建筑，而它们的主业则是贸易。它们继承了印度的文化，并将其与中国文化中的许多元素和谐地结合在了一起。

截至那个时代，这些地区所受到的政治和文化方面的影响主要来自印度和中国。在东南亚的大陆国家，诸如缅甸、暹罗、印度支那，受到中国的影响更多一些，而那些岛屿以及马来半岛则受到印度的影响更多一些。

接着，又一种新的影响力出现了，它来自阿拉伯人。缅甸和暹罗并没有受到他们的影响，而马来半岛和那些岛屿则顺从了阿拉伯人，因此，很快那里就建立了一个伊斯兰教帝国。

阿拉伯的商人们来到这些岛屿，并在此已经定居1000多年了。但是他们只专心做生意，在其他方面从不干涉政府事务。14世纪，阿拉伯的传教士从阿拉伯半岛来到这里。他们可谓旗开得胜，尤其是成功地使一些当地的统治者皈依了伊斯兰教。

　　同时，政治上的变化也在发生。满者伯夷不断扩张，征服了三佛齐。三佛齐沦陷之后，大批难民流入马来半岛的南部，在那里建立了马六甲城。这座城市迅速发展，到公元1400年，马六甲已经是一个大城市了。然而，满者伯夷的爪哇人并不受那些被他们征服的子民的爱戴。因为，正像所有的帝国主义者一样，他们也十分暴虐，所以很多人宁愿去新的马六甲王国，而不愿意留在满者伯夷。暹罗在当时也是个侵略成性的国家，所以马六甲成了许多人的避难之地。那里既有佛教教徒，也有穆斯林。那里的统治者最初是佛教教徒，但后来皈依了伊斯兰教。

　　年轻的马六甲王国一边受到爪哇王国的威胁，另一边受到暹罗的威胁，因此它试图在诸多岛屿上的伊斯兰小王国中找到朋友和同盟。它甚至请求中国予以保护。那时，明朝已经取代蒙古人，统治了中国。在马来西亚的所有小伊斯兰王国是如何同时向中国寻求保护的，这实在令人惊叹不已。这表明，它们一定都受到了强大敌人的直接威胁。

　　而对待马来西亚的这些国家，中国向来奉行的是友好而又高高在上的孤立政策。她并不热衷于征服，因为她觉得从中得不到多少好处；但是她很乐意向这些国家传授她的文明。而明朝皇帝显然决心要改变这个古老的政策，并对这些国家给予更多的重视。他似乎不能接受爪哇和暹罗的侵略行为。因此，为了抑制这些侵略行为，并让其他国家感受到中国的强大，他派出了由海军将领郑和率领的一支庞大的舰队，舰队中有些船只长达150米。

郑和去东南亚航行了很多次，拜访了几乎那里所有的岛屿——菲律宾、爪哇、苏门答腊以及马来半岛等等。他甚至来到锡兰，征服了它，还把国王掠去了中国。他的最后一次探险航行最远到达了波斯湾。郑和在15世纪初期的航行对他所访问过的所有国家都产生了巨大的影响。为了抑制印度教王国满者伯夷和佛教王国暹罗的发展，他故意鼓励伊斯兰教。在他的庞大舰队的保护之下，马六甲王国的地位稳固地确立了。郑和的所作所为当然都是为了政治目的，跟宗教毫无关系。而他本人是个佛教教徒。

于是，马六甲王国成了满者伯夷的敌对国中的领头羊，它的力量不断壮大，渐渐地，它夺取了爪哇的殖民地。1478年，满者伯夷城本身也被占领了。然后，伊斯兰教成了宫廷和各个城市的宗教。但是，在农村，就像在印度一样，古老的信仰、神话和习俗仍然在延续。

马六甲帝国本来是有可能成为像三佛齐和满者伯夷那样的伟大而长久的帝国的，可是它没有机会了。葡萄牙人来了，几年之后，也就是在1511年，马六甲王国沦陷，落入了葡萄牙人的手中。

22. 启蒙时代降临欧洲

贯穿整个中世纪，宗教在欧洲都占据着主导地位。即使到了后来的宗教改革时期，情况依然如此。所有的问题，不论是政治问题，还是经济问题，都是从宗教的角度来考虑的。宗教是有组织的，代表了教皇或者教会高级官员的观点。社会组织有些像印度的种姓制度。种姓的概念本来是根据职业和功能划分的。正是根据功能来划分社会阶层这种思想，奠定了中世纪的社会理念。在同一个阶层里，就如同印度的同一种姓里，人们是平等的。然而，在两个或更多的阶层之间，人们又是不平等的。这种不平等来自整个社会结构的基础，没有人对此提出质疑。那些在这种制度下受苦的人们，会被告知"等到进了天堂会得到报偿"。宗教就是以这种方式试图来维护这种不公正的社会秩序，并试图通过谈论来世来分散人们对现世的思考。宗教还竭力宣扬一种被称为"受托人制度"的信条——也就是说，富人是穷人的受托人；地主掌管着土地，是为他的佃农"照管"土地。这就是教会对一种很令人尴尬的情形的解释。这对富人无关紧要，也没有带给穷人多少安慰。巧妙的解释替代不了果腹的食物。

天主教徒和新教徒之间的激烈战争，天主教徒和加尔文教徒的不宽容，还有宗教法庭，这一切都是由于强烈的宗教观点和对立教族之间的偏见而造成的。想一想吧！据说在欧洲，成千上万的女人被当作女巫活活烧死，而且大多是被清教徒烧死的。科学上的新思想遭到压制，因为它们被认为与教会的观点是相冲突的。这是一种停滞不动的生活观，是不可能进步的。

我们发现，这些思想从16世纪开始发生了变化，科学出现了，掌管一切的宗教地位降低了，政治和经济被看作独立于宗教之外了。据说，在17世纪和18世纪，民族主义思想也得到了发展——也就是说，用理性来对抗盲目的信仰。的确，人们认为，宗教宽容在18世纪取得了胜利。这样说有一定的道理。但是胜利实际上意味着，人们不再像从前那样把宗教看得那么重要了。宽容和淡漠很相近。当人们特别热衷于什么事情的时候，他们很少能对它宽容；只有当他们不太在乎它的时候，才能和蔼地宣称他们很宽容。随着工业主义和大机器的出现，对宗教的淡漠变得更加严重了。科学逐渐侵蚀了欧洲的古老信仰，新的工业和经济带来的新问题占据了人们的头脑。所以，欧洲人放弃了（当然没有完全放弃）为某种宗教信仰或教义的问题而打碎对方脑袋的做法，然而，他们却会为了经济和社会问题互相残杀。

如果把欧洲宗教至上的时期和今天的印度做个比较，会十分有趣而且很有教育意义。印度经常被称为宗教和精神之国，这种称呼既有赞扬的成分，也有嘲弄的成分。它与欧洲形成了鲜明的对照，欧洲被称为是无宗教的，过度钟情于生活中美好的事物。事实上，就印度的景致都带有宗教色彩这一点而言，这个"宗教的"印度与16世纪的欧洲极其相似。当然，我们也不能把两者的相似说得太过头。但很明显的是，我们在这里也存在着对宗教信仰和教义过度重视的现象，也存在着把政治和经济问题与宗教集团的利益混为一谈的现象，也存在着教族之间的争吵，以及和欧洲中世纪存在的一些相似的问题。问题不在于西方讲究实际、注重物质，而东方注重精神和来世。两者之间的区别在于，一边是工业化的、高度机械化的西方，尽管它也有其长处和短处，而另一方则主要是工业化之前的、以农业为主的东方。

在欧洲，信仰自由和理性主义的发展是一个缓慢的过程。最初，书籍对此并没有起到多大的作用，因为人们不敢公开批评基督教。因为公开批评基督教会坐牢，或受到其他的惩罚。一位德国哲学家因为过高地评价孔子而被逐出了普鲁士，因为他的行为被理解为对基督教的冷落和冒犯。然而，在18世纪，新思想越来越明朗，越来越普遍，讨论这些问题的书籍也就应运而生了。当时，写作有关理性主义和其他问题的最有名的作家是法国人伏尔泰，他曾遭到监禁和流放；最终，他定居在日内瓦附近的费内（Ferney）。在监狱里的时候，他得不到纸和墨水，于是，他便用铅块把诗句写在书的字行之间。他在很年轻的时候就成名了。事实上，他年仅10岁时就因其非凡的才能而受到人们的注意。伏尔泰憎恨偏见和不公正，并向它们开战。他最著名的口号是"踩死败类"。他很长寿（生于1694年，卒于 1778 年），也写了很多书。因为他批评基督教，所以遭到正统基督徒的强烈憎恨。他在一本书中说："一个人如果没有经过认真考察，就接受了他的宗教，就如同一头公牛自己甘愿被拴起来一般。"伏尔泰的著作对人们倾向理性主义和新思想起了很大的作用。他在费内居住的老房子至今仍然是许多人的朝圣之地。

让-雅克·卢梭（Jean-Jacques Rousseau）是另一位伟大的作家，他是与伏尔泰同时代的人，但比伏尔泰年轻。他生于日内瓦，是日内瓦的骄傲。你是否记得那里有他的塑像？卢梭关于宗教和政治的著作曾引起了强烈的抗议。然而，他的小说以及他大胆的社会和政治理论，在许多人的心中燃起了新的思想和新的决心。他的政治理论现在已经过时了，但是，它们在当时的作用十分巨大，让法国人民为大革命做好了准备。可卢梭并没有宣扬革命，也许甚至没有期待革命的到来。但是，他的著作和思想无疑在人们的心中播下了种子，它们在大革命中开花结果了。

他最著名的著作是《社会契约论》（*Du Contrat Social*），这本书的开篇第一句话就是一个名言（我是凭记忆写的）："人是生而自由的，但无往不在枷锁之中。"卢梭还是位伟大的教育家，他在教学方面提出的许多新方法，现在的学校都还在采用。

除了伏尔泰和卢梭，18 世纪的法国还有许多著名的思想家和作家。我再提一个名字——孟德斯鸠（Montesquieu），《论法的精神》（*Esprit des Lois*）是他作品中的一部。大约在这一时期，法国还出版了一部百科全书，里面收入了狄德罗（Diderot）和其他一些很有才华的作家有关政治和社会题材的文章。的确，法国似乎有很多的哲学家和思想家，更重要的是，他们的著作被广泛阅读，许许多多的普通人因此开始思考他们的思想，讨论他们的理论。于是，在法国，有一股强大的舆论主流发展起来了，反对宗教偏执以及政治和社会的特权。人们心中燃起了一种模糊的对自由的渴望。然而，奇怪的是，无论是哲学家，还是人民群众，都不想除掉国王。当时，共和的思想还不是很普遍，人们仍然希望他们会有一位理想的君主，就像柏拉图笔下的哲人王那样，他将解除他们的重负，赐给他们公正和一定程度的自由。无论如何，这是那些哲学家所写的。人们可能会怀疑，劳苦大众在多大程度上爱戴他们的国王。

23.大机器时代的到来

工业革命给这个世界带来了大机器。它迎来了机器时代，或者叫机械时代。当然，以前也有机器，可是从没有像新机器这样的大型机器。什么是机器呢？它是帮助人们做工的工具。人类一直被称为是会制造工具的动物，从人类初期开始，人类就开始制造工具，并在随后的过程中不断完善着工具。人类优于其他动物，但是许多动物比人类更强壮，人类就是因为自己的工具才确立了优势地位。工具是手的延伸，或许你可以称工具为第三只手。而机器又是工具的延伸。工具和机器提升了人类，使他们高于低等的动物。它们使人类社会摆脱了自然的枷锁。在工具和机器的帮助下，人类发现制造东西变得简单了。于是他造出更多的东西，而且还有了更多的闲暇。这就带来了文明艺术的进步，以及思想和科学的进步。

但是，大机器及其所有的同盟者带来的绝非都是幸事。如果说它鼓励了文明的发展，但同时也鼓励了野蛮的发展，因为它制造了战争和毁灭的可怕武器。如果说它带来了财富，但是财富主要不是带给广大人民的，享受到财富的只是有限的一小撮人。它使富人和穷人之间的差距变得越来越大了。大机器不是人类的工具和奴仆，而成了人类的主人。一方面，它教会了人们一些美德，比如合作、组织、守时等；另一方面，它使几百万人的生活变成了枯燥乏味的例行公事，一种机械的负担，没有多少乐趣和自由。

可是，我们应该因为机器所带来的祸害而去责怪可怜的机器吗？错误还是在人的身上，因为人类错误地使用了机器。错误还在于社会，因为它没有充分从机器上获益。让全世界，或者任何国家，回到工业革命之前的旧时代，似乎是不可思议的。为了摆脱这些祸害，我们竟然要抛弃工业化带给我们的无数好东西，似乎也是很不可取、很不明智的。无论如何，机器已经来了，就不会走了。所以，我们的问题在于，要保留工业化带给我们的好东西，去除与它连在一起的祸害。我们必须从机器生产出的财富中获利，但是要注意，财富应该平均分配给那些制造财富的人。

工业革命不只是改换高层的国王和统治者的政治革命而已。事实上，它是一场影响到所有阶层、所有人的革命。机器和工业化的胜利，意味着控制机器的阶级的胜利。我很久之前告诉过你，控制生产方式的阶级就是统治阶级。在古老的过去，唯一重要的生产方式就是土地，所以，那些控制土地的人——也就是地主——就是主人。封建时代就是如此。后来，土地之外的财富出现了，于是拥有土地的阶级开始与新生产方式的拥有者们分享他们的权力。现在，大机器出现了，那么自然而然地，控制大机器的阶级便上升到了最重要的位置，成了主人。

在写这些信的时候，我已经不止一次地告诉你，城镇的资产阶级已经兴起，地位越来越重要。他们与封建贵族斗争，在一些地方获得了一定程度的胜利。我也跟你说过封建制度的崩溃。我也许让你以为，资产阶级——也就是新兴的中产阶级——取代了封建阶级的位置。如果是这样的话，我要更正一下，因为中产阶级得到权力的过程要慢得多，在我们讨论的那个时期，它还没有取代封建阶级的位置。直到法国爆发了一场伟大的革命，英国也险些爆发一场类似的革命，资产阶级才得到了权力。1688年的英国革命，议会最终取得了胜利，但你要记住，议会本身就是一个代表少数人的机构，它主要代表地主阶级。一些城镇的大商人也许进入了议会，但是，总体上说，商人阶级——也就是中产阶级——并没有占据什么重要地位。

因此，政治权力还是掌握在拥有土地所有权的人手中。英国的情况如此，别的地方情况更是如此。土地所有权是儿子从父亲那里继承来的。那么，政治权力本身也成了世袭的特权。我已经告诉过你英国的"口袋选区"——也就是向议会推选议员的选区，选区里只有几个有选举权的人。这几个有选举权的人往往是在某人的控制之下，于是人们就说，选区就在他的口袋里。这样的选举当然是滑稽可笑的；严重的腐败、买卖议会选票和席位的现象时有发生，那么有些新兴中产阶级中有钱的议员就可以通过这种方式，在议会中买到一个席位。但是广大的人民无论以哪种途径都没有机会进入议会。他们没有世袭的特权和权力，显然，他们也买不到权力。那么，当他们受到有钱人和有特权的人的欺压和剥削的时候，他们能做什么呢？他们在议会里没有发言权，甚至在选举议会议员时也没有选举权。甚至他们在外面举行示威游行也令那些当权者感到厌恶，并遭到武力镇压。他们没有组织，软弱而无助。但是，当痛苦和苦难让他们无法忍受的时候，他们就会忘记法律和秩序，就会揭竿而起，反抗权贵。因此，在18世纪的英国，出现了很多的违法活动。人民总体的经济状况很糟糕，而大地主却以榨取小农场主的利益为代价，想方设法扩大他们的私有土地，这使人民的经济状况雪上加霜。属于村庄的公共土地也被掠夺走了。这进一步加重了人民的痛苦和苦难。而在政府中没有自己的声音，这也使广大人民十分愤慨，他们也含糊地提出了要得到更多自由的要求。

新兴的大工厂吞并了大量的家庭小工业和个体手工业者。家庭小工业的工人根本无法与机器抗争。因此他们不得不放弃了原先的手艺和贸易活动，转而去他们所憎恶的工厂求职，成为靠工资为生的人，或者成为失业大军的一员。家庭小工业的崩溃，虽然不是突然间发生的，但也是非常迅速的。到17世纪末，也就是大约在18世纪，大工厂就已经十分引人注目了。大约30年后，英国出现了蒸汽火车，装配着斯蒂芬森（Stephenson）发明的、名叫"火箭"的著名的蒸汽机车。于是，大机器继续推向全国，扩展到几乎各行各业，也延伸到了生活的方方面面。

有趣的是，所有的这些发明家，包括许多我还没有提及的，都出身于手工工人阶级。还有许多工业领导者也出自这个阶级。然而他们的发明以及接踵而至的工厂体系，使得雇主和工人之间的差距更大了。工厂里的工人只是机器上的一个齿轮，无助地被掌控在他甚至无法理解、更不可能控制的巨大的经济力量之中。手工业者和工匠们最初察觉到事态不对，是因为他们发现，新兴的工厂正在与他们竞争，而工厂生产和出售的产品，比他们在家里用简单而原始的工具做出的产品便宜得多。他们只好关闭自己的小店铺，虽然他们自己并没有什么过错。如果他们甚至无法继续从事自己的本行，那么，去干一个新的行当就更难成功了。于是，他们加入了失业大军，忍饥挨饿。有人说，"饥饿是工厂主的教练员。"饥饿最终迫使他们到新的工厂去找工作。雇主们对他们并无怜悯之心，虽然确实给了他们工作岗位，却只付给勉强可以糊口的微薄薪水，而可怜的工人们不得不为此在工厂里倾注一生的血汗。女人，甚至还有年幼的儿童，在令人窒息且危害身心健康的环境中长时间工作，直到他们中的很多人因为过度疲劳几乎晕厥倒下为止。男人们在地下的矿井里终日劳作，甚至一连数月都见不到阳光。

但不要误以为这所有的一切都是因为雇主的残酷无情。他们并非存心要如此残忍，错误应归咎于这个体制。他们一心想要扩大自己的生意，占领在遥远异国的国际市场。为了实现这个目标，他们愿意忍受一切。建造新的工厂和购买机器花费了大量金钱。而只有在工厂开始生产，并将产品在市场上出售之后，才能把钱挣回来。所以，为了建工厂，工厂主们必须紧缩开支，甚至当产品出售之后，赚到了钱，他们会继续建造更多的工厂。由于工业化较早，工厂主们比世界上的其他国家处于领先地位，他们希望通过这种地位获利——他们也确实做到了。因此，在扩大生意和赚大钱的疯狂野心驱使之下，他们极力压榨那些贫苦的工人，而工人们的劳动正是工厂主们财富的源泉。

因此，这种新的工业体系尤其适合强者对弱者的剥削。纵观历史，我们可以发现，强者总是在剥削弱者。而工厂体系使剥削变得更简单了。从法律上来说，奴隶制已经不存在了，可实际上，这些忍饥挨饿的工人，也就是工厂里靠薪水为生的奴隶，他们比以前的奴隶好不到哪儿去。法律完全偏袒雇主。甚至宗教也偏袒雇主，他们告诉穷人，要忍受在这个世界上的悲惨命运，寄希望于能够在来世的天堂中得到补偿。事实上，统治阶级捏造出了一个适合他们的哲学，那就是穷人的存在对于社会来说是必不可少的，因此，付给穷人微薄的薪水是公正的。如果穷人得到了丰厚的报酬，他们就会去享乐而不再努力工作了。这是一种令人欣慰而又实用的想法，因为它正符合工厂主和其他有钱人的物质利益。

　　对这段时间的解读是非常有趣、有教育意义的，可以让我们明白许多道理。我们可以看到生产的机械化进程对经济和社会所产生的巨大影响。整个社会结构被颠覆了，新兴阶级走上台前，掌握了权力；手艺人成了工厂中的工薪阶层。除此之外，新兴经济对人的思想同样产生了影响，甚至影响了人们对宗教和道德伦理的看法。一个群体的信仰与他们的利益或阶级情感是紧密相连的，他们会悉心维护自己的利益，而当他们一旦掌握了足够大的权力，便会制定法律来保护自己的利益。当然，所有这些，从表面上看，都是符合高尚道德品质的，都是确保法律背后的唯一动机，就是为了全人类的利益。我们印度已经领教够了在印度的英国总督和其他官员的虔诚和柔情。而同时他们用法令和刺刀统治着我们，压榨人民的血汗。我们印度的地主告诉我们，他们如何爱他们的佃农，但他们毫无顾忌地压榨佃农，勒索高额租金，直到佃农一无所有，饿死在荒野。我们的资本家和工厂主们也向我们保证，他们对我们是充满善意的，但是善意并没有转变成为工人们高一些的薪水和好一点的生活条件。所有的利润都用来兴建豪宅，而不是改善工人们住的泥土房。

令人惊叹的是，人们是如何为了自己的利益欺骗自己和其他人的呢？所以我们看到，在18世纪以及18世纪以后，英国的雇主们抵制所有试图改善工人命运的努力。他们反对工厂制定法律，反对住房改革，拒绝承认社会有义务消除贫困的根源。他们自我安慰般地认为，只有懒惰的人才会受苦。不管怎样，他们几乎不把工人当成像他们自己一样的人来看待。他们还发展了一种称为无干涉主义的新哲学，也就是说，他们在做生意的时候，可以为所欲为，不要政府的任何干涉。他们因为比别的国家更早一些开设工厂，所以占得了先机，他们所需的一切，就是可以自由自在地挣钱的领域。无干涉主义几乎成了一个令人敬畏的理论，对于任何想利用它的人，它都应该给予机会。每个男人和女人为了出人头地，都要与这世界上的其他人斗争，如果很多人在斗争中倒下了，那又有什么关系呢？

但是，无干涉主义和新兴的资本主义带来了弱肉强食的丛林法则，卡莱尔（Carlyle）[1]将其称为"猪的哲学"。是谁制定了生活和商业的新法律呢？不是工人们。可怜的工人们在这个问题上没有什么发言权，是上层那些成功的工厂主们，他们假借着荒谬感情的名义，不让人干涉他们的成功。因此，假借自由和财产权的名义，他们甚至反对私人住房的强制性卫生设备，

---

[1]　托马斯·卡莱尔（1975-1881）是苏格兰著名的历史学家、讽刺作家。——编者注

并反对干涉产品掺假的行为。

我刚才使用了"资本主义"这个词。低水平的资本主义在所有国家已经存在了很长时间了——也就是说，产业是靠积累的资金来经营的。但是，随着大机器和工业化的到来，工厂的生产需要更大量的资金。这被称为"工业资本"。而"资本主义"这个词，现在被用来指工业革命之后发展起来的经济制度。在这个制度下，资本家（也就是资本的拥有者）控制着工厂，赚取了利润。随着工业化的发展，资本主义遍及了全世界；除了现在的苏联，或许还有一两个其他的地方不受资本主义的摆布。从资本主义的最早期开始，它就强调富人和穷人之间的差别。工业机械化带来了更大规模的生产，于是更多的财富被生产出来。但是，这些新的财富只属于极少数人——新兴工业的所有者。工人们依然贫穷。在英国，工人的生活水平慢慢得到了一些提高，主要是因为英国对印度和其他地方的剥削。但是，工人分得的工业利润的份额是很少的。工业革命和资本主义解决了生产的问题，但是没有解决如何分配创造出的新财富的问题。所以，有钱人和穷人之间自古以来就一直在斗争，而现在斗争变得更加尖锐了。

工厂建起来之后，新的需求出现了。工厂需要原材料来制造产品。所以，要制造布匹，就需要棉花。更加必不可少的是新的市场，这样一来，工厂制造的新产品可以在那里出售。英国是最早开始建工厂的国家，在这一点上，它远远走在了其他国家的前头。尽管它领先了，但是对它而言，发现新市场原本也是很困难的事情；但又一次印度解救了它，尽管是很不情愿的。在印度的英国人使出了各种诡计和手段，破坏印度的工业，强行把英国的布匹卖到印度去。关于这个问题，我后面还会谈得更多一些。同时，重要的是，你要注意，英国人通过控制印度，并强迫它配合英国的计划，从而帮助了英国的工业革命。

到了19世纪，工业制度遍布了世界各地，资本主义工业在其他地方也按照英国制定的总方针发展起来了。资本主义不可避免地导致了新的帝国主义[1]，因为到处都有制造业对原材料的需求，以及对出售制成品的市场的需求。获得市场和原材料最简单的方法，就是占领整个国家。所以，在更强大的国家之间，开始疯狂地争夺新的领土。英国，因为占领了印度，并且拥有强大的制海权，又一次占尽了优势。关于帝国主义及其丰厚的收益，我在后面还会再谈的。

随着工业革命的到来，英国越来越多地被兰开夏郡（Lancashire）的布匹大制造商、钢铁大亨、煤矿主所控制。

1　相比之下，所谓"旧的帝国主义"的核心内容是以武力手段劫掠、征服、同化其他民族，从罗马帝国到满者伯夷帝国都可以作为例证。而"新的帝国主义"，正如尼赫鲁所总结的，是在资本主义生产方式对原产地和市场的需求推动下的扩张行为。——编者注

24. 美国挣脱了英国的统治

我们现在来看看18世纪的第二场伟大的革命——美洲殖民地反抗英国的起义。这只是一场政治革命，不像我们一直在讨论的工业革命，或是紧跟其后发生的、动摇了欧洲社会基础的法国大革命那么至关重要。然而，这次发生在美洲的政治剧变也很重要，而且注定要产生重大的结果。美洲殖民地赢得了自由；当年的美洲殖民地已经发展成为当今全世界最强大、最富裕、工业最先进的国家。

历史从来不会精确地重复自己，但有时候它也惊人地相似。1773年发生在波士顿、把茶倾倒入海的事件已经闻名于世了，它被称为"波士顿倾茶事件"。两年半之前，圣雄甘地开始了他的食盐进军运动（the Salt March）[1]：这次前往丹迪（Dandi）的食盐长征，让许多美国人想起了他们的"波士顿倾茶事件"，并将两者相提并论。但是，当然，这两者之间是有很大差别的。

1775年，英国和它的美洲殖民地之间爆发了战争。这些殖民地是为什么而战的呢？不是为了独立，不是要从英国分离出

---

[1] "食盐进军"是甘地领导的非暴力不合作运动中的一个重要行动，目的是抗议英国对印度盐业征收的不公平的"盐税"。——编者注

去。即使当战争已经开始，双方都有伤亡的时候，殖民地居民的领袖们还继续称英国的乔治三世为他们的"最仁慈的君主"，并把自己当成是他的忠实臣民。

所以，殖民地在最初开始战争的时候，并不是为了独立。他们对税制以及对贸易的限制不满，提出英国议会无权不经殖民地人民的同意就向他们征税。他们喊出的著名口号是"无代表，不纳税"，而他们在英国议会里是没有代表的。

殖民地居民没有军队，但是在任何必要的时候，他们都有广袤的土地可以撤退，可以依赖。他们建立起了一支军队，华盛顿最终成了他们的总司令。他们赢得了一些胜利。法国或许认为，攻击它的老对手英国的时机已经成熟，便加入了殖民地一方。西班牙也向英国宣战了。现在，情况对英国十分不利，但是战争拖延了很多年。1776年，殖民地签署了著名的《独立宣言》。1782年，战争结束，交战双方于1783年签订了《巴黎和约》(Peace of Paris)。

就这样，13个美洲的殖民地成了一个独立的共和国——美利坚合众国。但是，有很长一段时间，各州之间相互猜忌，都认为自己是相对独立的。一个共同国家的情感是逐渐形成的。它是一个幅员辽阔的国家，并且在继续向西扩张。它也是现代世界上第一个伟大的共和国——当时，小国瑞士是唯一的另一个真正的共和国。荷兰尽管也是共和政体，但却是由贵族控制的。英国不仅是一个君主制国家，而且它的议会还掌握在少数富裕的地主阶级手中。所以，美国这个共和国是一种新型的国家。它没有历史，而欧洲和亚洲的国家都是有历史的。除了南方的种植园制度和奴隶制之外，它也没有封建残余。它也没有世袭的贵族。所以，没有什么障碍能阻止资产阶级或中产阶级的发展，于是资产阶级就迅速地发展起来了。美国在独立战争时的人口还不到400万人，而两年前的1930年，它的人口已接近1.23亿了。

乔治·华盛顿成了美国的第一任总统。他本是弗吉尼亚州的大地主。被看作共和国缔造者的、这个时期的其他伟人还有托马斯·潘恩（Thomas Paine）、本杰明·富兰克林（Benjamin Franklin）、帕特里克·亨利（Patrick Henry）、托马斯·杰斐逊（Thomas Jefferson）、约翰·亚当斯（John Adams）和詹姆斯·麦迪逊（James Madison）。本杰明·富兰克林不仅是一位特别杰出的伟人，还是一位伟大的科学家。他在雷雨天里放风筝，以此证明了云里的闪电也是电。

1776年签署的《独立宣言》说："人人生而平等。"如果分析一下，这句话实际上是不正确的，因为有些人柔弱，有些人强壮，一些人比其他一些人更聪明、能干。但是这句话所蕴含的思想非常清楚明了，值得赞扬。殖民地居民想废除欧洲不平等的封建制度，这就是一个十分了不起的进步。也许《独立宣言》的起草者中，有许多人受到了从伏尔泰和卢梭开始、18世纪法国哲学家和思想家的影响。

"人人生而平等。"——但是，美国还有可怜的黑人，他们是没有任何权利的奴隶！他们怎么办呢？他们怎样才能适合这种体制呢？他们不适合，而且至今仍不适合这种体制。许多年之后，南方和北方之间爆发了残酷的战争，废除了奴隶制。但是在美国，黑人问题依然存在。

25. 法国大革命

我们已经简单地回顾了18世纪的两次大革命。在这封信里，我要给你讲讲第三次大革命——法国大革命。在这三次大革命中，法国大革命是最惊心动魄的。发端于英国的工业革命，虽然具有广泛的重要意义，但它是逐渐地、在几乎不为大部分人所知的情况下发生的，所以当时很少有人意识到它真正的重要性。而另一方面，法国大革命则是如晴天霹雳一般突然爆发，震惊了整个欧洲。欧洲当时还处在一群君主和皇帝的统治之下。古老的神圣罗马帝国早已经不再行使职责，但是它仍然在理论上存在着，而且它的幽灵仍然在欧洲上空投下长长的阴影。在这样一个充斥着国王、皇帝、宫廷和宫殿的地方，从广大人民中间，冲出了这个奇怪的、令人生畏的怪物，它毫不理会那些老掉牙的习俗和特权，把国王从他的宝座上拉下来，其他人因为害怕相同的命运，也被吓破了胆。欧洲的国王和特权阶级长期忽视和压榨广大人民群众，那么，他们在奋起起义的人民面前瑟瑟发抖，还有什么可奇怪的吗？

法国大革命如同火山一样爆发了。然而，无论是革命，还是火山，都不会毫无理由、不经过长期的演变就突然爆发的。我们看见了火山突然爆发，感到无比震惊。但是，在地球表面之下，很多力量长期地相互作用，热力聚集在一起，直到表面的地壳再也压制不了它们的时候，它们的巨大火焰便喷薄而出，冲向天空，熔化的岩浆顺着山边流淌下来。那么，最终在革命中爆发的力量，在社会表面之下，长期酝酿的情况更是如此。水被加热就会沸腾，但你知道，它是在变得越来越热之后，才达到沸点的。

思想和经济形势成就了革命。愚蠢的当权者，对所有不符合他们想法的事物都视而不见，认为革命是由鼓动革命的人引起的。鼓动者是那些对现状不满的人，他们渴望变革，并为此不懈地努力着。每一个革命的时代都不乏这样的鼓动者；他们自己就是骚动和不满的产物。但是，成千上万的人民，不会仅仅因为一个鼓动者的召唤就行动起来。大多数人还是把安全放在第一位的；他们是不会愿意冒着失去已经拥有东西的危险去做什么的。但是，当经济状况使他们的生活一天天变得更加痛苦，几乎成了无法忍受的负担时，那么，即使很软弱的人也愿意铤而走险。就是在这样的时候，他们才会去倾听鼓动者的声音，鼓动者似乎为他们指出了一条脱离苦难的路。

在我的许多信中，我都提到了人民的痛苦以及农民起义。

在亚洲和欧洲的每一个国家都出现了农民起义，结果是流血杀戮和残酷的镇压。农民的苦难生活迫使他们采取了革命的行动，但是，他们通常对自己所要达成的目标没有一个清晰的想法。因为他们思想模糊，缺乏一个思想体系，所以他们的努力经常是以失败告终的。在法国大革命中，我们发现了一个新事物，无论如何，它影响的范围很大——那就是革命行动的经济驱动力与思想信念的结合。只要有了这样的结合，就会发生真正的革命，而一场真正的革命会对生活和社会的整个结构——政治、社会、经济和宗教等方面——产生影响。我们看到，在18世纪最后的几年里，这一切在法国都发生了。

我已经告诉过你，法国国王穷奢极侈，昏庸无能，腐化堕落；而广大的人民大众却赤贫如洗，一无所有。我还告诉过你，在法国人民的心中，充满了不安和躁动；还有伏尔泰、卢梭、孟德斯鸠和许多人点燃了新思想的火焰。因此，有两个过程，即经济的贫困和新的思想体系的形成，它们同时发生并相互作用着。建立起一个民族的思想体系是需要漫长的时间的，因为新的思想必须逐渐渗透到他们的心中，而且很少有人愿意放弃他们固有的偏见和观念。通常会发生这样的情况，一种新的思想体系建立起来，但是当人民最终接受了一系列新思想的时候，这些思想本身又有点儿过时了。有意思的是，18世纪法国哲学家的思想是以欧洲工业化以前的时代为基础的；然而，几乎就在那个时候，工业革命在英国开始了，它正在大大地改变着工业和生活，事实上，它颠覆了很多法国新理论的基础。工业革

命的确是后来才发生、发展的，法国的哲学家当然不可能猜想
到将来要发生什么。然而，法国大革命的思想体系在很大程度
上是以他们的思想为基础的，但是随着大工业的到来，他们的
思想有一部分已经过时了。

　　尽管如此，很显然，这些法国哲学家的思想和理论对法国
大革命产生了十分巨大的影响。以前也有过很多人民群众发动
的起义和暴动；而现在这是一次非凡的、有意识的群众运动，
或者说是在意识引导下的群众运动。所以，法国大革命是有很
重大意义的。

　　大革命中诞生了《人权宣言》(*Declaration of the Rights of
Man*)。这个著名宣言的理念，可能取自美国的《独立宣言》。
但是美国的《独立宣言》言简意赅，可法国的这个宣言很长，
而且很复杂。人权是要保障人们享有平等、自由和幸福的权利。
《人权宣言》在当时来说，是非常勇敢而大胆的，在后来的近
100 年间，它成了欧洲自由主义者和民主主义者的共同纲领。然
而，今天它已经过时了，并不能解决我们当今的任何问题。人
们用了很长的时间才发现，只是法律面前的平等和选举权，并
不能保障真正的平等、自由和幸福，那些当权者还有其他方法
剥削人民。自从法国大革命以来，政治思想进步了，发生了很
大改变，也许甚至今天的大多数保守派人士也接受了《人权宣
言》里高调动听的原则。但是，我们不用太费力气就能看出，
这并不意味着他们愿意给予人民真正的平等和自由。《人权宣
言》确实保护了私有财产。由于与封建权利及特权相关的其他

原因，大贵族和教会的财产被没收了。可是私人财产本身被看作神圣不可侵犯的。你也许知道，现在进步的政治思想认为，私人财产是邪恶的，应该尽可能地彻底废除。

《人权宣言》对于今天的我们而言，似乎是个很平常的文件[1]。昔日勇敢的想法，到了今天往往会变得稀松平常。但是，在当时，人们称颂它震撼了整个欧洲，它似乎给所有受苦受压迫的人们带去了充满希望的美好未来的许诺。

26. 拿破仑的成败

法国大革命时期的恐怖统治是十分可怕的。然而，与贫穷和失业的长期罪恶相比，它带给人们的痛苦不过相当于被跳蚤咬了一口而已。社会革命的代价尽管很大，但不如这种罪恶的代价大，也不如战争的代价大。在我们目前的政治和社会体系之下，战争时有发生。法国大革命时期的恐怖统治之所以如此引人注目，是因为许多有头衔的贵族阶层的人成了受害者。而

1　不同的是，对于当今世界来说，《人权宣言》并非一个平常的文件。联合国于1948年起草的《世界人权宣言》很大程度上借鉴了法国《人权宣言》的内容。《世界人权宣言》对于世界范围内的民族解放、政治改革与国际秩序都产生了深远的影响。——编者注

我们已经习惯于尊重这些特权阶级，所以当他们遇到麻烦，我们就会深感同情。像同情别人那样去同情他们也理所应当。但是，要记住，他们只是极少数人。我们可以祝福他们，但是，真正重要的是广大的人民群众，我们不能为了少数人而牺牲大多数人的利益。卢梭曾说过："是人民群众构成了人类，而人民群众之外的人很少，不值得费心把他们考虑在内。"

拿破仑在法国大革命中脱颖而出。法国，法兰西共和国，这个曾经挑战和公然反抗欧洲君王的国家，却在这个矮小的科西嘉（Corsica）人面前屈服了。法国那时是个奇特而狂野的美人。法国诗人巴比耶（Barbier）曾把它比作一头狂野的动物，一匹骄傲而自由的母马，头高高扬起，皮毛闪闪发光；浪荡而美丽，丝毫不能容忍马鞍、马具和缰绳，不停地踩踏着大地，发出阵阵嘶鸣，使世界惊恐不已。而这匹骄傲的母马却愿意被这个来自科西嘉的年轻人驾驭，而且他也为它做出了非凡的成就。但是，他也驯服了它，使这个狂野而自由的动物失去了所有的野性和自由。他还剥削它，使它枯竭；最后，它将他甩了下来，自己也倒下了。

> 科西嘉人留着平头，
> 在获月艳阳下的法国真美啊！
> 这是一匹难以驯服、性格顽劣的母马，
> 既没有衔铁，也没有金色缰绳。
> 野母马动作粗野，却有着国王般的坏脾气，

骄傲地用蹄子撞击着古老的土地。

从来没有一双手曾经驾驭过它，

使它俯首帖耳。

它宽阔的肋部从未载过陌生人的马鞍和马具。

它所有的毛色闪闪发光。

美丽的流浪者，抬起眼眉，摆动臀部，

竖起腿弯，发出嘶叫，恐吓着人们。

那么，拿破仑是个什么样的人呢？他是世界上少有的伟人之一，人们所称道的"神选之人"，一个大英雄，一个帮助人类从许多重负中解脱出来的人吗？或者，他是如赫伯特·乔治·韦尔斯和其他人说的，只是位冒险家和破坏者，对欧洲和文明造成了巨大的破坏呢？也许这两种观点都夸大了事实，也许两种观点在某种程度上都是对的。我们大家都是善与恶、伟大与渺小的奇怪的混合体。他就是这样的一个混合体，但是，和我们大部分人不同的是，这个混合体是由非凡的特质构成的。他具备勇气、自信、想象力、惊人的力量和勃勃雄心。他是位伟大的将军，十分精通战争艺术，可以和伟大的古代军人亚历山大和成吉思汗媲美。但是，他又是个心胸狭窄、自私自利、以自我为中心的人，支配他生活的动力不是追求理想，而是寻求个人的权力。他曾经说："我的情人！权力就是我的情人！为了征服这位情人，我付出了太多的代价，所以我决不允许别人抢走她，或者与我分享她！"他虽然是法国大革命的产物，但是，他梦想着广阔的帝国，他一心想着亚历山大式的征服。甚至欧洲似乎都太小了。东方深深地吸引着他，尤其是埃及和印度。他早在27岁、军旅生涯早期的时候就说过："只有东方才有伟大的帝国和伟大的变革，有6亿人生活在那里。而欧洲只是一个鼹鼠丘而已。"

拿破仑所到之处，或多或少都传播了法国大革命的思想，而且那些被他征服的国家的人民，并不完全反对他的到来。他们厌倦了沉重地压迫着自己的、衰弱的、半封建的统治者。这大大地帮助了拿破仑，他所到之处，封建制度便土崩瓦解。尤其在德国，封建制度被清除了。在西班牙，他终结了宗教法庭。但是，正是他在不知不觉中唤起的民族主义精神，向他发起了挑战，并最终打败了他。他能够打败老君主和国王，却制服不了群起反抗他的整个一个民族。西班牙人民起来反抗他了，在几年的时间里，他们耗尽了他的精力和资源。德国人民在伟大的爱国者、拿破仑最无情的敌人冯·斯坦因男爵（Baron von Stein）的带领下，也组织起来了。德国暴发了解放战争。拿破仑自己唤起的民族主义思想，让几个国家组成了海上力量联盟，打败了拿破仑。但是无论如何，让整个欧洲容忍一位独裁者是很难的。或许拿破仑后来自己所说的是对的："我的失败，只能责怪我自己。我是我自己的最强大的敌人，也是我灾难性命运的原因。"

这个天才人物有很奇怪的弱点。他总是有一种新贵、暴发户的作风，他怀有一种奇怪的欲望，希望老的帝王君主们将他视为平等的人对待。他用最荒唐的方式提拔了自己的兄弟姐妹，尽管他们都是些彻底的无能之辈。他唯一一个体面的兄弟卢西恩，曾在1799年的雾月政变的关键时刻帮助过他，但是后来与他失和，隐退到了意大利。他其他的兄弟尽管都虚荣而愚蠢，却被拿破仑立为了国王和统治者。他有一种奇怪而庸俗的热情，要重用他的家人。可几乎他的每一位家人都在欺瞒他，在他遇到麻烦的时候抛弃他。拿破仑十分热衷于建立一个王朝。在他军事生涯的早期，甚至在他去意大利作战并声名大振之前，他已经和约瑟芬·德博阿尔内（Josephine de Beauharnais）结婚了。约瑟芬是一位美丽但有些轻浮的女人。她不能为拿破仑生孩子，使拿破仑十分失望，因为他已经决心要建立一个王朝了。所以，尽管他喜欢约瑟芬，他还是决定和她离婚，娶了另一个女人。他想娶一位俄罗斯的女大公，但遭到了俄罗斯沙皇的拒绝。拿破仑可能几乎成了欧洲之王，但是沙皇认为，他想娶俄罗斯皇族的想法还是有些傲慢无礼！后来，拿破仑几乎是强迫奥地利哈布斯堡皇帝把女儿玛丽·路易斯（Marie Louise）嫁给了他。她为他生了一个儿子，但是，她是个愚蠢乏味的女人，而且根本不喜欢拿破仑，还是位很糟糕的妻子。当拿破仑陷入麻烦的时候，她抛弃了他，还把他忘得一干二净。

　　奇怪的是，在一些方面远远胜过其他人的拿破仑，却成了古老君主体制思想的虚无魔力的受害者。然而，他常常使用革命的字眼说话，并嘲弄那些老君王们。可他又蓄意背叛革命和新秩序，旧秩序不适合他，也不愿意接纳他。所以，他在新旧秩序之间倒下了。

评价非凡的伟人是不容易的事，拿破仑有其独特的伟大和毫无疑问的非凡。他几乎像一种自然力那样纯粹、质朴而又狂野。他有丰富的思想和想象力，但是对于理想的价值和无私的动机视而不见。他试图通过带给人民荣誉和财富来赢得他们的支持。所以，当他的荣耀和权力开始缩减的时候，就没有什么理想的动机使那些他曾提拔的人们留在他的身边了，许多人卑鄙地抛弃了他。宗教对他而言，只是让贫穷可怜的人们满足于自己悲惨命运的手段。关于基督教，他曾说："我怎么能接受一种咒骂苏格拉底和柏拉图的宗教呢？"在埃及的时候，他对伊斯兰教表现出了偏爱，毫无疑问，这是因为他认为，这可能为他赢得那里的人民的爱戴。他是完全没有宗教信仰的，然而他却鼓励宗教，因为他把宗教看成现存社会秩序的支柱。他说："宗教把平等的思想与天堂联系在一起，这可以阻止穷人残杀富人。宗教和疫苗有同样的价值。它满足了我们对奇迹的热爱，也保护我们不上江湖骗子的当……社会如果没有财产的不平等就不可能存在；而财产的不平等如果没有宗教也不可能存在。一个人快要饿死了，而他身边的人正在吃着美味佳肴，大快朵颐，那么这个快要饿死的人只能凭借对一种更强大力量的信仰支撑，才能活下去，他得深信，在另一个世界，财富的分配会有所不同。"据说，在他权力的鼎盛时期，他曾经说过："万一天空落下，砸在我们的身上，我们将用长矛把它顶起。"

他具有伟人的魅力，赢得了许多人忠诚的友谊。他的目光就像阿克巴的目光一样，是有磁性的。他曾说过："我很少拔剑，我用我的眼睛赢得战斗的胜利，而不是用武器。"对于一个使整个欧洲陷入战争的人来说，说出这样的话真是很奇怪。在他后来的岁月里，在流放期间，他说，武力不是解决问题的方法，人的精神比利剑更伟大。他说："你们知道吗？什么才是使我最吃惊的事情？武力是无力安排任何事情的。世界上只有两种力量：精神和利剑。但是从长远来看，利剑总是要被精神所征服。"但是，对他来说，已经没有什么长远可言了。他总是行色匆匆。在他军事生涯的初期，他就选择了利剑之路；他因剑而胜，也因剑而败。他还说过："战争是时代的错误，将来赢得胜利将不再需要大炮和刺刀。"

周遭的环境对于他已是不能承受之重——他野心勃勃，在战场上所向披靡，而欧洲的统治者们对这个暴发户又恨又怕，使他不得安宁。他毫不在意战场上牺牲的生命，然而据说，看到人民受到的苦难，他会深深为之动容。

他的私人生活十分简单，除了过度工作之外，从不过度沉溺于任何事情。他说过："不论一个人吃得多么少，都不嫌少。人会因为吃得太多而生病，从不因吃得少而得病。"正是这种简单生活使他身体健康，精力充沛。他可以想睡就睡，而且他的睡眠很少。在一个上午和下午的时间里骑行150公里，对他而言只是等闲之事。

他的野心把他带到了整个欧洲大陆，他便把欧洲看成一个国家，一个单元，只有一种法律，一个政府。"我将把所有国家融为一体。"后来，他在圣赫勒拿岛上受惩戒的时候，又记起了这个想法，而且这个想法变得更加客观了，"终有一天，欧洲各国的联盟会因事态发展的影响而形成。第一次推动力已经出现，在我的政体崩溃之后，在我看来，在欧洲实现均势的唯一出路就是通过形成一个国家的联盟。"100多年之后，欧洲还在摸索和尝试，想组成一个国家的联盟！

圣赫勒拿岛的英国总督残忍地封锁了拿破仑小儿子的消息，不让他知道。他在最后的遗嘱中给这个曾被他立为罗马王的小儿子写了一封信。他希望他的儿子有一天会统治国家，他告诉儿子要和平地统治，不要把资源用于暴力。"我被迫以武力恐吓欧洲，而如今的方式是用理性去说服。"可是他的儿子注定与君主无缘，在他父亲去世11年后，便英年早逝了。

但他所有这些想法都产生于流放期间，当时他正在受到惩戒，他这样写或许是为了博得子孙们对他的喜爱。在他如日中天的时期，他太热衷于行动，所以不可能成为哲学家。他只膜拜权力的圣坛，权力才是他真正的挚爱，但他并非粗陋地爱着它，而是像艺术家那样爱它。他说："我爱权力，是的，我爱它，但我是用艺术家的方式在爱它：像一个小提琴家爱小提琴一样，是为了让它像施魔法般地奏出音调、和弦和悦耳的曲调。"但是，寻求过度的权力是一件危险的事情，寻求它的无论是个人还是国家，迟早都会失败，都会毁灭。所以拿破仑失败了，幸好他失败了。

第三篇

激荡的
十九世纪

Glimpses of World History

27.十九世纪

　　拿破仑于1814年垮台了；他于第二年从厄尔巴岛返回，但再一次被打败了，他的政体在1814年就已经崩溃了。整整100年之后的1914年，世界大战爆发了，波及了几乎整个世界，在它持续的4年里，给世界带来了巨大的损失和苦难。我们将比较仔细地审视一下这100年里发生的事情。我觉得我们应该先把这个世纪全面地审视一下，再看看在各个不同国家的情况。这样，或许我们能够更好地了解在这100年的主要趋势，这样，我们才能既看见了树木，也看见了森林。

　　当然，你会注意到，从1814年至1914年这100年，主要是在19世纪。所以我们不妨把它称为19世纪，尽管这样说不是很确切。

　　19世纪是一个令人着迷的年代，但是研究这个年代对于我们来说并非易事；这是个波澜壮阔的宏伟画面，而且由于我们离它很近，所以它对我们来说，就显得比以前的世纪更加宏大和丰满。正是因为它的宏大和复杂，所以当我们试图把汇集在一起的、成千上万的线索梳理清晰的时候，有时我们会感到不知所措。

　　19世纪在机械方面取得了巨大的进步。工业革命带来了机械革命，机器在人类生活中变得越来越重要了。它们做了很多过去人类所做的工作，减轻了人类的劳苦，减少了人类对自然环境的依赖，并为人类创造了财富。科学也起了很大的作用，旅行和运输变得越来越快。铁路出现了，它取代了公共马车；汽船取代了帆船，然后又出现了功率大而又壮观的大型远洋客轮，它们定期、高速地往来于各个大陆之间。到了19世纪末，汽车出现了，而且遍及了全世界。最后，飞机也出现了。同时，人类开始控制和使用一种新的奇迹——电。电报和电话也出现了。所有这一切让世界发生了巨大变化。通信方式发展进步了，人们的旅行也越来越快捷，世界似乎变小了。今天的我们已经对这一切习以为常，很少去多加考虑了。但是所有这些发展和改变对于我们这个世界来说都是新鲜事物；它们都是在过去的100年间才出现的。

19世纪也是欧洲，或者说是西欧的世纪，尤其是英国的世纪。工业革命和机械革命就是在那里开始并发展的，并为西欧树立了榜样。英国在海上力量和工业方面都占据着优势，但是渐渐地，西欧的其他国家也赶了上来。随着新的机械文明，美国也飞速发展起来，铁路带着美国人向西扩张到了太平洋，并把广袤的土地变成了一个国家。他们一心忙于自己的问题，忙于向西扩张，无暇顾及欧洲和世界的其他地方。但是他们已经足够强大，可以对任何来自欧洲的干预表示愤怒，并予以阻止。门罗主义（Monroe Doctrine）[1]保护了南美的共和国不受贪婪欧洲

1　门罗主义由美国总统詹姆斯·门罗发布于1823年。门罗主义将欧洲列强针对任何美洲国家的干涉视为针对美国的敌对行为。门罗主义也是美国谋求美洲大陆的领导地位的开始。——编者注

的侵犯。这些共和国被称为拉丁共和国，因为它们是由来自西班牙和葡萄牙的人建立起来的。这两个国家，还有意大利和法国，被称为拉丁国家；而欧洲北部的国家是日耳曼国家，英国人是日耳曼人的分支盎格鲁-撒克逊人。美国人最初是来自盎格鲁-撒克逊人种，但是从那以后，各个种族的移民相继来到了美国。

世界的其他地方在工业和机械方面还很落后，无法与西方新的机械文明抗衡。欧洲新的机器工业能够以比家庭小工业更快的速度生产出更多的产品。但是，生产这些产品需要原材料，很多的原材料在西欧是无法得到的；而产品生产出来之后，必须将它们出售，所以需要出售它们的市场。于是，西欧人开始寻找可以提供原材料，并购买这些工业品的国家。亚洲和非洲软弱无力，所以欧洲就像捕食的野兽一般扑向它们。英国，由于它在工业和海上力量的领先地位，所以在争夺帝国疆土的竞争中毫不费力就独占鳌头了。

你应该记得，欧洲人最初来到印度和东方，是为了购买欧洲需要的香料和其他商品的。于是东方的商品来到欧洲，一种东方手织机织出来的产品大量流向西方。可是现在，随着大机器的发展，这个程序被逆转了。西欧生产的便宜的产品流向东方，东印度公司为了促进销售英国的产品，蓄意扼杀了印度的家庭小工业。

欧洲坐拥亚洲这个巨人。在北方，俄罗斯帝国的势力已经蔓延至整个大陆。在南方，英国已经牢牢控制了最大的战利品——印度。在西部，土耳其帝国已经分崩离析，土耳其被称为"欧洲病夫"。波斯，名义上还是独立的，但已经被英国和俄罗斯所控制。整个东南亚——缅甸、印度支那、马来半岛、爪哇、苏门答腊、婆罗洲和菲律宾群岛等等——除了暹罗的一小部分以外，都被欧洲所吞噬。在远东，中国正在被欧洲列强蚕食，中国被迫一步步退让。只有日本还傲然站立着，以平等的姿态面对欧洲。它已经不再闭关自守，并努力调整自己，很快便适应了新的形势。

整个非洲，除了埃及以外，都十分落后。它无力对欧洲进行有效的抵抗，所有欧洲列强扑向它，开始了争夺帝国疆域的疯狂竞争，瓜分了这片广阔的大陆。英国占领了埃及，因为它在通往印度的路上，而从此以后，英国的政策就被它想牢牢抓住印度的欲望所控制。1869年，苏伊士运河顺利通航，从而大大缩短了欧洲到印度的旅程；对英国而言，埃及变得更有价值了，因为埃及可以控制运河，所以也就可以控制通往印度的海路。

所以，作为机械革命的结果，资本主义文明遍布了整个世界，而欧洲在各处都处于支配地位。资本主义导致了帝国主义。所以，这个世纪也可以称为帝国主义的世纪。可是，这个新的帝国主义时代与过去的罗马、中国、印度、阿拉伯和蒙古的帝国是极为不同的。一种新型的帝国主义出现了，它对原材料和市场充满了渴望。新帝国主义是新工业主义的产物。人们常说，"贸易跟随着旗帜"，而且往往是旗帜跟随着《圣经》。宗教、科学、对自己国家的热爱，所有这些都只为了一个目标而被出卖了——对地球上的弱者和工业上更落后的民族进行剥削，好让大机器的主人和工业化的巨头们变得越来越富裕。披着真理和博爱外衣的基督教传教士往往是帝国的前哨。如果他们受到了伤害，那么他的国家就会以此为借口，夺取土地，并迫使当地人做出让步[1]。

资本主义的产业和文明的体制不可避免地导致了帝国主义。资本主义也导致了民族主义情感的加剧，所以你也可以把这个世纪称为民族主义的世纪。这种民族主义不仅是对自己国家的热爱，还是对所有其他国家的憎恨。这种对自己这片土地的赞美和对其他地方的轻蔑和贬低，必定会导致不同国家之间的矛盾和摩擦。欧洲不同国家之间工业的竞争和帝国的竞争，使事态变得更加糟糕。

于是，一种盲目的民族主义开始控制欧洲。说来也奇怪，因为通信速度的提升，使各国人民的距离缩小了，而且旅行的人也更多了。人们可能会认为，人们对邻居的了解加深了，那么他们之间的偏见就应该缩小，他们的胸襟也会变得更加宽广。毫无疑问，这种情况在某种程度上确实发生了。但是在新的工业资本主义制度下，总体的社会结构偏偏会激发国与国、阶级与阶级以及人与人之间的摩擦。

民族主义在东方也发展起来了，具体表现为对外国人的抵制，因为外国人正在控制和剥削东方国家。起初，东方国家的封建残余势力在抵抗外来的统治，因为他们觉得自己的地位受

---

1 作为第二次鸦片战争导火索的马神甫事件就是这种情况。——编者注

到了威胁。但是他们失败了，他们注定是要失败的。后来兴起了一种新的民族主义，并带着一种宗教色彩。渐渐地，这种宗教色彩退去了，一种西方式的民族主义出现了。在日本，他们躲过了外国的控制，但鼓励一种强烈的、半封建的民族主义。

亚洲从最早的时候就开始在抵抗欧洲的入侵，但是，当欧洲的军队所装备的新型武器变得越发高效强大的时候，这种抵抗也就变得不那么坚决了。欧洲科学的发展和机械的进步使得欧洲的军队比任何军队都要强大得多。因此，东方的军队在他们面前感到无能为力，只能绝望地卑躬屈膝。有些人说东方是注重精神的，而西方是注重物质的。这样的说法很有欺骗性。当欧洲作为侵略者在18世纪和19世纪到来的时候，东方和西方的真正不同在于，东方还处于中世纪的状态，而西方已经在工业和机械方面取得了很大的进步。印度和其他的东方国家一开始就被西方惊呆了，西方不仅有高效强大的军事，而且科学技术也十分先进。所有这些结合在一起，使他们觉得在军事和技术上都有自卑感。然而，尽管如此，民族主义精神和抵御外国的入侵、赶走侵略者的欲望却在不断增强。20世纪初发生的一件大事，将对亚洲的思想倾向产生重大的影响。这就是日本打败了沙皇俄国。小小的日本却打败了俄罗斯，俄罗斯可是欧洲最伟大、最强大的国家之一，这使大部分人都极为震惊；在亚洲，这几乎是令人愉快的大惊喜。日本被看作亚洲抗击西方侵略的代表，所以一时间在整个东方很受推崇。当然，日本并非这样的亚洲代表，它只是为了一己利益而战，就像欧洲任何一个大国那样。我还清楚地记得，当日本胜利的消息传来的时候，我是非常激动。我那时大概和你现在的年龄差不多。

所以，西方的帝国主义变得越来越具侵略性，东方的民族主义也在随之发展，也在与西方的帝国主义抗衡、战斗。整个亚洲，从西边的阿拉伯国家，到远东蒙古人，民族运动已经形成；最初的发展小心而稳健，后来，运动的要求也越来越极端。在印度，国大党成立了，并已经经历了最初的岁月。亚洲的反抗开始了。

28.资本主义、帝国主义与民族主义

我在上封信里给你讲了一些19世纪的突出特点，还有许多源自工业资本主义的事情。在大机器时代到来之后，西欧就处在了工业资本主义的控制之下。西欧之所以在大机器的发展上走在了前面，其中的一个原因是它占有煤和铁矿资源。对于大机器的制造和生产，煤和铁是必不可少的。

前面我们已经谈到过，这种资本主义导致了帝国主义和民族主义。民族主义不是什么新鲜的事物，它以前就存在。但是，它变得更加强烈、更加狭隘了。同时，它使人团结，也造成了分裂；那些生活在同一个国家单元的人们互相之间越来越亲密，但越来越疏远了生活在不同国家单元的其他人。爱国主义在每个国家都出现并得到了发展，对外国人的讨厌和不信任也随之出现了。在欧洲，工业发达的国家像食肉猛兽那样虎视眈眈地相互怒目而视。英国得到的战利品最多，自然想保住这些战利品。但是，对于其他国家而言，特别是德国，这个世界上属于英国的领地太多了。所以，摩擦在加剧，最终导致了公开的战争。工业资本主义，以及衍生出的帝国主义，是这种摩擦和冲突的根源所在。似乎它们本身所固有的矛盾是无法调和的，因为它们建立的基础就是冲突、竞争和剥削。所以，在东方，民族主义成了帝国主义最无情的敌人，而民族主义却是由帝国主义而引发的。

然而，尽管存在着这些矛盾，但是资本主义的文明形式教会了人们许多有用的东西。它教会了人们什么叫组织性，因为大机器和大规模工业要想很好地运转，必须要有很好的组织性。它还教会了人们做大事时的合作精神。它教会了人们高效和守时。如果不具备这些品质，就不可能管理大工厂，或运营铁路系统。有时候人们说，这些品质是典型的西方人的品质，东方人并不具备这些品质。在这一点上，如同在许多的其他问题上一样，不存在什么东方和西方的问题。这些品质是工业主义培养起来的，西方因为已经工业化了，所以具备这些品质；而东方大部分还是农业国家，所以缺乏这些品质。

工业资本主义告诉人们财富是如何利用能源——也就是在大机器、煤和蒸汽的帮助下——创造出来的。这是它做出的另一项贡献。过去人们担心世界上没有足够的财富，所以必然会有很多的穷人，但是这个担心已经站不住脚了。在科学和机器的帮助下，人们可以为全世界的人口生产出足够的食物、衣服和所有其他的生活必需品。这样，生产的问题就解决了，至少是从理论上解决了。然而，问题的解决也就到此为止了。毫无疑问，财富被大量地生产出来，可是穷人依然贫穷，事实上，反而变得更加贫穷了。在欧洲的控制之下，当然会在东方和非洲国家上演赤裸裸的、无耻的剥削。没有人在意生活在那里的不幸的人们。但是，即使是在西欧，依然存在着贫穷，而且贫穷变得越来越明显了。有一段时间，对世界其他地方的剥削为西欧带来了财富。这些财富的大部分是属于上层那一小撮富人的，但是有一些渗漏到了比较贫穷的阶级，他们的生活水平也稍微提高了一点儿，人口也大量增加了。

但是大部分的财富和生活水平的提高，都是以剥削亚洲、非洲和其他非工业化国家的人民为代价的。这种剥削和财富的产生在一段时间里掩盖了资本主义制度的矛盾。即使这样，富人和穷人之间的分歧也在加大，贫富差距在加深。他们是两个不同的人群，两个分离的民族。19世纪英国伟大的政治家本杰明·迪斯雷利（Benjamin Disraeli）曾这样描述他们：

两个族群，他们之间没有交集和同情，他们对彼此的爱好、思想和情感一无所知，仿佛他们是不同地区的居民，或是不同星球的栖息者；他们是用不同的方式养育出来的，吃的是不同的食物，收到的是不同态度的指令，受到的是不同法律的统治……这就是富人和穷人。

　　工业的新形势把大量的工人带进了大工厂，因此一个新的阶级出现了——工厂的工人阶级。这些人与农民和田间工作者在很多方面都有所不同。农民在很大程度上要依赖天气和降雨。这些都是他们无法控制的，所以他们开始认为他们的苦难和贫穷是因为超自然的原因造成的。于是他们就变得迷信了，忽视了经济的原因。他们过着乏味而无望的生活，听天由命，因为他们无法改变自己的命运。可是，工厂的工人是用机器进行工作的，而机器是由人制造的；无论季节如何，下不下雨，他们都可以生产产品；他们创造了财富，却发现财富大多流入了别人的腰包，而他们自己仍然很贫穷；在某种程度上，他们可以看见运转中的经济规律。所以，他们不会想到超自然的原因，也不像农民那么迷信。他们不把贫穷归罪于上帝，而是归罪于社会或者社会制度，尤其是那些把自己劳动成果利润的大部分都据为己有的资本家。所以，他们具有阶级意识，看出有不同的阶级存在，上层阶级掠夺了他们这个阶级。这就导致了不满和造反。最初不满的轻声抱怨是含糊而单调的，最初的造反也是盲目、软弱、缺乏思考的，所以很容易就被政府镇压了。因为现在的政府完全代表新生的中产阶级的利益，而新生的中产阶级又控制着大工厂及其衍生物。但是，饥饿是不可能被长期压制的。不久，贫穷的工人和他们的同志们一起，在工会里找到了新的力量源泉。于是，工会形成了，它们保护工人，并为工人的权利而战。最初，它们只是些秘密的团体，因为政府甚至不允许工人组织起来。政府必定是一个阶级的政府，它竭尽全力、不择手段地保护它所代表的阶级，这已经越来越显而易见了。同样，法律也是阶级的法律。

渐渐地，工人的力量壮大了，他们的工会成了强大的组织。不同行业的工人发现，在对抗掌权的剥削阶级的问题上，他们的利益实际上是一致的。因此，不同的工会在一起合作，一个国家的工厂工人成了一个有组织的群体。下一步是让不同国家的工人联合起来，因为他们也感觉到，他们的利益是共同的，敌人也是共同的。于是他们喊出了口号："全世界的工人联合起来！"国际工人组织便应运而生了。同时，资本主义的工业也在发展，成了国际性的工业。所以，在任何工业资产阶级发达的地方，就会有工会和资本主义的对抗。

19世纪是欧洲文明开花结果的世纪——它被称为资产阶级文明，因为工业资本主义产生出来的资产阶级控制支配着这种文明。我已经讲过这种文明的许多矛盾和缺点。在印度和东方，这些缺点表现得更为明显，我们正深受其害。但是，无论是国家还是人民，如果不具备伟大的素质，就不可能达到伟大的境界，而西欧就具备这样伟大的素质。欧洲的显赫最终有赖于伟大的素质，而不是仰仗其军事力量。在欧洲，到处都充满了生命力、活力和创造力。欧洲产生了伟大的诗人、作家、哲学家、科学家、音乐家、工程师和实干家。毫无疑问，即使是西欧的普通人民大众也优于从前了。伟大的首都城市——伦敦、巴黎、柏林、纽约——变得越来越大，它们的建筑变得越来越高，生活越来越奢侈，科学提供了成千上万种方式来减轻人类的辛苦劳作，增加生活的舒适和快乐。富有阶级的生活变得快乐而文雅，于是在他们中间产生了一种自满、自足和虚情假意的情绪。这似乎已经到了一种文明得令人愉悦的中后期了。

于是，在19世纪下半叶，欧洲具有了一种愉快、繁荣的面貌。这种令人愉悦的文化和文明，至少在表面上看，似乎会永恒、进步，从胜利走向胜利。但是，如果你透过表面，向下窥视一眼，就会看到奇怪的骚动和许多令人不快的景象，因为这种繁荣的文化主要只是属于欧洲的上层阶级的，而且它是以对许多国家和民族的剥削为基础的。你将看到我说过的一些矛盾、民族仇恨和帝国主义狰狞残酷的面目。那么，你就不会对19世纪文明的永恒和魅力如此确信了。身体的外表很美，但是在心中却有一个溃疡；虽然有人在大肆谈论健康和进步的问题，但是衰退正在吞噬着资产阶级文明的重要器官。

崩溃在1914年发生了。

29.英国人在印度

英国在印度的政策导致了印度家庭小工业的消亡，并迫使工匠们回到了村庄，依赖农业生存。就像我说过的，没有其他的工作而完全依赖土地生存的人太多了，给土地带来了太大的压力和负担，这成了印度的大问题。印度的贫穷主要是因为这个问题。如果能把这些人从土地上转移开，并给他们其他的能创造财富的职业，那么他们不仅能增加国家的财富，而且对土地的压力也能大大减轻，甚至农业也将兴旺起来。

经常有人说，土地压力过大的原因与其说是因为英国的政策，不如说是因为印度人口的增长。这种论点是错误的。印度人口在过去的100年中的确增长了很多，但是其他国家的人口也大都增长了。事实上，在欧洲，尤其在英国、比利时、荷兰和德国，人口相应的增长幅度要大得多。一个国家的人口增长问题，或整个世界的人口增长问题，以及如何为这么多的人提供生计，在必要的时候如何限制人口增长，这是个十分重要的问题。在此我不能深谈这个问题，因为它可能扰乱其他的问题。但我想说清楚的是，造成印度土地压力过大的真正原因是缺少除农业以外的其他职业，而不是人口的增长。如果其他的职业和行业随时跟进的话，那么印度目前的人口可能就很容易被吸收。也许我们以后得考虑一下人口增长的问题。

现在让我们看看英国在印度政策的其他方面。我们先到村庄去。我经常写到关于印度的村务委员会，以及它们是如何经历了外国的入侵以及变革而存留下来的。到1830年，印度的英国总督查尔斯·梅特卡夫爵士（Sir Charles Metcalfe）是如此描述村社的：

> 村社是小共和国，他们几乎自给自足，几乎不依赖与外部的关系。它们似乎永远存在，哪怕别的东西都消亡了。这种村社的联盟，每一个都是一个独立的小王国……它在很大程度上有助于提升人们的幸福感，并让他们享受相当多的自由和独立。

这段描述对古老的村社制度充满了溢美之词。我们看到了一幅几乎是田园诗般的画面。毫无疑问，村社享有一定的地方自由和独立是一件好事，村社还有一些其他的特点。但是我们也不能忽略这种制度的缺点。过一种自给自足的乡村生活，与外面的世界隔绝，这无益于进步和发展。发展和进步在于强强之间的合作。

在过去，根本就没有地主或中间人。耕种者把他们农产品的一部分直接缴给国家。有时候，村务委员会代表村庄里的所有耕种者行事。在阿克巴的年代，他的著名的财政大臣，托达尔·马尔王公曾命人对土地进行了仔细的勘察。政府或国家从耕种者那里征收三分之一的农产品，如果他们愿意，可以用现金来支付。这样的税收总体来说不算重，税收也很缓慢地增加。接着，莫卧儿帝国崩溃了。中央政府变得衰弱了，无法正常地收税。然后就出现了一种新的收税方式。政府任命收税人，他们没有工资，而是作为代理人，可以自己保留十分之一的税款。他们被称为税收农民，或者有时候也叫地主或者征税官，但是请记住，这些词当时的意思和今天的意思是不同的。

随着中央政府的衰弱，这种田赋征收制度每况愈下，甚至到了如此的境地：政府对某一地区的税收权进行拍卖，出价最高的人就成了这个地区的税收农民。这就意味着得到这个工作的人可以随心所欲地、尽可能多地从不幸的耕种者那里勒索钱财，而他们把这个权力用到了极致。渐渐地，这些税收农民成了世袭的，因为政府太软弱了，无法免除他们的职务。

事实上，东印度公司在孟加拉地区第一个所谓的合法头衔就是代表莫卧儿帝国的税收农民，这是由地万（Diwan）[1]于1765年授予的。于是东印度公司成了德里的莫卧儿皇帝的地万。但是所有这一切都只是虚幻。在1757年的普拉西之战后，英国人在孟加拉地区占据了支配地位，可怜的莫卧儿皇帝在任何地方都没有什么权力了。

东印度公司及其官员们十分贪婪。我已经告诉过你，他们掏光了孟加拉地区的国库，哪里有钱，他们的手就疯狂地伸向

---

1 地万，是指印度邦政府首席部长，或旧时印度邦政府的财政部长，或印度的高级官员。——译者注

哪里。他们拼命地压榨孟加拉地区和比哈尔邦，从土地税收里索取尽可能多的钱财。他们创设了较小税区的税收地主，并对他们提出了过高的税收要求。土地税收在短时间内翻了一番。他们无情地向税收地主们收取土地税，如果谁不能按时缴纳，就会被赶走。接着，税收地主对耕种者也进行残忍的掠夺，耕种者被勒索高额租金，并被剥夺了土地。在普拉西之战后的 12 年后，即地万授予东印度公司税收地主头衔的四年后，东印度公司的政策，再加上天气干旱，导致了孟加拉地区和比哈尔邦发生了严重的饥荒，三分之一的人口在饥荒中死去。我在以前给你的信里曾经提到过 1769 年到 1770 年的饥荒，我还告诉你，尽管如此，东印度公司还是收取了足额的土地税收。东印度公司的官员们在此值得一提，因为他们的工作效率非常之高。几千万的男人、女人和孩子都饿死了，可是这些官员甚至能够从尸体上勒索到钱财，这样才能把大笔的红利支付给英国的有钱人。

在南方，在马德拉斯及其周边地区，土地持有及田赋征收制度并不盛行。在那里，农民是土地的所有人，因此东印度公司便直接与农民达成协议。但是在那里，就像在任何其他地方一样，永不满足的贪婪驱使东印度公司的官员们把土地税收的数额定得非常高，使农民受到残忍的掠夺勒索。不缴纳税款的农民就立刻被驱逐，可是，可怜的农民能到哪里去呢？由于土地上过大的人口压力，土地总是十分缺乏；总是有饥肠辘辘的人为了得到土地，情愿接受任何条件。骚乱和农民起义时有发生，因为长期受苦的农民也有忍无可忍的时候。

　　大约在 19 世纪中叶，另一种专制在孟加拉地区出现了。某些英国人为了继续进行靛蓝贸易，便自立为地主。他们与佃农就种植槐蓝植物订立了十分苛刻的协议。佃农们被迫在他们的指定土地上种植槐蓝，然后以固定的价格卖给地主——或称为种植园主。这种制度被称为种植园制度。对佃农提出的条件十分苛刻，所以他们很难做到。于是，英国政府来帮助种植园主了，它通过了特别法律，强迫贫穷的佃农按照政府提出的条件种植槐蓝。按照这些法律，对他们的惩罚是，这些种植园的佃农在某些方面将沦落为种植园主的农奴和奴隶。他们受到靛蓝厂代理人的恐吓，而这些英国和印度的代理人在政府的保护下感到十分安全。通常当靛蓝的价格回落的时候，种植其他的作物对耕种者来说利润更高，比如稻子，可是他们不被允许这样做。耕种者经历了很多的痛苦和不幸，最后他们怒不可遏了。逼人太甚，必有反抗。农民们起来反抗种植园主，洗劫了工厂。结果他们遭到镇压，不得不屈服了。

　　印度农民的命运变得每况愈下；他们受到所有接触他们的人的剥削，如收税人、地主、商人、种植园主和他的代理人，还有最大的商人英国政府，要么通过东印度公司，要么直接进行剥削。因为所有这些剥削的基础就是在印度的英国政府蓄意制定的政策：不费吹灰之力就毁掉了家庭小工业，并以其他的工业取而代之；迫使失业的工匠到农村去，结果给土地带去了太大的压力；地主制度；种植园制度；对土地的重税造成了过重的租金，用残忍的手段收取租金；迫使农民去找商人放债人，从此就无法逃脱他们的魔掌；无数人因为无法及时缴纳租金或税款被逐出土地；最主要的是，对警察和收税人、地主的代理人和工厂的代理人的永远的恐惧，这几乎毁掉了佃户们的精神和灵魂。那么这一切的后果，除了不可避免的悲剧和可怕的灾难之外，还会好到哪里呢？

可怕的饥荒发生了，消灭了几百万的人口。奇怪的是，甚至当食物短缺，人们因为没有食物而挨饿的时候，富裕的商人们为了赚取利润，还把小麦和其他谷物出口到国外。但是真正的悲剧不是缺乏食物，因为食物可以用火车从国家的其他地区运过来，问题是人们没有钱购买食物。1861年，在印度北部发生了严重饥荒，尤其在我们邦，据说受灾地区人口的81%至82%都死亡了。15年之后，从1876年开始的两年里，又一场严重的饥荒在印度的北部和中部以及印度的南部爆发了。联合省又是最严重的受害者，其他饥荒严重的地方还有中部的省邦和旁遮普邦的部分地区。死亡人数达1000万！又一次，20年后，即在1896年，大致也在同样这些不幸的地区，又发生了饥荒，比印度历史上任何一次都更加严重。这次骇人听闻的灾难把印度北部和中部彻底击倒、压垮了。1900年，又发生了一次饥荒。

你听说过弗洛伦斯·南丁格尔（Florence Nightingale），她是那个第一次对战争中的伤员组织了有效护理的勇敢的英国女性。早在1878年，她就写道："在东方——不，可能是在全世界——所能看到的最悲惨的情景，就发生在我们东方帝国的农民中间。"她还提到了"我们的法则之后果"就是"在世界上最富饶的国家里，把许多衣食无忧的地方也变成了难以忍受的、长期半饥饿的地区"。

是的，不可能有什么比带着无望、惊恐眼神的农夫深陷的双眼更悲伤的情景了。我们的农民这么多年来背负着多么沉重的负担啊！我们不要忘了，我们家境殷实的人也一直是造成那个负担的一部分。我们所有的人，不论是外国人还是印度人，一直试图剥削那些长期受苦受难的农夫，已经骑在了他们的背上了。那么他们的背压断了，还有什么可奇怪的吗？

但是，后来农民们终于有了一点隐约的希望，能有好一点的日子，轻一点的负担。一个小男人出现了，他凝视着他们的双眼，看到了他们干枯的心，对他们长期的痛苦感同身受。在他的眼中有一种魔力，他的触摸带着热情，他的声音里充满理解、同情、无限的爱和至死的忠诚。当农民、工人和所有受压迫的人们看到他和听说他的时候，他们已死的心又复活、兴奋起来了，并生出奇怪的希望，他们大声叫喊着："圣雄甘地胜利！"他们愿意冲出苦难的山谷。但是，长久以来压迫他们的旧机器不会轻易放走他们。它又开始转动，生产出新的武器、新的法律和法规来压迫他们，新的锁链来束缚他们。然后呢？那不是我要讲的故事和历史的一部分了。那仍然是属于明天的部分，当明天变成了今天，我们就知道了。但是，谁会怀疑呢？

30. 英国如何统治印度

19 世纪的印度是个很长的故事，也是很长的痛苦，如果我把它压缩得太短，我担心会使它更难理解。我也许对印度故事中的这个阶段，比对其他国家或者其他阶段更加关注。这没有什么不合情理的。作为一个印度人，我对它更感兴趣，也更加了解，可以更全面地记述它。除此之外，这一阶段对我们而言，不只是对历史的兴趣，它还蕴含了更多的东西。当代的印度，就是我们今天所看到的，是在 19 世纪的阵痛中形成并最终定型下来的。如果我们要理解现在的印度，就必须了解造就它和损坏它的那些力量。

当你阅读在印度的英国人这些行为和罪恶的时候，对于他们奉行的政策及其造成的广泛的苦难，你有时候会感到非常气愤。可是这一切的发生又是谁的错呢？难道不正是因为我们的软弱和无知吗？软弱和愚蠢总会招致专制和暴政。

我们常说英国人的专制制度，可究竟是谁的专制制度呢？谁能从中受益呢？并不是整个英国人民，因为数百万的英国人民也是不幸的受压迫者。毫无疑问，印度人中的一些小团体和阶级也能从英国人对印度的剥削中得到一些好处。那么我们如何划清界限呢？这不是个人的问题，而是制度的问题。我们一直生活在剥削和压迫印度数百万人民的巨大机器之下，这个机器就是新兴的帝国主义的机器，它是工业资本主义的产物。这种剥削所得的利润大部分都流入了英国，而在英国，它们几乎全部流入了某些阶级的腰包。剥削所得的利润也有一部分留在了印度，某些阶级成了受益者。所以，我们对个人，甚至对全体的英国人民感到气愤是愚蠢的。如果这个制度是错误的，伤害了我们，那么它就应该改变。谁是这个制度的管理者并没有多大关系，因为即便是好人，在一个坏的制度里也将无能为力。就算是怀有世界上最美好的意愿，你也无法把石头和泥土变成好吃的食物，无论你将它们烧煮多久。我想，帝国主义和资本主义就是这种状况。它们是无法改良的；唯一真正的改良就是彻底地废除它们。

　　当英国人入侵的时候，印度的家庭小工业已经处于一个很先进的阶段了。随着生产方式的自然进步，在没有外力干涉的情况下，机器工业有可能在某个时候来到印度。国家有钢铁和煤炭，正如我们在英国所见到的，钢铁和煤炭将大大促进新工业主义的发展；事实上，它们在一定程度上促使了新工业主义的出现。最终，新工业主义也会出现在印度。由于混乱的政治形势，使它的发生被耽搁了一段时间。然而，英国人介入其中了。他们所代表的，是一个已经转变到了新的大机器生产的国家和社会。于是，人们可能会认为，他们会鼓励这样的变化也在印度发生，并对印度最有可能促使其发生的那个阶级给予鼓励。可他们并没有这样做。事实上，他们所做的正好相反。他们把印度当成了可能的对手，于是他们破坏了印度的工业，实际上阻止了机器工业的发展。

于是，我们在印度看到了一个有些异乎寻常的事态。我们发现，英国人，这个当时欧洲最先进的民族，在印度与最落后、最保守的阶级结成了同盟。他们支撑着奄奄一息的封建阶级；他们创立了地主阶层；他们支持成百上千的、在半封建的王国里附属于他们的印度统治者。他们实际上加强了印度的封建制度。然而，这些英国人一直是中产阶级或资产阶级在欧洲的先驱者，是他们给了议会权力；他们也是工业革命的先驱者，而工业革命则让世界了解了工业资本主义。正是因为他们在这些方面的领先地位，他们才走在了对手的前面，建立起了一个庞大的帝国。

要理解为什么英国人会在印度有如此的作为并不困难。资本主义的整个基础就是严酷无情的竞争和剥削，而帝国主义是资本主义的高级阶段。拥有权力的英国人消灭了他们真实的竞争者，并蓄意阻止了其他对手的发展。他们不可能与人民群众交朋友，因为他们在印度存在的全部目的就是对人民群众进行剥削。剥削者和被剥削者的利益是永远不可能一致的。所以，英国人就依赖印度仍然保留的封建残余。这些封建残余即使在英国人到来的时候，就已经没有剩下什么力量了。但是，他们受到了支撑，并从对国家的剥削所得中分得了一杯羹。然而，这种支撑能够给予一个早已经失去了效用的阶级的，只是暂时的救济而已。当这些支撑被挪走了之后，他们必然要倒下，或者使自己适应新的形势。印度大大小小的王国有700多个，它们都有赖于英国人的亲善而存在。你知道其中的一些大的王国：海德拉巴、克什米尔、迈索尔、巴罗达、瓜廖尔等等。但奇怪的是，这些王国的大部分印度统治者并不是古老的封建贵族的后代，正如大多数的大地主也并没有很古老的传统一样。然而，有一个乌代布尔的王公，太阳族拉杰普特人的首领，他的家族可以追溯到遥远的史前时期。或许唯一活着的、可以在这方面与他竞争的人就是日本天皇。

英国的统治也帮助了宗教的保守主义。这听起来很奇怪，因为英国人宣称信仰基督教，可是他们的到来使印度的印度教和伊斯兰教更加严厉、更为僵化了。在某种程度上，这种反应也很自然，因为外来的入侵往往使被入侵国家的宗教和文化严格地自我保护起来。就是这样，印度教变得更严厉了，而且在伊斯兰教入侵后，种姓制度发展了起来。现在印度教和伊斯兰教都以这种方式做出了反应。但是除此之外，印度的英国政府——蓄意地或无意识地——帮助了这两个宗教中的保守元素。英国人对宗教和改变信仰的问题都没有兴趣；他们只想挣钱。他们害怕以任何方式干涉宗教问题，以免引发人民的愤怒，起来反抗他们。所以，为了避免甚至有人怀疑他们干涉宗教，他们实际上不惜保护和帮助所在国家的宗教，或者说是保护和帮助宗教的外部形式。结果往往是，外部的形式被保留了下来，但没有多少实质的内容。

因为害怕激怒那些正统派教徒，所以政府在改革问题上总是和这些人站在一起，于是改革的事业受到了阻碍。一个外来的政府很少会推行社会改革，因为它试图推行的任何改革都会受到人民的怨恨。印度教和印度教法规在很多方面都是不断变化和发展的，尽管在最近几个世纪里，它的发展异常缓慢。印度教法规本身大多是习俗，而习俗是会变化和发展的。然而，在英国人的统治之下，印度教法规的灵活性消失了，让位于严厉的法定规范，而这些法定规范是在向大部分的正统派教徒征求意见之后制定的。印度教社团的发展原本就很缓慢，此后便彻底地停歇了。穆斯林对这种状况更为愤恨，并选择了缄口不语。

英国人把废除了被（错误地）称为"殉夫自焚"习俗的功劳都归于自己，殉夫自焚就是印度教徒的寡妇在她丈夫的火葬柴堆上把自己烧死。英国人对于这一习俗的废除有一定的功劳，但是事实上，政府是在拉姆·莫汉·罗伊王公（Raja Ram Mohan Roy）领导下的改革者们鼓动了很多年之后才采取行动的。在英国人之前，其他的统治者，尤其是马拉地人，曾经禁止了这一习俗；葡萄牙人也在果阿禁止过它。由于印度人的鼓动和基督徒的努力，它最终被英国人取缔了。在我的记忆中，这是英国人带来的唯一一次具有宗教意义的改革。

因此，英国人与印度所有落后、保守的元素结成了联盟。他们试图使印度成为一个纯粹的农业国，为他们的工业提供原材料。为了阻止工厂在印度发展，他们实际上对进入印度的机器征收了关税。其他的国家都鼓励自己的工业。我们将要看到，日本在工业化之后向前急速飞奔。可是在印度，英国政府坚决压制印度的工业。由于政府对机器征收关税，而且直到1860年才取消，因此，在印度建造一个工厂的成本是在英国建厂成本的4倍，尽管印度的劳动力要便宜得多。可是阻碍工业发展的政策只能延缓事物的发展，但是，它无法阻止事物不可避免地向前发展。大约在19世纪中叶，机器工业开始在印度发展起来。黄麻工业是用英国人的资金在孟加拉地区开始的。铁路的出现促进了工业的发展。1880年后，棉纺厂在孟买和艾哈迈达巴德发展起来，这主要使用的是印度的资金。接着就是采矿业。除了棉纺厂之外，这个缓慢的工业化进程中使用的主要是英国人的资金。所有这些都不顾政府的阻碍发展起来了。政府谈到实行不干涉主义的政策，允许事物按照自己的进程发展，不干涉个人的首创精神。当印度的贸易在18世纪和19世纪早期成为英国的竞争对手的时候，英国政府却开始干涉印度在英国的贸易，并用关税和禁令将其压垮了。而当他们成功之后，便可以大谈不干涉主义了。然而，事实上他们不只是毫不在意，他们实际上阻止了某些印度工业的发展，尤其是在孟买和艾哈迈达巴德正在发展中的棉纺织业。他们对这些印度工厂的产品征收了被称为棉花税的税收，其目的就是帮助来自兰开夏郡的英国棉织品与印度纺织品竞争。几乎每一个国家都会对某些国外的商品征税，要么是为了保护它自己的工业，要么是为了募集资金。但是英国人在印度的所作所为极为不同寻常。他们自己对印度的商品征税！尽管引起了很多人的愤怒，棉花税还是一直在征收，直到近几年才取消。

就这样，现代工业在印度缓慢地发展起来了，尽管受到政府的压制。印度的富裕阶级越来越强烈地呼吁发展工业。我记得，直到1905年，政府才创立了一个贸易和工业部，可即使是这样，在世界大战爆发之前，它也没有什么建树。工业形势的发展创造出了一个在城市的工厂里工作的产业工人阶级。我告诉过你的，土地的压力以及农村地区的半饥饿状况，把很多村民赶到了工厂里，有些人去了正在孟加拉地区和阿萨姆邦兴起的大种植园。这种压力还导致了许多人移民到其他国家，因为他们被告知将得到更高的薪水。移民的主要国家有南非、斐济（Fiji）、毛里求斯（Mauritius）和锡兰。但是，这些变化并没有给工人们带来什么好处。在有些国家，移民受到的待遇和奴隶差不多。在阿萨姆邦的茶叶种植园里，他们的情况也好不到哪儿去。他们中间的很多人都感到沮丧和灰心，于是后来又试图从种植园回到他们的村庄去。可是他们在自己的村庄也不受欢迎，因为已经没有土地给他们了。

不久，工厂的工人们便发现，稍微高一点的薪水并没有给他们多少帮助，城市的物价也更高，总体的生活成本要高得多。他们居住的地方是破旧简陋的小屋，肮脏、潮湿、阴暗而又不卫生。他们的工作条件也很差。在农村，他们经常挨饿，但是他们有足够的阳光和新鲜空气。而工厂的工人却享受不到新鲜空气和阳光。甚至连女人和孩子也得长时间地做工。抱着婴儿的母亲只好给孩子吃安眠药，这样，他们就不会干扰自己的工作了。这就是这些在工厂里工作的产业工人的悲惨状况。他们当然是不幸的，因而不满情绪就会滋长。有时候，在极度绝望中，他们会举行罢工，也就是停止工作。但是，他们又软弱无力，而他们的雇主有钱，往往又有政府的支持，毫不费力地就把这些工人镇压了。渐渐地，在经过了许多痛苦的经历后，他们知道了联合行动的力量，于是，他们组织了工会。

1858年，在大暴乱之后，英国议会直接接管了印度，后来，英国国王，或者说英国女王，成了印度女王。在印度，最高的英国地方行政长官也变成了总督，在他之下有成群的官员。印度被分成了大的省和邦，大致就是现在的样子。在印度统治者领导之下的邦应该是半独立的，但事实上，它们完全是附属于英国人的。一种被称为特派代表的英国官员住在每一个较大的邦里，行使总的行政管理。他对国内的改革没有兴趣，邦政府多么糟糕或多么落后，对他来说都无关紧要。他感兴趣的是加强英国在印度邦的权力。

大约印度的三分之一被分成了这些邦，剩下的三分之二是在英国政府的直接领导之下。所以这三分之二的地区被称为"英国的印度"。在英国的印度，所有的高级官员都是英国人，只是到了19世纪末，有几个印度人也爬上了这些位置。即便如此，所有的权力当然归属、而且仍然归属英国人。除了军队以外，这些高官都被称为印度行政部（Indian Civil Service，简称I.C.S.）的官员。整个印度政府是由这个部门控制的。这样的一个政府，其官员是相互任命的，而且他们的所作所为不必对人民负责，因此它被称为"官僚政府"。

　　我们听到过很多关于印度行政部门的事情，他们是一帮奇怪的人。他们在某些方面的效率的确很高。他们组织政府，加强英国的统治，偶尔他们自己能由此大大地获利。所有帮助巩固英国统治和收税的政府部门都是很高效地组织起来的。而其他部门则被忽视了。由于印度行政部门不是人民委派的，也不对人民负责，所以它对那些主要是关乎人民利益的部门并不在意。在这种情况下，他们很自然地变得傲慢自大，对公众的意见十分鄙视。他们目光短浅，开始把自己看成是这个世界上最聪明的人。印度的优点对于他们而言，主要都是他们自己的功劳。他们形成了一种相互赞赏的阶层，不断地相互吹捧。不受约束的权力和权威会不可避免地导致这些情况的发生，印度行政部门实际上成了印度的主人。英国的议会鞭长莫及，而且也根本没有理由去干涉他们，因为他们是为英国议会的利益和英国工业的利益服务的。至于印度人民的利益，是不可能对他们有什么显著影响的。而对他们行为的哪怕是微弱的批评也会让他们很气愤，他们是很不宽容的。

　　然而，印度行政部门也不乏很多善良、诚实而又能干的人。可是，他们无法改变政策的倾向，或者让推着印度前行的潮流转向。毕竟，印度行政部门是英国的工业和金融利益的代理人，他们主要的兴趣就是剥削印度。

　　印度的官僚政府在涉及自己的利益和英国工业的利益方面都极为高效。但是，教育、卫生、医院和其他许多能够使整个民族健康和进步的活动都被忽视了。很多年来，他们根本不考虑这些。古老的乡村学校消失了。后来，缓慢而极不情愿地，学校又开始建起来了。开始建学校也是出于他们自己的需要。英国人占据了所有高级职位，但是他们显然不可能垄断更低的职位和办事员职位。政府需要职员，正是为了培养职员，英国人才开办了最早的学校和大学。从那时起，这就一直是印度教育的主要目的，所以教育产物中的大多数都只能当职员。但是，不久，职员的供应就大于了政府和其他办公室的需求。许多人被剩下了，这些人形成了一个新的有知识的失业人群。

孟加拉地区在这种新式的英国教育上走在了前头，所以早期职员的供应大多来自孟加拉地区。1857年，印度建立了三所大学，分布在加尔各答、孟买和马德拉斯。有个值得注意的事实是，穆斯林对这种新教育不以为然，所以他们在职员和政府部门的竞争中落在了后面。后来，这成了他们感到怨愤的事。

另一个值得注意的事实是，即使当政府在教育上起步了，但是女性还是完全被忽略了。这并不令人诧异。因为这种教育的目的是为了培养职员，需要的是男性职员。由于落后的社会习俗，那时只有男性职员的职位。所以女性遭到了彻底的忽视，只是在很久之后，才开始有了少量女性的职位。

31. 困境中的中国

1860年英法联军焚毁了美丽的圆明园。据说，他们这样做是为了惩罚中国人违背休战的规则。一些中国军队的确违背了休战的规则，这也许是事实，可是英法联军蓄意破坏文物的行为几乎超越了补偿的范围。这不是一部分无知士兵的行为，而是当权者的行为。为什么会发生这样的事情？英国人和法国人都是文明的、有文化的人，在很多方面，他们都是现代文明的引领者。然而这些在私人生活上很体面、很体贴的人们，在公众行为方面却忘记了所有的文明和体面，而去与人争执。相互之间的个人行为和国家行为之间似乎有一种奇怪的对照。在教育孩子的时候，无论男孩和女孩，都是教育他们不要太自私，要为别人考虑，要行为端正。我们所有的教育都是为了教会我们这些，但我们只是在很小的程度上学会了这些。战争一来，我们就忘记学到的东西，我们身上的兽性就暴露出来了。于是，体面的人就像野兽一样行事了。

像法国和德国这样两个同宗的国家相互作战，尚且兽性毕现。当不同种族之间发生冲突，情况就糟得多了；当欧洲面对亚洲和非洲的种族和人民时，不同的种族相互了解很少，一个民族对另一个民族而言，就像一本合着的书，在充斥着无知的地方是没有同情的。种族仇恨加剧，当两个种族之间发生冲突，就不只是政治战争了，而是更糟的种族战争。这在某种程度上解释了欧洲列强在亚洲和非洲为什么会如此残酷、为什么要蓄意破坏文物。

这看起来非常悲惨又非常愚蠢。但是如果一个国家可以控制另一国家，一个民族控制另一个民族，一个阶级控制另一个阶级，那么注定会产生不满、摩擦和暴动，就会有被剥削的国家或人民或阶级试图摆脱剥削者。一方对另一方的剥削就是我们今天社会的基础，它被称为资本主义，而帝国主义就是由此产生的。

在19世纪，大机器和工业的发展使西方的欧洲国家和美国成了富裕而强大的国家。他们开始认为自己就是世界的主宰，其他种族是劣等民族，必须要为他们让路。当他们获得了对自然界的一些控制之后，就变得高傲、盛气凌人了。他们忘记了文明人不仅要控制自然，还必须控制自己。因此我们看到了19世纪先进的种族，虽然在很多方面领先于其他人，但是其行为往往会使落后的野蛮人都为之羞耻。这也许会帮助你理解欧洲人在亚洲和非洲的行为，这些行为不仅发生在19世纪，甚至也发生在今天。

不要以为我把欧洲民族和我们自己或其他民族做比较是对我们有利的。远不是如此。我们有自己的缺点，而且有些缺点还很糟糕；否则我们就不可能像现在这样跌落得如此之深了。

我们现在要回到中国了。英法联军焚毁了圆明园，展示了他们的威力。他们又进而强迫中国正式更换条约，并从中国勒索到了新的特权。在上海，中国政府按照新条约的规定，让外国官员组织管理中国的海关部门，被称为"帝国海上海关"。

同时，太平天国起义极大地削弱了中国的国力，这给了外国列强可乘之机。太平天国起义还在延续着。最后，在1864年，它终于被中国的一位官员李鸿章镇压了，他也因此成了中国重要的政治家。

当英国和法国通过恐怖的手段从中国勒索了特权和租界的时候，俄国通过外交手段在北方也获得了巨大的利益。仅仅几年之前，渴望得到君士坦丁堡的俄罗斯还对土耳其发起了进攻。英国和法国害怕俄罗斯力量不断壮大，所以他们加入了土耳其一方，在1854年至1856年爆发的克里米亚战争（Crimean War）中打败了俄罗斯。在西方失败之后，俄罗斯开始把目光投向东方，并且取得了巨大的成功。俄罗斯通过外交手段说服中国把东北部的一个省割让给了它，该省与大海毗邻，且包含了港口符拉迪沃斯托克（Vladivostok）。

这就是1860年的情况。伟大的中国大清帝国在18世纪末曾经占据和控制了近半个亚洲，可现在却受到如此羞辱。来自遥远欧洲的西方列强打败并羞辱了它，一次国内的起义几乎颠覆了它。所有这些都彻底震动了中国。很显然，情况有些不妙。中国也做了一些努力，对国家进行改革，以适应新的形势和对付外来的威胁。所以，1860年也许几乎可以被看作一个新时代的开端，中国开始准备抗击外来入侵了。中国的邻国日本，在那时也同样被占领，而它也是个很好的例子。日本要比中国成功得多，但是，有一段时间，中国的确成功阻挡了外国列强的入侵。

太平天国运动还没有被镇压下去，另一个反对清政府的起义又爆发了。它发生在中国遥远的西部，亚洲的中心，新疆。这里的居民大多是穆斯林；在一个名叫阿古柏（Yakub Beg）的领袖领导下的穆斯林部落在1863年发动起义，赶走了当权者。这个地区性的暴动之所以能引起我们的兴趣，主要有两个原因。俄罗斯设法利用这个机会抢占了中国的领土。当然，每当中国遇到麻烦的时候，这种做法已经成了欧洲人惯用的伎俩了。但是，让所有人吃惊的是，中国拒绝让步，最终它使俄罗斯吐出了抢占的土地。这要归功于中国将军左宗棠在中亚与阿古柏进行的一场非凡的战役。这位将军的作战方式可谓胜似闲庭信步。部队缓慢地前进，年复一年，他终于到达了暴乱之地。事实上，他让部队在途中停了两次，休整了很久，并播种和收割了庄稼以供部队之用！为部队提供给养总是个难题，而当部队要穿越戈壁沙漠的时候，这一定更是个难以应付的问题。所以左将军用一种新奇的方法解决了这个问题。然后，他打败了阿古柏，终结了这次暴动。据说，从军事的角度来说，他在喀什噶尔、吐鲁番和莎车的战役都是非常了不起的。

在中亚，与俄罗斯的冲突已经令人满意地解决了，但是在中国广阔且正在瓦解的帝国里，又有一个地方出了麻烦。这是在安南，它是中国的臣属国，而法国对它也有所图谋，因此中国和法国之间便爆发了战争。又一次让所有人吃惊的是，中国打得不错，没有被法国人吓倒。1885年，两国之间签署了令人满意的条约。

这些中国力量的新信号足以使帝国主义列强刮目相看了。似乎它正在从1860年以及之前的衰弱中恢复过来。有人在谈论改革，许多人认为它已经渡过了难关。正因为如此，当英国在1886年兼并缅甸的时候，它承诺按照惯例，每十年向中国进贡一次。

但是，中国还远远没有渡过难关。还有很多的羞辱、苦难和分裂在等着它。它的问题不只是军队或海军的软弱，而是更加深层的问题。它的整个社会和经济结构即将瓦解。在19世纪，形成了许多反对清政府的秘密社团，这使形势变得更糟了。而对外贸易和与工业化国家的交往让形势雪上加霜。1860年中国表现出的力量的背后，没有多少实力。有些积极的官员，尤其是李鸿章，进行了一些地方性的改革。但这些改革都不能从根本上解决问题，无法治好使中国衰弱的顽疾。

在那些年里，中国能表现出外在力量，主要是因为出现了一个主管国家事务的强有力的统治者。这是一位非凡的女人，她就是皇帝的遗孀，慈禧太后。她掌权的时候才26岁，因为她幼小的儿子成了名义上的皇帝。47年来，她对中国进行了高压统治。她选择能干的官员，并以自己的高压手段影响着他们。主要是因为她和她的执政方式，才使中国比以前的很多年都表现得更加勇敢。

但同时，在狭窄的大海对面，日本正在创造着令人刮目相看的奇迹。因此，我们现在必须去日本了。

32. 日本的崛起

从1641年开始的200年间，日本人独守一隅，将自己与世界的其他地方隔绝开来。在这200年里，欧洲、亚洲、美洲，甚至非洲，都发生了天翻地覆的变化。这一时期所发生的激动人心的事件，我已经给你讲过一些。但是，关于它们的消息传不到这个与世隔绝的国家，外面的微风一丝都吹不进日本这个古老的封建世界。似乎时间停滞了，变化也迟缓了，17世纪中叶就像被囚禁了一样。尽管时间在流逝，但是局面似乎没有改变。这就是封建的日本，拥有土地的阶级掌握着权力。而天皇没有什么权力，真正的统治者是幕府将军，他是宗族集团的首脑。就像印度的刹帝利，在日本有一个斗士阶级，叫作"武士阶层"。封建地主和武士阶层是统治阶级。不同的地主和宗族之间常常相互争斗。但是，他们会联合起来，欺压和剥削农民及所有其他人。

但是，日本是和平的。长期内战耗尽了国家的资源，所以战后的和平是很受欢迎的。一些交战的大封建主——大名——
受到了压制。日本开始渐渐地从内战的蹂躏中恢复了元气。人
们的心思更多地转向了工业、艺术、文学和宗教。基督教已经
遭到禁止，佛教复兴了，后来还有神道教，这是典型的日本人
敬拜祖先的活动。在社会行为和道德问题上，中国的圣人孔子
成了他们仰视的楷模。艺术在宫廷和贵族的圈子里繁盛起来。
在某些方面，日本那时的情况与欧洲的中世纪有些相似。

　　但是要阻挡变革并非易事，尽管与外界的联系被阻断了，
在日本内部，变革却仍在发生，虽然比较慢一些。就像在其他
国家一样，日本的封建秩序正在走向崩溃。不满情绪在滋生，
而幕府将军则是人们不满的对象，因为他是执掌国事的人。神
道教崇拜的发展，使人们更加依赖天皇，因为他被认为是天照
大神的后裔。于是，从普遍的不满情绪中产生了一种民族精神，
而这种精神的基础就是经济的衰退，它不可避免地导致了变革
和日本对世界的开放。

　　外国列强曾经多次努力，想打开日本的国门，但是都无果而
终。大约到19世纪中叶，美国便对打开日本的国门特别感兴趣。
他们刚刚扩张到西部的加利福尼亚州，旧金山正在成为一个重要
的港口[1]。新开通的与中国的贸易虽然很诱人，但是穿越太平洋的
旅途极为漫长，因此，他们希望途中能在日本的港口停留一下，

1　1848年，美国加州发现黄金。之后的两年间，淘金热使旧金山人口从不足千人猛增至
三万以上。1850年前后旧金山崛起的速度在人类史上几乎史无前例。——编者注。

以补充给养。这就是美国不断努力打开日本国门的原因。

　　1853年，一支美国海军中队来到日本，并带去了美国总统的信。这是日本人所看见的第一批轮船。一年之后，幕府将军同意开放两个港口。听到这个消息，英国人、俄国人和荷兰很快就来了，也和幕府将军签订了类似的条约。于是，在213年之后，日本再次向世界敞开了大门。

　　但是很快麻烦就来了。幕府将军在外国人面前总是摆出天皇的姿态。他已经不得人心了，人们激愤地起来反对他，并反对他与外国签署的条约。有一些外国人遭到了杀害，结果导致了外国列强的海军前来攻击。情况越来越糟，经过劝说，幕府将军终于在1867年宣布退位，从而结束了德川幕府的统治。不知你是否还记得，德川幕府是在1603年由德川家康建立的。不仅如此，持续了近700年的整个幕府制度也走到了尽头。

　　新的天皇现在合理地取得了属于自己的东西。他是个14岁的男孩，刚刚继承了王位，成为睦仁（Mutsuhito）天皇。他统治日本45年，从1867年至1912年。这一阶段被称为"明治时代"（或"开明统治"）。在他统治期间，日本飞速发展。日本学习西方国家，并且在很多方面可以与西方匹敌。在一代人的时间里发生如此巨大的变化，这是十分惊人的，而且在历史上也是独一无二的。日本成了一个伟大的工业国，并仿照西方列强的模式，成为一个帝国主义的、掠夺成性的国家。它具备所有进步的外在标志。它在工业上的发展甚至超越了它的老师们，它的人口也迅速增长，它的轮船环游了世界。它成了一个强大的国家，在国际事务上，它的声音也受到了重视。然而，这个巨大的变革并没有深入到这个国家的心脏。如果把这些变革说成是肤浅的，这是违背事实的，因为它们远远不止表面上的变革。可是统治者的观念仍然是封建主义的，他们试图把彻底的改革与封建的外壳结合起来。他们似乎在很大程度上取得了成功。

在日本发生的这些伟大的变革得归功于一帮有远见的贵族——他们被称为"元老"。当在日本发生的反对外国的暴动导致了外国军舰的炮击时，日本人看到了自己的无助，感到了深深的耻辱。但是，他们没有诅咒命运，也没有怒不可遏，而是从这次失败和羞辱中汲取了教训。元老们设计了一个改革方案，他们便坚定地执行了。

老的封建大名被废除了。天皇的首都从京都迁到了江户，现在改名为东京。日本颁布了宪法，根据宪法设置了两个议院，众议院的议员是选举产生的，而贵族院的议员是任命的。日本在教育、法律、工业和几乎各个方面都进行了改革。工厂建了起来，现代的陆军和海军也建立起来了。日本从国外请来了专家，并把日本学生派往欧洲和美国，但不是像印度人过去所做的那样，让他们成为律师之类的人，而是让他们成为科学家和技术专家。

这一切都是元老以天皇的名义安排的。尽管建立了新的议院，但是在法律上，天皇仍然是日本帝国的绝对统治者。他们在推进改革的同时，还散布对天皇的盲目崇拜。这是一种奇怪的结合：一边是工厂、现代工业和议会制政府的外表，而另一边是对神圣天皇的中世纪一般的崇拜。很难理解这两者是怎样结合到一起的，哪怕只是很短的一段时间。然而，它们的确在并肩向前，而且甚至今天也没有分开。元老从两个方面利用了人们崇敬天皇的情感：他们强行对保守和封建阶级推行改革，这些阶级若不是因为受到天皇声望的威慑，是会反对改革的；他们还阻止了更加进步的元素，就是那些想发展得更快并废除封建制度的人们。

在19世纪下半叶，中国和日本之间形成了十分鲜明的对照。日本快速地西化了；而中国，如我们已经看到的，还有很久之后我们将要看到的，陷入了非常巨大的困境之中。为什么会这样呢？因为中国幅员辽阔，人口众多，因此变革十分困难。印度遭受的苦难，也是因为这种表面上的力量之源——辽阔的土地和众多的人口。中国政府的权力不够集中——也就是说，国家的各个地区都有很大的自治权。所以，中央政府就很难像日本那样，介入各个地区并带来巨大变革。而且，中国几千年发展起来的伟大文明与它的生活已经密切地结合在一起，所以很难轻易地丢弃。这一点，印度和中国又很相似。而另一方面，日本借鉴了中国的文明，也可以更轻易地取代它。中国困难的另一个原因是来自欧洲列强的不断骚扰。中国是一个广袤的大陆国家，它无法像岛国日本那样，将自己封闭起来。俄罗斯在北方和西北方与中国领土相接，大英帝国在西南与它相邻，而法国也在南方悄然逼近。这些欧洲列强已经设法从中国勒索到重要的特权，并获得了巨大的商业利益。这些利益又给了它们很多干涉中国的借口。

　　就这样，日本在飞速向前发展，而中国还在痛苦地挣扎，却没能使自己适应新的形势。但是，还有一个奇怪的事实值得注意。日本虽然学习并采用了西方的机器和工业生产，建立了现代的陆军和海军，俨然是一副先进的工业化国家的样子，但它不愿意接受欧洲的新思想和信念、个人和社会自由的观念、对生活和社会的科学观点。在内心它还是个封建独裁的国家，并与一种奇怪的天皇崇拜结合在一起，而在世界的其他地方早已经摆脱了这种对皇帝的崇拜。日本人这种强烈的、富有自我牺牲精神的爱国主义和对天皇的忠诚紧密地联系在一起。民族主义和对神圣天皇的狂热崇拜并行不悖。而另一方面，中国不愿意接受大机器和工业；但是中国人，至少是现代的中国人，欢迎西方的思想信念和科学观点，因为它们与自己的思想很相近。因此我们看到，尽管现代中国进入了西方文明的思想里，但日本超越了它，因为日本穿上了西方文明的盔甲，却忽视了思想。而整个欧洲对日本都赞赏有加，因为它穿着盔甲，变得很强壮，所以欧洲使它成了自己的伙伴。但是中国很软弱，也没有马克沁重机枪及诸如此类的武器。所以欧洲列强可以羞辱它、劝诫它，剥削它，毫不在意它的思想和信念。

　　日本不仅在工业方法上学习欧洲，还在帝国主义的侵略上也效仿欧洲。它远不止是欧洲列强的忠实学生，它还经常将老师的侵略手段发扬光大。它真正的问题在于新的工业主义和旧的封建制度之间的冲突。它试图将两者都继续下去，但又无法建立经济上的平衡。税收沉重，人民怨声载道。为了避免国内发生骚乱，它便求助于一个古老的方法——通过到国外发起战争和进行帝国主义冒险来分散人们的注意力。它新兴的工业也迫使它去国外寻求原材料和市场，就像工业革命曾经迫使英国以及后来其他的欧洲国家去国外进行征服一样。生产增长了，人口也迅速增加，所以就需要更多的食物和原材料。那么它去哪里得到这些呢？她它近的邻居是中国和朝鲜。中国给予了日本贸易机会。虽然中国是个人口密集的国家，但是，在构成中国帝国东北部省份的满洲，却有足够的发展和殖民的空间。于是，日本对朝鲜和满洲贪婪觊觎，垂涎欲滴。

日本关切地看着西方列强从中国得到了各种特权，甚至还试图得到领土。日本对此当然不能同意。如果这些列强在它对面的大陆站稳脚跟的话，那么它的安全就可能受到威胁，至少，它在这片大陆的发展将受到制约。

日本在对外部世界开放之后不到20年，就开始图谋入侵中国了。一艘日本渔船在中国台湾附近失事，渔民被杀害，引起了与中国的小型争端，日本就利用这个机会要求中国赔偿。中国开始拒绝了。但是后来因为受到战争的威胁，而当时又忙于应付安南的法国人，于是中国向日本屈服了。这是1874年的事儿。日本对此次胜利颇为得意，立刻开始寻找下一个猎物。朝鲜似乎很诱人，于是日本寻衅滋事，以一个微不足道的理由入侵朝鲜，强迫其支付了一大笔钱，并开放了一些港口，与日本进行贸易。

朝鲜长久以来都是中国的臣属国。它向中国寻求支持，但是中国无能为力。中国政府害怕日本取得太多的势力，于是建议朝鲜暂时屈服，并且也与西方列强签署条约，借以牵制日本。于是，到1882年，朝鲜的大门向世界打开了。但是日本并没有就此满足。它利用中国的困难，又提出了朝鲜问题，迫使中国同意与其联合对朝鲜行使保护国的权力——也就是说，可怜的朝鲜成了两个国家的臣属国。显然，这对相关的几方都不是令人满意的事态，一定会有麻烦产生。事实上，日本希望有麻烦，1894年，它向中国发起了战争。

　　1894年至1895年的中日战争对日本而言是一边倒的战争。它的陆军和海军是现代化的军队，而中国人还是老式的、效率很差的军队。日本所向披靡，取得了胜利，并强迫中国与其签署了一个条约，这便使其处于了与西方条约国家同样的地位。朝鲜被宣布独立了，但这只是日本对它的控制的一层面纱而已。中国也被迫把辽东半岛割让给日本，包括旅顺港，还有台湾和其他一些岛屿。

　　小日本对中国的毁灭性打击震惊了世界。西方列强对于一个东方强大国家的兴起一点都不高兴。即使在中日战争期间，当日本就要取胜的时候，这些西方列强就警告日本，他们不会同意日本兼并中国大陆的任何地区。尽管如此，它还是夺取到了辽东半岛，还包含一个重要港口——旅顺港。但是西方列强不许它保留辽东半岛。三个大国——俄罗斯、德国和法国——坚持要它放弃辽东半岛。尽管它很气愤，但又不得不这样做，因为它还没有强大到足以对抗这三个强国的地步。

　　但是，日本记住了对它的冒犯。这激起了它的愤恨，并使它为一场更大的战争做好了准备。9年之后，这场与俄罗斯的战争爆发了。

同时，日本由于对中国的战争取得了胜利，它因此一跃成了远东最强大的国家。中国暴露了它所有的弱点，西方列强对它的惧怕已经消失得无影无踪。他们扑向中国，就像兀鹫扑向已死或者将死的尸体那样，尽可能地从它们身上获取更多的东西。法国、俄罗斯、英国和德国——都来争夺中国海岸的海港，并索取更多的特权。他们为了争夺租界而进行了可怕的、最无耻的战斗。任何一点小事都被作为借口，索取更多的特权或租界。因为两个传教士被杀，德国强行夺取了东部山东半岛的青岛。因为德国占领了青岛，其他列强也坚持要分得一份战利品。于是，俄罗斯占领了旅顺港，三年前，它曾阻止日本占领该港口。英国占领了威海卫，以抵消俄罗斯对旅顺港的占领。法国占领了安南的一个港口和属地。俄罗斯还得到许可，修建了一条贯穿北满的铁路，这是横穿西伯利亚铁路的延伸段。

这场无耻的瓜分真是非同寻常。当然，中国不愿国土被瓜分，或者给予西方列强特权。每一次它都是在列强的海军力量的威胁或轰炸的威胁之下才被迫同意的。这种令人愤恨的行为应该叫作什么呢？公路上的拦路抢劫？土匪抢劫？这就是帝国主义的方式。有时候，它是暗地里进行的；有时候，它会披着真诚情感的外衣，带着与人为善的虚情假意，来掩盖其邪恶的行为。但是在1898年的中国，连这些外衣和假意都没有了，引人注目的，只是赤裸裸的恶行。

33. 波斯古今

现在让我们看看波斯，人们说这个国家的灵魂来到了印度，并在泰姬陵找到了合适的身躯。波斯艺术有着非凡的传统，这个传统已经传承了2000年以上——从亚述人时期就开始了。无论政府、王朝和宗教如何更迭，无论国家被外来者还是自己的国王统治，就算伊斯兰教传到这里并且发生了不小的变革，这个传统仍然传承了下来。当然，它在时代的进程中也经过了变化和发展。据说，这种传统之所以能传承下来，是因为波斯艺术与整个波斯大地和波斯风光有着密不可分的联系。

尼尼微的亚述帝国就包括波斯。大约公元前500或公元前600年，伊朗人，也就是原来的雅利安人，占领了尼尼微，并且结束了亚述帝国时代。然后在印度河岸边开始直到埃及的地域范围里，波斯-雅利安人（Persian-Aryans）建造起了自己的帝国。他们主导了古代世界，他们的统治者在希腊人的描述中常常被称为"王中之王"。居鲁士、大流士、薛西斯就是几个"王中之王"的名字。你也许记得，大流士和薛西斯试图征服希腊，但是没有成功。这个王朝被称为"阿契美尼德"（Achaemenid）王朝。这个王朝统治这个巨大的帝国时间长达220年，直到马其顿的亚历山大大帝终结了这个王朝。

在亚述人和巴比伦人（Babylonians）之后，波斯人的到来可以算是一种安慰。作为文明开化的、更加包容的主宰者，他们使不同的宗教和文化得到繁荣发展。他们将这个庞大的帝国管理得井井有条，并且还建立了一套良好的道路网络，保障各方的信息都能相互交流。这些波斯人和来到印度的印度雅利安人之间关系紧密。他们的宗教——琐罗亚斯德创立的琐罗亚斯德教——与早期的吠陀教有着密切联系。无论这两种宗教的具体起源在什么地方，它们共同的起源地似乎就在早期雅利安人的家乡。

阿契美尼德王朝的国王们都是伟大的建造者。在都城波斯波利斯，他们建造了庞大的宫殿——他们不建造寺庙——巨大的宫殿大厅由无数的石柱支撑起来。时至今日，我们依然能在一些遗址中看到这些庞大的建筑结构。阿契美尼德王朝时期的艺术似乎与孔雀王朝时期（阿育王等等）的印度艺术保持着联系，并且对后者产生了深远的影响。

亚历山大大帝击败了"王中之王"大流士，结束了阿契美尼德王朝。之后是短暂的希腊统治时期，君王是塞琉古（亚历山大大帝的军官）和他的继承者，再后来是一段时间比较长、受希腊文化影响的时期，这个时期的统治者中有一半是外来者。贵霜人也生活在这个时期，他们的王国位于印度边境，向南延伸到贝拿勒斯，向北延伸到中亚，他们也受到希腊文化的影响。如此一来，在亚历山大大帝之后到公元3世纪的500多年间，位于亚洲西部的整个印度地区，都受到了希腊的影响。这种影响主要体现在艺术方面。但是波斯的宗教并没有受到任何影响，依然是琐罗亚斯德教。

公元3世纪，波斯出现了一次民族复兴，一个新的王朝开始执政。这就是萨珊王朝，它拥有很强的民族优越感，并且宣称自己是阿契美尼德王朝的继承者。这种想法和其他激进民族主义一样狭隘。之所以如此，是因为西边的罗马帝国、君士坦丁堡的拜占庭帝国以及东边不断推进的突厥部落将它挤在中间。尽管如此，它还是存在了400年以上，直到伊斯兰教国家出现。琐罗亚斯德教的祭司在萨珊王朝时代叱咤风云，他们的教派控制着整个国家，而且不能容忍任何反对者的存在。据说正是在这个时期，他们的经典《阿维斯陀经》（Avestha）被整理了出来。

这个时期，印度的笈多王朝繁荣兴旺，它也是贵霜王朝和佛教时期之后民族复兴的产物。艺术和文学在这时得到了复兴，一些最伟大的梵文作家，比如迦梨陀娑，就生活在这个时候。有许多迹象表明，波斯的萨珊王朝和印度的笈多王朝在艺术上是互相联系和交流的。萨珊王朝时期的绘画作品和雕塑作品只有很少一部分保留到了今天；所有这些作品都充满了生命力和动感，其中的动物形象与阿旃陀石窟里雕刻的动物非常相似。萨珊王朝时期的艺术影响力，似乎一直延伸到了中国的戈壁沙漠。

萨珊王朝统治了很长时间，到末期时变得十分脆弱，波斯的处境变得非常糟糕。与拜占庭帝国进行了长期的战争之后，双方都消耗殆尽。对新的信仰充满热情的阿拉伯军队，轻而易举地征服了波斯。到了7世纪中期，先知穆罕默德死后不到十年，阿拉伯哈里发就统治了波斯。阿拉伯军队征战到中亚和北非，并带去了新的宗教，也带去了一个年轻而不断壮大的文明。叙利亚、美索不达米亚以及埃及，都对阿拉伯文化非常着迷。阿拉伯语成了他们的语言，甚至在种族上，他们都被阿拉伯同化了。巴格达、大马士革以及开罗成为阿拉伯文化的重要中心，在新的文明推动下，许多宏伟的建筑拔地而起。甚至在今天，所有这些国家都是阿拉伯国家，尽管相互分隔，它们仍然梦想着要统一起来。

　　虽然波斯同样被阿拉伯人征服了，但是波斯与叙利亚或埃及不同，他们没有被阿拉伯人吸引和同化。伊朗人种，以前雅利安人的后裔，逐渐从阿拉伯闪米特人中分离出来，他们的语言也是一种雅利安人的语言。因此他们这个种族保持了自己的独立性，他们的语言也得以继续发展。

　　伊斯兰教迅速蔓延并且取代了琐罗亚斯德教，后者不得不在印度寻求庇护。但是即使在伊斯兰教里，波斯人依然延续着自己的道路。教派分裂成两个派别，也就是伊斯兰教的两个分支——什叶派和逊尼派。波斯成了、并且依然是一个什叶派占主导的国家，而伊斯兰世界的其他国家大多数都是逊尼派。

　　尽管波斯没有被同化，阿拉伯文明仍然对它产生了巨大的影响；就像在印度一样，伊斯兰教给艺术创作增添了新的生命力。阿拉伯艺术和文化同样受到波斯艺术标准的影响。波斯的奢华风格进入到沙漠里普通孩子们的家中，阿拉伯哈里发的宫殿也像其他皇家宫殿一样辉煌宏伟。帝国都市巴格达成为

当时最壮观的城市。在它的北边，底格里斯河畔的萨迈拉城
（Samarra），哈里发们为自己建造了一座宏伟的清真寺和宫殿，
它们的遗址现在依然挺立。这座清真寺拥有巨大的礼堂以及带
有喷泉的庭院，宫殿的外观是方形的，其中一边的长度超过了
一公里。

　　9世纪，巴格达帝国开始衰落，帝国分裂成了许多国家。波
斯取得了独立，从东边来的突厥部落建立了许多国家，他们最终
攻占了波斯并且控制了有名无实的巴格达哈里发。加兹尼的马哈
茂德在11世纪初期崛起，他袭击印度并威胁哈里发，为自己建
立了一个短暂的帝国，这个帝国后来被另一个突厥部落（Turkish
tribe）塞尔柱人终结。塞尔柱人与基督教的十字军交火多年，并
最终取得了胜利，他们的帝国持续了150年。然而，在临近12
世纪末期的时候，另一个突厥部落将塞尔柱人赶出了波斯，并
建立了花剌子模国或称希瓦国（Khiva）。但是这个国家存在的
时间并不长，因为花剌子模国国王沙阿侮辱了成吉思汗的特使，
愤怒的成吉思汗带领蒙古人灭掉了这个国家和人民。

　　在一个简短的段落里，我讲到了很多变化，提到了许多帝
国，你一定感到很混乱吧。我提到这些王朝和种族的起起落落，
并不是想给你的头脑增添负担，而是想要强调，尽管兴衰起落
反复无常，波斯的艺术传统和生活仍然得以传承下来。突厥部
落一个接一个地从东边过来，他们都被这种混合的、盛行在布
哈拉到伊拉克之间的波斯-阿拉伯（Perso-Arabian）文明同化
了。一些突厥人成功到达了远离波斯的小亚细亚地区，他们保

持了自己的生活方式，拒绝向阿拉伯文化屈服。他们几乎将小亚细亚变成了他们的原有领地突厥斯坦。但是在波斯和相邻的国家，悠久的伊朗文化力量非常强大，使得当地的人们接受并且适应了伊朗文化。在不同的突厥王朝统治时期，波斯艺术和文学都很盛行。我想我给你讲过波斯的诗人菲尔多西（Firdausi）吧，他生活在加兹尼的马哈茂德苏丹统治时期。在马哈茂德的要求下，他写下了著名的波斯国史诗《列王纪》，书中描写的情景都发生在伊斯兰入侵之前，其中描写了伟大的英雄鲁斯塔姆（Rustam）。这本书告诉我们，波斯艺术和文学与悠久的民族和传统之间有着紧密联系。波斯绘画和细密画的大多数主题都来自《列王纪》里描写的故事。

菲尔多西生于公元932年，逝世于公元1021年，这个时期正是世纪之交和千年之交。在他之后不久，出现了一个在英语和波斯语中都闻名遐迩的名字——莪默·伽亚谟（Omar Khayyam），他是波斯的尼沙布尔（Nishapur）的诗人和天文学家。在莪默之后是出生于设拉子（Shiraz）的谢赫·萨迪（Sheikh Sadi），他是波斯最伟大的诗人之一，他写的《真境花园》（*Ghilistdn*）和《果园》（*Bustan*）是一代又一代印度在校男生必须熟记于心的作品。

我提到的仅仅是许多伟大名字中的几个，我把一长串名字都告诉你是没什么意义的。但是我希望你知道，许多世纪以来，波斯艺术和文化的明灯一直在中亚的波斯到河中地区（Transoxiana）闪耀。作为艺术和文学活动的中心，布哈拉以及河中地区的巴尔赫（Balkh）这样的大城市能与波斯的城市媲美。在10世纪末期，最著名的阿拉伯哲学家，伊本·西那（Ibn Sina）或者叫阿维森纳（Avicenna），就出生在布哈拉。200年之后，在巴尔赫，诞生了另一位伟大的波斯诗人，他就是贾拉鲁丁·鲁米（Jalaluddin Rumi）。他被认为是一位伟大的神秘主义诗人，并且创立了有狂舞仪式的苦行僧教派。

因此，即使有战争、冲突以及政治变革，波斯-阿拉伯艺术和文化传统一直充满着生命力，在文学、绘画以及建筑领域创造出许多杰出的作品。之后，灾难降临。13世纪（大约公元1220年），成吉思汗大举进攻并击垮了花剌子模国和伊朗，几年之后，旭烈兀毁灭了巴格达，积累了数个世纪的、高度发展的文化毁于一旦。我在以前的几封信中告诉过你，蒙古人几乎把中亚变成了一个蛮荒之地，中亚的重要城市遭到遗弃，几乎变成了无人之境。

中亚一直没有从这场灾难中完全恢复过来，它能恢复到现在这个程度已经足够让人惊奇了。你也许记得，在成吉思汗死后，他的巨大帝国被分割开来。其中，在波斯的一部分以及附近的地域被旭烈兀统治，他在毁灭了其他国家之后安顿了下来，成为一个和平而包容的统治者，并且建立了伊儿汗王朝。在一段时间之内，伊儿汗王朝的人们继续信奉蒙古人崇拜长生天的古老宗教；后来他们改变信仰，皈依了伊斯兰教。无论在这个改变之前还是之后，他们对于其他的宗教都是完全包容的。他们在中国的兄弟，也就是大汗和他的家族，都是佛教教徒，双方之间的关系最为亲密。他们甚至派人去中国迎娶新娘回来。

波斯和中国的两个蒙古人分支之间的联系，对艺术产生了相当大的影响。中国文化的影响慢慢渗入波斯，一种阿拉伯、波斯和中国文化的奇妙混合产物出现在了绘画作品中。但是，没有受到灾难的任何影响，波斯元素再一次取得了胜利。在14世纪中期，波斯出现了另一位伟大的诗人，哈菲兹（Hafiz），他的作品很流行，甚至在印度也很受欢迎。

蒙古伊儿汗国持续的时间不长，最后的残存势力被另一位著名的勇士、来自河中地区撒马尔罕的帖木儿消灭了。我曾经在信中讲过这个令人恐惧、十分残酷的暴君，他是一个支持艺术的人，也被认为是一个博学的人。他对艺术的爱似乎主要表现在掠夺德里、设拉子、巴格达以及大马士革这样的大型城市，然后把掠夺来的物品带回他的都城撒马尔罕作为装饰品。但是撒马尔罕最精美、最宏伟的建筑物是帖木儿的陵墓——古尔·埃米尔陵（Gur Amir）。这座陵墓对他来说十分合适，因为它庄严的外观能够体现出他威严的风采与力量，以及强烈的意志。

帖木儿征服的广阔领土在他死后逐渐缩小，但他的继承者们还是留住了一个相对较小的领土范围，这个范围包括河中地区和波斯。这些被称为"帖木儿人"的人们，在15世纪整整100年的时间里，统治着伊朗、布哈拉以及赫拉特，奇怪的是，残酷暴君的这些后人们却以他们的慷慨、博爱以及对艺术的促进而闻名于世。帖木儿的儿子，沙阿·鲁克（Shah Rukh）就是这些后人中最著名的一位。他在都城赫拉特建立了一座壮观的图书馆，吸引了众多爱好文学的人。

　　延续了100年的帖木儿人时期，在艺术和文学运动上的成就十
分引人注目，这个时期也因此被称作"帖木儿文艺复兴"（Timurid
Renaissance）。波斯文学取得了巨大的发展，许多精美的绘画作
品被创作出来。伟大的画家毕扎德成了一个绘画流派的创始人。
很有意思的是，和波斯文学比肩的突厥文学也在帖木儿文艺繁
盛时期得到了发展。再提醒你一次，意大利文艺复兴也是在这
个时期。

　　帖木儿人是突厥人，但他们在文化上主要受波斯文化的影
响。伊朗受到突厥人和蒙古人的控制，但他们将自己的文化强
加在了征服者的身上。同时，波斯试图在政治上获得自由，渐渐
地，帖木儿人被驱逐到东边的地域，他们在河中地区附近的领土
范围越来越小。16世纪初，伊朗民族主义取得胜利，帖木儿人
最终被驱逐出了波斯。一个民族主义王朝萨法维王朝（Safavi或
Safavids），开始掌管波斯的王权。正是这个王朝的第二代国王塔
赫玛斯普一世（Tahmasp I），庇护了被舍尔汗（Sher Khan）赶出
印度的胡马雍。

　　从1502年到1722年，萨法维王朝持续了220年，这个时期
被称为波斯艺术的"黄金时代"。帝国的都城伊斯法罕（Isfahan）
林立着雄伟的建筑，成了一个著名的艺术中心，尤其以绘画闻
名。从1587年到1629年统治帝国的阿巴斯大帝（Shah Abbas），
是这个王朝杰出的君主，他被认为是波斯最伟大的统治者之一。
他被外部的乌兹别克人（Uzbegs）和奥斯曼土耳其人左右夹击。
击退了这两方敌人之后，他建立了一个强大的国家，与西方和

其他地区的遥远国度建立友好关系，并致力于美化他的都城。阿巴斯大帝为伊斯法罕所做的城市规划被称为"一个体现纯粹与品位的经典杰作"。建造出来的建筑物不仅外观瑰丽、装饰精美，而且周边迷人的环境更增强了美观的效果。当时游览波斯的欧洲旅行者们，无不对它充满了赞美之词。

虽然王室热爱艺术，但这并不代表他们能很好地管理国家；有些以支持艺术和文学为傲的统治者，政治上却是既无能又残忍。和当时很多国家一样，整个波斯社会几乎是封建社会。有一些强势的国王受人爱戴，是因为他们不允许封建领主剥削和压榨平民。有些时期，国家治理得相对较好，而其他时期，国家治理得十分糟糕。

正当印度莫卧儿帝国进入统治末期的时候，萨法维王朝在1725年左右退出了历史舞台。和其他王朝一样，萨法维王朝自我毁灭了，封建制度逐渐瓦解，经济发展不断变化，打破了旧的秩序。繁重的税收让国家形势更加糟糕，普通大众苦不堪言。萨法维王朝统治下的阿富汗人起义反抗，他们不仅取得了胜利，而且还占领了伊斯法罕，废黜了国王。不久之后，一位波斯首领纳迪尔·沙阿，驱逐了阿富汗人，自己登上了王位。衰落的莫卧儿帝国进入末期的时候，纳迪尔·沙阿攻入印度，残杀了德里的百姓，掠夺了大量财宝，其中包括沙阿·贾汗的孔雀宝座。18世纪的波斯历史，就是一部反映内战、统治和暴政的悲惨记录。

到了19世纪，新的烦恼随之而来。欧洲帝国主义不断扩张，极具侵略性，与波斯产生了冲突。俄国在北边步步紧逼，英国则从波斯湾慢慢推进。波斯离印度不远，他们的边界线在渐渐靠近，如今，它们之间的确共享的是一条边界线。波斯是通往印度的必经之路，在波斯，可以远眺印度的海上航线。英国国家策略的基本目的就是保护英属印度帝国（British Indian Empire），以及通往印度帝国的航线。他们不希望看到他们最大的对手俄国跨越这条线，然后对印度虎视眈眈。因此，英国和俄国都对波斯饶有兴趣，经常侵扰这个弱国。波斯的国王们既无能又愚蠢，常常被英俄两国玩弄于股掌之中，不是在错误的时间发动攻击，就是将矛头指向自己的国民。如果不是因为英俄两国之间严重对立，波斯很有可能被其中一方完全占领和吞并，或者和埃及一样，成为受保护国。

在20世纪初期，波斯又因为别的原因沦为了其他国家贪婪的目标。波斯地区发现了价值不菲的石油。1901年，英国人达西（D'Arcy）说服波斯国王沙阿，得到了一项十分优惠的特许权，可以在之后60年里开发波斯地区的油田。几年之后，一家英国公司，英国波斯石油公司（Anglo-Persian Oil Company），开始了波斯油田的开采工作。从那时候起，这家公司一直在波斯开采石油，并且从石油买卖中获得了丰厚的利润。这些利润中的一小部分归波斯政府所有，但是大部分利润都被公司的股东收入囊中，其中，最大的股东就是英国政府。

由于帝国主义的威胁，波斯国王逐渐变成了帝国主义的傀儡，这自然导致了波斯民族主义的发展。波斯建立了一个民族主义政党。这个政党厌恶外国干涉，同样也强烈反对波斯独裁政府。他们要求制定民主宪法，进行现代化改革。波斯自身管理不当，税负过重，英国和俄国又不断干涉波斯内政。保守的波斯国王，宁愿和外国政府打交道，也不愿意面对渴望自由的本国人民。最支持立宪的是新的中产阶级以及知识分子。1904年，日本战胜沙俄（Tsarist Russia）的消息，极大地影响和鼓舞了波斯的民族主义者，因为亚洲力量战胜了欧洲力量，也因为沙俄同样经常侵犯邻国波斯。1905年的俄国革命，尽管遭到无情地镇压而最终失败了，还是给波斯民族主义者的行动增添了激情和动力。波斯国王承受了很大的压力，尽管不太情愿，但他还是在1906年同意实行民主宪法。波斯成立了国会，取名为"波斯议会"（Mejlis），波斯革命似乎取得了成功。

然而，麻烦还没有结束。波斯国王并不准备放弃王权，俄国和英国也不希望看到一个民主的波斯强大起来，继而摆脱它们的控制。波斯国王与波斯议会之间发生了冲突，国王于是亲自解散了议会。但是人民和军队是站在波斯议会以及民族主义者一边的，波斯国王只能依靠俄国的军队。俄国和英国总是以各种借口派遣军队驻扎在波斯，他们的借口通常是保护本国国民在波斯的利益。俄国派驻在波斯的军队是令人胆怯的哥萨克军团，英国则利用印度军队侵扰波斯，尽管印度与波斯之间没有任何过节。

波斯陷入了极大的困境之中。国家财政亏空，人民的生活境况极为糟糕。波斯议会试图改善这一状况，但是俄国和英国对波斯的打击，总是让波斯议会的努力化为泡影。最后，波斯议会向美国寻求帮助，他们邀请到一位美国财政顾问，来帮助他们重振经济。这位美国人，摩根·舒斯特（Morgan Shuster），虽然付出了许多努力，但总是在俄国和英国的打击下处处碰壁。他变得灰心丧气，最后离开波斯回到了美国。后来，舒斯特写了一本书，书中描写了帝国主义国家俄国和英国是如何将人们赶出波斯的。这本书的名字很有象征意义，书如其名——《波斯的挣扎》（ *The Struggling of Persia* ）。

波斯似乎命中注定不会成为一个独立自主的国家。当俄国和英国把波斯划分成他们各自的"势力范围"时，波斯独立的失败就已经注定。俄英两国的军队占领了波斯要害所在，一家英国公司在开采波斯的石油资源。波斯的处境非常悲惨。如果波斯被某个外国强权完全吞并，也许更好，因为吞并波斯的国家会对波斯担负起一定的责任。之后在1914年，世界大战爆发了。

在世界大战中，波斯宣布采取中立态度，但是强国并不把弱国的立场放在眼里。所有的相关势力都忽视了波斯的中立态度，外国军队纷纷在波斯交战，丝毫不顾及波斯政府的想法。波斯周边的国家都卷入了战争。英俄两国是同盟国，当时领土涵盖了伊拉克和阿拉伯半岛的土耳其，与德国是同盟关系。1918年，世界大战结束，英国、法国以及他们的同盟国取得了胜利，于是，波斯被英国完全占领。英国准备宣布将波斯作为其保护国，这实质上是一种温和的吞并；他们还梦想建立一个巨大的英国中东帝国（British Middle Eastern Empire），将地中海至俾路支和印度的广大区域都纳入其中。但是他们的梦想没有实现。对英国来说，很不幸的是沙俄不复存在了，取而代之的是苏维埃俄国。同样不幸的是，英国的计划在土耳其也化为了泡影，凯末尔帕夏从协约国手中拯救了土耳其。

所发生的这一切帮助了波斯的民族主义者，波斯在名义上得以保持自由之身。1921年，一位波斯军人礼萨汗（Riza Khan），通过一场武装政变夺取了政权。他掌握了军权，后来成了内阁总理。1925年，原来的国王被罢免，制宪议会（Constituent Assembly）选举礼萨汗为新国王。礼萨汗的正式名字加头衔是礼萨·沙阿·巴列维（Riza Shah Pahlavi）[1]。

波斯的这次国家复兴恰好反映了具有2000年历史的伊朗传统。在伊斯兰征服波斯之前，伊朗曾经是一个强大的国家，如今他们仍希望恢复当年的风采。礼萨·沙阿将他的王朝命名为"巴列维"，这很容易让人想起波斯以前的岁月。当然，波斯人是什叶派穆斯林，但是在涉及国家利益的时候，波斯的民族主义就会成为一股强大的力量。整个亚洲此时都兴起了民族主义，而欧洲的民族主义热潮则发生在100年之前的19世纪；但是现在，欧洲的人们认为，民族主义已经过时了，他们要寻找的是更适合现在情况的新信仰和新信念。

现在，波斯的官方名称是"伊朗"。

1　礼萨汗的名字是礼萨·巴列维，"沙阿"是君主的头衔。伊朗的巴列维王朝已经在1979年的伊朗伊斯兰革命中被推翻。这次革命由伊斯兰宗教领袖阿亚图拉·鲁霍拉·霍梅尼领导，革命结束了伊朗政教分离的世俗国家体制，建立起了政教合一的伊朗伊斯兰共和国，并维持至今。——编者注

34. 谈革命

现在，我们必须回到欧洲，再看看19世纪欧洲错综复杂、不断变化的形势。在两个月前写给你的几封信中，我讲过有关这个世纪的情况，还指出了这个世纪最主要的特点。我并不强求你记住我提到的所有"主义"，就说其中几个吧：工业主义、资本主义、帝国主义、社会主义、民族主义以及国际主义。我还给你讲过，民主和科学、交通运输方式的巨大革命、大众教育和教育产品以及现代报纸。所有这些事物以及众多其他的事物，组成了当时的欧洲文明——资产阶级文明，它是在资本主义体制下，由新的中产阶级控制工业机器的一种文明。欧洲资产阶级文明取得了一次又一次的成功，它的发展达到了一个又一个高度；到了19世纪末，在一场巨大的灾难即将降临之前，资产阶级文明的威力已经令自己和全世界都刮目相看了。

在亚洲，我们也能从一些细节中看出这种文明在起作用。在日益发展的工业主义推动下，欧洲将触角伸向了遥远的国度，试图霸占和控制它们，通过干预这些国家的事务而从中获益。这里提到的欧洲主要指的是在工业主义发展中处于领先地位的西欧；而在西欧国家中，英国是当之无愧的领袖，它的地位远远超过了其他国家，并且从工业制度发展中获得了巨大利润。

19世纪初，所有这些发生在英国和西方的巨大变化，并没有引起国王和君主们的注意。他们并没有意识到，这些不断发展的新势力有多重要。在拿破仑被驱逐之后，这些欧洲统治者唯一的想法就是永远保住自己的皇位，继续他们的独裁政体。他们对法国大革命和拿破仑还心有余悸，不希望重蹈覆辙。我在以前写给你的信里说过，为了维护"君主的神圣权利"，这些国王们结成了"神圣同盟"以及其他类似的同盟，这样他们就可以为所欲为，继续镇压老百姓。为了这个目的，独裁统治和宗教像以前一样再次联合起来。俄国沙皇亚历山大一世是这些同盟的发起者。俄国没有出现工业主义，也没有产生新的风潮，国家依然落后，就像处在中世纪一样。俄国的大城市屈指可数，商业发展也很迟缓，就连手工艺品都很低级、粗糙。俄国的独裁政体不受任何约束。欧洲其他国家的情况与俄国不同。越往西中产阶级就越多。我告诉过你，英国是没有独裁政体的。英国国王受到英国议会的控制，但是英国议会本身又受富人阶级的控制。俄国的独裁者，和由富人控制的英国寡头政治集团是大不相同的。但是有一点是相同的——他们都害怕平民百姓，担心革命。

因此，在整个欧洲，保守势力取得了胜利，他们无情地镇压了所有追求自由的行动。根据1815年维也纳会议（Congress of Vienna）所做的决定，许多民族，例如意大利和东欧的一些民族，处于异国的统治之下，这些民族不可避免地遭到了武力镇压。但是这种做法不可能永远成功，一定会产生动乱。这就像是想要压住一个已经烧开了水的水壶盖子。欧洲已经充满了蒸汽，这些蒸汽不停地想要冲开盖子。我在以前的信里讲过1830年发生的起义，那时候欧洲发生了不少变化，特别是在法国，波旁王朝最终覆灭了。这些起义使国王、君主和大臣们惊恐无比，他们花了很大的精力去镇压这些起义者。

我们经常看到战争和革命给国家带来的变化。以前的战争有些是宗教战争，有些是王朝更替的战争，也常常是一个民族入侵另一个民族的政治战争。这些战争的背后常常也有一些经济上的原因。中亚部落入侵欧洲和亚洲，主要是因为饥饿迫使这些部落向西寻求生路。经济上的进步会让一个民族或国家变强，使他们比其他人拥有更大的优势。我说过，即使在欧洲和其他地方发生的所谓宗教战争中，经济因素也起到了关键作用。在现代，我们发现宗教战争和王朝战争停止了。当然，战争并未终止。不幸的是，战争反而变得更加残酷了。现在战争的主要原因显然是政治上和经济上的原因。政治原因主要和民族主义有关：一个民族镇压了另一个民族，或者是两个好斗的民族之间产生了冲突。这种冲突主要也是出于经济上的原因，比如现代工业国家对原材料和市场有所需求。

革命也经历了同样的改变。早期的革命通常是宫廷革命：要么是王室成员夺权篡位，互相残杀；要么是愤怒的暴民骚乱，推翻暴君；要么是武装叛乱中一位野心勃勃的军人夺取了王权。这种宫廷革命虽然时有发生，但平民百姓并未受到什么影响，他们也不关心这些革命。统治者换了，但是国家体制依然不变，人们的生活丝毫没有变化。当然，糟糕的统治者暴戾乖张，是让人难以忍受的；好一点的统治者可能不那么令人厌恶。但是无论统治者是好是坏，人们的社会处境和经济状况不会仅仅因为政治上的改变而有所变化。在这种情况下社会革命是不会出现的。

比起宫廷革命，民族革命会带来更大的变化。当一个国家受另一个国家统治的时候，另一个国家的统治阶级就取得了主导地位。这种统治带来的伤害是多方面的，因为另一个国家或它的统治阶级的目的，是通过统治这个国家为自己带来利益。这对于被统治国的人们来说，是极其伤害民族自尊心的。除此之外，另一个国家的统治阶级剥夺了被统治国的上层阶级原本应该掌握的权力。一次成功的民族革命至少可以让被统治国摆脱异国统治的影响，这个国家自身的主导阶级会很快地取而代之。摆脱了异国的统治阶级之后，本国的主导阶级就会获得极大的利益；当这个国家不再受到异国统治之后，整个国家就会受益。底层的人们可能无法获得很多利益，除非在民族革命之后，再发生社会革命。

社会革命和其他革命截然不同，其他革命改变的仅仅是表面上的事情。社会革命也包含了政治革命，但是比政治革命的意义更为深远，因为它改变了社会结构。英国革命的发生使议会取得了最高地位，它不仅仅是一次政治革命，也在一定程度上属于一次社会革命，因为它意味着，拥有大量财富的资产阶级和权力阶级联合起来了。于是，这个处于上层地位的资产阶级在政治上和社会上的地位都得到了提升，地位较低的资产阶级和普通大众并没有受到影响。法国大革命具有更浓的社会革命性质。像我们看到的一样，法国大革命彻底颠覆了当时的社会制度，甚至普通大众也在革命中发挥了一段时间的作用。最终，法国的资产阶级也如愿以偿地取得了胜利，而在革命中发挥过作用的普通大众，则无奈地又回到了之前的位置；至少，拥有特权的贵族已不复存在了。

显然，这种社会革命远比单纯的政治变化影响更为深远，而且社会革命与社会状况是紧密地联系在一起的。一个或一群野心勃勃的人，只有在平民大众已经做好了充分准备的情况下，才能发动社会革命。我所说的充分准备，并不是说他们受到鼓动后自觉地做好了准备。我的意思是，社会情况和经济状况如此恶劣，生活成了他们的沉重负担，除非社会发生变化，否则他们的困境将无法减轻或者改变。事实上，长久以来对于众多百姓来说，生活就是沉重的负担，他们能够承受住这样的负担已经是奇迹了。有时候他们会发动起义，主要是农民起义和农民暴动，在狂怒之下，他们盲目地毁坏了一切能毁坏的东西。但是这些人对彻底改变社会制度没有清晰的意识。然而，尽管他们有些无知，但是他们在古罗马、欧洲中世纪、印度以及中国发动的起义，颠覆了当时的社会状况，许多帝国都在这些起义之后覆灭了。

过去，社会和经济变化缓慢，生产、分配和交通运输能够长时间地保持不变。因此，人们无法感觉到社会变化的过程，他们认为旧的社会制度是永恒不变的。宗教也给社会制度以及随之而来的风俗和信仰，赋予了神圣的光环。人们对此深信不疑，尽管社会状况已经无法适应人们的生活，他们也从没想过要改变社会制度。随着工业革命的到来，交通运输方式也发生了巨大改变，社会也随之加快了变化速度。新兴阶级首当其冲，变得富有起来。一个与工匠或农民截然不同的新兴工人阶级崛起了。这些变化产生后，社会需要在经济上和政治上进行调整和适应，而西欧则处于一种社会制度与社会政治经济状况不相适应的状态。如果社会足够聪明，就能够根据实际情况做出必要的改变，并因此受益。但是社会却不够聪明，各个阶级的想法分散，全社会没有一个整体的观念。每个人都只为自己的利益着想，趣味相投的各个阶级也都为自身利益着想。如果某一个阶级在社会中占主导地位，这个阶级就希望继续保持它的地位，并通过剥削其他地位低的阶级来获得利益。如果有足够的智慧和远见，从长远考虑，对自己最有利的方式就是使整个社会都获利，这样作为社会中的一部分，自身也必然会受益。但是有权的人和阶级都不想放弃自己所拥有的一切。要保持原状，最简单的方法就是，让其他阶级和其他人相信，现有的社会制度是最合适的。权力阶级通过宗教和教育强化了人们的这种认识；令人惊奇的是，经过了一段时间的思想强化，几乎每一个人都对此深信不疑，不再寻求改变。甚至那些因为社会制度不公而遭受痛苦的人也相信，这种制度必须保持下去，他们应该继续受压迫、桎梏，当别人生活富裕的时候，他们应该继续挨饿。

所以，人们误以为的确存在一种无法改变的社会制度，如果社会中大多数人因这种社会制度身处困境，那就不是任何人的错，而是他们自己的错，是上天的安排，是无法逃避的宿命，这是对过往罪孽的惩罚。社会总是保守的，它不喜欢变化。社会喜欢墨守成规，并且坚定地相信它必须墨守成规。因此社会总是惩罚那些想要改善社会、让社会做出改变的人。

但是社会中安于现状、不思改变的情况，并不会阻止社会状况和经济状况的变化。尽管人们的想法不变，社会和经济依然会向前发展。传统守旧的思想观念和不断发展的现实之间产生的差距越来越大，如果不采取办法缩小差距、将两者统一起来，社会制度就面临崩溃的危险，灾难就会降临。这样一来，就引发了真正的社会革命。如果存在这样的社会情况，革命必然会发生，但也许会因为传统观念的拖累而发生得比较晚。如果没有这样的社会情况，那么无论怎么努力，革命都不可能发生。当革命发生的时候，掩盖社会真实情况的面纱被掀开，人们很快就了解到了真相。一旦他们摆脱了旧思想的桎梏，他们就会不断地向前冲。因此在革命时期，人们拥有勇往直前的巨大力量。所以说，革命是保守主义和因循守旧的必然结果。如果一个社会能够摈弃社会制度不变的错误认识，能够随变化的社会情况而变，那么社会革命就不会发生。相应地，社会就会不断地进步。

35.达尔文以及科学的胜利

　　让我们来说说科学家。科学家是现代奇迹的制造者，他们影响力巨大，受人尊敬。19世纪之前，情况并不是这样的。在之前几个世纪，欧洲科学家的人生充满了风险，有时甚至要付出生命代价。我告诉过你，罗马教徒是怎么烧死乔达诺·布鲁诺的。几年之后，在17世纪，伽利略由于公开支持日心说而差点丧命。后来他为此道歉，并收回了之前的言论，才得以逃脱惩罚异端邪说的死刑。可以看出，欧洲教会总是试图禁止新观点的出现，也总是与科学发生冲突。欧洲以及其他地方的宗教组织严密，有着与之相应的各种教条，宗教的信徒们必须深信不疑地接受这些教条。而科学看待事物的方式与宗教迥然不同。科学认为，没有什么是理所当然的，科学没有、也不应该有任何教条。科学鼓励人们开放思想，并通过不断地实验得到真理。显然，科学和宗教的见解不同，因此两者之间经常发生冲突也并不奇怪。

　　我认为，每个时期不同地方的人们都做过各种各样的实验。据说在古印度，化学和医学是相当先进的，那种先进程度只有通过大量的实验才能达到。古希腊人也做了很多实验。至于中国人，最近我找到了一个惊人的记录，其中摘录了1500年前中国作家的作品，这些内容表明，他们当时就知道进化理论，知道血液在身体里循环，中国的外科医生还会给病人做麻醉。但是关于这个时期我们了解得太少，所以不能对这些内容下任何结论。如果古代文明发现了这些医疗方法，后来人们为什么忘记了呢？为什么他们没有取得更大的进步？难道是因为他们没有重视吗？我们会发现很多有趣的问题，但是我们找不到任何资料回答这些问题。

阿拉伯人非常喜欢做实验，中世纪的欧洲紧随其后。但事实上，他们所做的实验并不科学。他们一直在寻找能够将普通金属变成金子的所谓"点金石"。人们将毕生心血投入复杂的化学实验中，试图找到金属转化的秘密；这种方法被称作"炼金术"。他们也孜孜不倦地寻找一种能让人永生的"长生不老药"。除了童话故事，没有任何记载显示，有人曾找到过这种"长生不老药"或者"点金石"。这仅仅是为了获得财富、权力和长生不老而尝试的某种魔法。它与科学精神毫无关联。科学与魔法、巫术之类的东西无关。

然而，真正的科学方法在欧洲慢慢地发展起来，在科学的历史上，最伟大的名字之一，就是英国人艾萨克·牛顿，他生于1642年，死于1727年。牛顿发现了万有引力定律——也就是，物体是怎样坠落的；在这个定律以及其他定律的帮助下，他解释了太阳和行星的运动规律。一个物体不论大小，似乎都适用于他的理论，他也因此获得了世人的尊敬。

科学精神渐渐地赶超了教会的教条风气。科学不会再受到镇压，科学的追随者们也不再受到死亡的威胁了。许多科学家，特别是英国、法国以及后来德国、美国的科学家们，耐心地埋头于工作与实验当中，累积了大量事实与知识。科学知识因此得以不断发展。你应该记得，18世纪的欧洲，理性主义开始在受过良好教育的阶级中传播开来。这个世纪属于伏尔泰、卢梭以及其他有才华的法国人，他们创作了主题丰富的著作，使人们的思想获得了启蒙。这个世纪也是孵化法国大革命的摇篮。理性的观念与科学的观念是一致的，但这两种观念与教会的教条观念则是完全背离的。

我告诉过你，19世纪是科学的世纪。工业革命、机械革命以及交通运输方式的惊人变化，都要归功于科学。众多工厂改变了生产方式；突然间，铁路和轮船缩短了世界的距离；电报机的发明更加神奇。大英帝国控制的广大领土范围内产生了大量财富，这些财富源源不断地涌入英国本土。传统观念受到动摇，宗教的控制力也变小了。与农业生活相比，工业生活让人们认为，经济关系比宗教教条更重要。

19世纪中期，也就是在1859年的时候，英国出版了一本书，引起了教条思想和科学思想的激烈冲突。这就是查尔斯·达尔文（Charles Darwin）的《物种起源》。达尔文并非科学家超人，他的理论没有什么新颖之处。在他之前，其他的地质学家和博物学家就已经做了很多研究，收集了很多资料。尽管如此，达尔文的书依然具有划时代的意义；它的影响力巨大，比其他的科学作品更有力地改变了社会观念。这本书引发了人们思想上的震动，达尔文也因此一举成名。

作为一位博物学家，达尔文曾经在南美洲和太平洋地区游历过，并且收集了大量的材料和数据。他用这些材料和数据告诉人们，物种是通过自然选择进行变化和发展的。在此之前，人们一直认为，包括人类在内的每一个物种，都是由上帝创造出来的，物种之间保持着分离状态，并且保持不变——也就是说，一个物种不会变成另一个物种。达尔文通过大量现实的例子告诉人们，一个物种可以变成另一个物种，这是物种发展进化的正常途径。这种发展进化是自然选择的结果。一个物种发生的微小变异，如果恰好能让这个物种更好地生存，它就会渐渐地变成一个永久性的变化，因为这个变化，物种的更多个体就会生存下来。很快，这个变化的物种就会以其巨大的数量淹没其他物种。这样一来，变化和变异一次次出现，经过一段时间之后，就会有新的物种产生。随着时间的推移，通过自然选择，许多新物种就在这个"适者生存"的过程中产生了。这个法则适用于植物和动物，甚至人类。依照这个理论，今天我们能看到的所有动植物可能都拥有同一个祖先。

几年之后，达尔文出版了另一本书——《人类的由来》（*The Descent of Man*），书中他将自己的理论运用到了人类身上。如今尽管人们的理解与达尔文及他的追随者提出的观点不完全相同，但大多数人接受了这个进化和自然选择的观点。的确，人们普遍将这个自然选择的法则引申为人造选择，用于饲养动物以及培育植物、水果和鲜花。如今许多珍稀的动植物，都是人工培育出来的新品种。如果人类可以在相对较短的时间内，创造出如此多的变化和新物种，经过千百万年的大自然又怎么会做不到呢？我们参观任何一座自然历史博物馆，比如伦敦的南肯辛顿博物馆（South Kensington Museum），就能看到动植物是如何慢慢地改变自己，适应自然的。

这些事实对现在的我们来说是显而易见的。但是70年前的人们可不这么想。那时，欧洲大多数人依然相信《圣经》记载的内容，他们相信，世界是上帝在公元前4004年创造的，上帝还创造了动物、植物和人类。他们相信，洪水灭世之时，诺亚方舟带走成双成对的动物，物种因此没有灭绝。这些都不符合达尔文的进化理论。达尔文和地质学家们探讨的是地球千百万年的变化，而非短暂的6 000年时间。因此，人们在思想上产生了激烈的斗争，许多人不知道该相信谁。他们的传统信仰让他们相信一件事，而他们的理性则让他们相信另一件事。如果人们一直盲目相信的一种教条受到了冲击，他们就会感到无助、痛苦、无所依靠。但是，能够唤醒人们、让他们接受现实的这种冲击是有好处的。

因此，在英国和欧洲其他国家，科学和宗教之间产生了很多争论和冲突。结果当然就不言而喻了。依赖科学的力量，新的世界发展了工业、机械和交通运输，因此人们不能舍弃科学。科学获得了全面胜利，"自然选择"和"适者生存"成了人们的日常用语，尽管他们并不了解这两句话的真正含义。达尔文在《人类的由来》一书中暗示，人类也许与某种猿猴拥有同一个祖先。他列举的例子来自进化过程中的不同阶段，这些例子并不能证明他的观点。为此人们开了不少关于"缺少一环"的玩笑。奇怪的是，统治阶级为了自己的利益，歪曲了达尔文的理论，他们坚定地认为，这个理论足以证明他们的优越性。他们是生存战役中最适合生存的人，因此，通过"自然选择"，他们处于优势地位，成了统治阶级。这个理论成了一个阶级控制另一个阶级或者一个种族统治另一个种族的一种辩解。它成为帝国主义和白种人优势说的最后论据。西方很多人认为，他们越专横跋扈、残酷无情，就拥有越高级的人类价值。这个想法并不令人愉快，但在一定程度上解释了西方帝国主义霸权在亚洲和非洲的所作所为。

　　达尔文的理论后来受到过其他科学家的批评，但是人们依然赞同他的总体观点。大众接受他的理论，主要表现在人们相信进化的观念，也就是人类、社会以及整个世界，正在不断地越变越好，趋向完美。这种进化的观点并非只来自达尔文的理论。工业革命以及之后一段时间的发展，使科学发现与变化成为趋势，这使人们有了接受进化观点的准备。达尔文的理论证实了人们的想法，人们开始想象，他们正自信地向完美人类的目标迈进，尽管他们并不清楚完美人类是什么样的。有意思的是，这种进化的观点是全新的。过去在欧洲、亚洲或者其他古老的文明中，似乎都没有出现过这样的观点。在欧洲，工业革命产生之前，人们一直认为古代才是完美的时期。人们认为，古希腊和古罗马的经典时期，比后来的时期更美好、更先进，也更重视文化教育。人们认为，人种一直在不断地堕落、退化，

1945年尼赫鲁家庭照片。从右至左依次是尼赫鲁、英迪拉·甘地、费罗兹·甘地（英迪拉的丈夫）、哈吉夫·甘地（英迪拉与费罗兹的长子，时年2岁）。尼赫鲁-甘地家族是现代印度最显赫的政治家族，为印度的独立与国家建设做出了卓越的贡献。除了英迪拉的丈夫费罗兹之外，照片中剩下3人都曾担任过印度总理。

伊斯兰神话中的亚当与夏娃。伊本·巴齐楚（Abu Said
Ubaud Allah Ibn Bakhitshu）作于 1299 年左右。

法国画家雅克-路易·大卫（1748—1825）的著名画作《列奥尼达在温泉关》，描绘了斯巴达国王列奥尼达与他的斯巴达勇士们在温泉关之战开始前的备战场景。

温泉关斯巴达300勇士的墓志铭。上面写着："过客啊，去告诉我们的斯巴达人，我们矢忠死守，在这里粉身碎骨。"

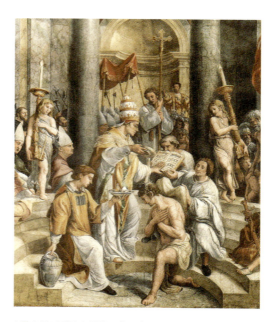

《君士坦丁受洗》局部，拉斐尔画派匿名画家作于16世纪初。该画是梵蒂冈使徒宫的一幅壁画，描绘了罗马帝国的君士坦丁大帝（272－337）皈依基督教、接受洗礼的场景。其实画中的场景并非史实，据记载君士坦丁大帝是在临死的时候接受洗礼的。与此相比更为重要的是，公元313年君士坦丁大帝签署《米兰赦令》，给予基督教合法的地位，这对欧洲历史的发展有重大意义。从此，基督教开始成为欧洲政治和文化的决定性势力。

贵霜帝国时代的佛教浮雕，描绘佛陀从其母腋下出生的场景。浮雕大约创作于公元2世纪晚期至3世纪早期，兼具印度和希腊的艺术风格。

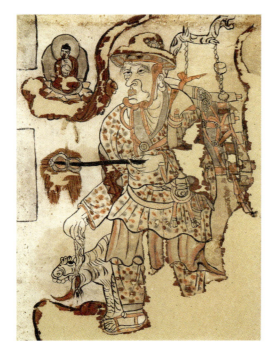

9世纪敦煌壁画中描绘的玄奘。

婆罗浮屠内景

婆罗浮屠建于公元9世纪的爪哇国，是历史上最大的佛教建筑物，其中保存有大量的佛塔、雕塑与浮雕。婆罗浮屠是联合国教科文组织认定的世界文化遗产。

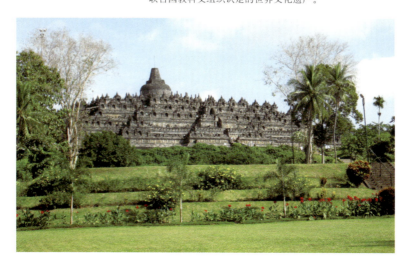

菲尔多西《列王记》的插图，描绘黑海地区两个国家打仗的
场景。图片来自 Welcome Images。

亚美尼亚画家瓦尔治·苏伦尼昂茨（Vardges Sureniants）
1913年的画作，描绘了加兹尼的马哈茂德听菲尔多西朗读
《列王记》的场景。马哈茂德苏丹（971－1030）是信奉伊
斯兰教的加兹尼王国最伟大的苏丹，曾统治从今天的伊朗
西部到印度北部的广袤土地。他也是著名波斯诗人菲尔多
西的赞助人。

中亚蒙古史书《史集》中描绘1227年成吉思汗立下遗嘱的插图,画面左下方是他的三个儿子(长子朱赤、三子窝阔台和四子拖雷,次子察合台不在场)。此时,成吉思汗创立的蒙古帝国已经有了从中国东北到里海沿岸的广阔领土。

英国封建社会的地方长官与农奴，是《玛丽女王圣咏经》
的一幅插图。创作时间大约为1310年。

法国近代画家让·若瑟
夫·本雅明·贡斯当（1845
—1902）的画作《默罕默
德二世进入君士坦丁堡》。
1453年，默罕默德二世苏
丹（画中骑黑马者）率领
奥斯曼帝国军队攻陷君士
坦丁堡，东罗马帝国灭亡。

米兰主教座堂内景

米兰主教座堂外景。该教堂始建于文艺复兴早期的1386
年，直到1965年才全部完工，是世界上规模第五大的教
堂。如尼赫鲁所说，该教堂是典型的哥特风格教堂。

英国莱斯特座堂玻璃彩窗上描绘的圣女贞德。贞德于1431
年被当作女巫处死,却在一战后的1920年被罗马教廷封为
圣徒。该教堂的玻璃彩窗也是修造于一战之后,对贞德的
描绘颇具现代色彩。

西班牙画家弗朗西斯科·普拉迪亚·奥尔蒂斯（Pradilla Ortiz，1848－1921）的作品《格兰纳达的屈服》，描绘了1491年基督教西班牙的军队占领伊比利亚最南部的重镇格拉纳达的场景。图中左侧骑黑马者为格兰纳达的穆斯林统治者，默罕默德十二世，右边两位骑马者分别为卡斯提尔女王伊莎贝拉一世，以及她的丈夫、阿拉贡国王费尔南多二世。西班牙基督教势力夺取格兰纳达，标志着伊斯兰政权结束了对西班牙长达8个世纪的统治。

智利的麦哲伦纪念碑，雕塑望向麦哲伦海峡的方向。

埃玛纽埃尔·洛伊茨（Emanuel Leutze，1816—1868）1848年的画作《科尔蒂斯率军袭击阿兹特克神庙》（*Storming of the Teocalli by Cortéz and his Troops*）。16世纪初，西班牙征服者科尔蒂斯使用各种狡猾、残忍的手段，以少量的西班牙远征军颠覆了阿兹特克帝国。

波斯艺术家瑞沙·阿巴西（Reza Abbasi）的细密画《恋人》
（*Two Lovers*，1630）。细密画是波斯最具特色的绘画艺术形
式，以小巧和精细著称，主要用于装饰和书籍插图。细密画
的艺术形式后来被古代蒙古人、土耳其人广泛学习借鉴。

法国版画家查尔斯-尼古拉·柯升为《百科全书》（1751）设计的扉页图。他画的是一位光芒环绕的美女，象征着真理，理性与哲学温柔地揭开她象征迷信的面纱，显露出她的光彩。这幅图不仅概括了狄德罗等法国启蒙哲学家编写《百科全书》的目标，而且总结了整个启蒙运动的宏大理念。

让·里昂·哲罗姆·费里斯1900年的画作《起草1776年独立宣言》。画家描绘了他想象中本杰明·富兰克林、约翰·亚当斯和托马斯·杰斐逊（从左到右）起草美国独立宣言时的场景。

《攻占巴士底狱之后民众的复仇》，可能是法国画家查尔斯·保罗·兰登的1793—1794年间的作品。虽然画作充分渲染了革命民众的正义感，甚至不惜动用天使的意向，但是法国大革命中的民众狂热，从革命发生至今一直是人们争论和批判的对象。读者可以想象画面正中持斧者一斧子砍下去之后的场景。

1851年伦敦举行首届世界博览会（又称万国工业博览会），
集中展示了工业革命的累累硕果。图为著名的会展场地
"水晶宫"，该建筑突破性地使用了玻璃为主要建筑材料。

Tortures subies par le R. P. Chapelaine, missionnaire en Chine, martyrisé dans la province de Quang-si.

《奥古斯特·沙普德莱纳的殉道》，法国 1858 年 2 月的《世
界画报》的插图。奥古斯特·沙普德莱纳是法国派往中国
的传教士，中文名是马赖。1856 年，马神甫被广西地方官
错当作太平天国的叛乱分子逮捕，死于极刑。他的被杀酿
成了中国近代史上著名的"马神甫事件"（又称"西林教
案"），该事件是第二次鸦片战争英法联军侵华的一个借口。

林肯总统视察北军前线，摄于马里兰州的安提塔姆，1862年10月。

1865年南军名将罗伯特·李将军（穿浅色正装者）投降，南北战争结束。

图为19世纪印度孟加拉地区的槐蓝工场。在英国殖民统治下的
印度，槐蓝是一种流行的经济作物，可用于生产靛蓝染料。孟
加拉地区在十九世纪是世界上最大的靛蓝染料产地，为英国带
来了丰厚的收益。图片出自Cassell & Company于1885年出版
的图书《世界上的国家》(*Countries of the World*)。

1900 年左右讽刺美国帝国主义的漫画。对于帝国主义强权来说，弱小的国家与民族就如同它们讨价还价的筹码。

讽刺西方殖民主义的漫画，作于1902年。欧洲殖民主义者把自己标榜为大义凛然的"文明"使者，正如图中挥舞"文明"旗帜的女战神一般，而第三世界的人民则是"野蛮人"。漫画揭露了西方在殖民主义意识形态掩盖下的奴役、杀戮行径。

日俄战争时期以为日本将军的住所，摄于1904年。日俄战争中，日本作为一个亚洲国家史无前例地战胜了作为欧洲国家的俄国，这极大地鼓舞了一些亚洲民族的独立事业。但是，这场战争本质上是日本帝国主义与俄国帝国主义在中国东北的主导权之争，战争在中国东北造成极大破坏。

日俄战争时期的行进中的日本军队，1904年法国《爱国者画报》插图。

1908 年英国 - 波斯石油
公司在马斯吉德 - 苏来曼
（Masjed Soleyman，今伊朗
的一个城市）打第一口油
井的照片。这是欧洲在中
东的石油政治的开端。英
波石油公司是现代石油巨
头 BP（British Petroleum，
英国石油）的前身。

1910 年左右的摄影作品，
反映一位妇女参政论者被
伦敦警察逮捕的场景。至
20 世纪 20 年代，大部分欧
洲国家都立法确认了妇女
的选举权。

美国一家玻璃厂中工作的男孩，路易斯·海因（Lewis Hine）拍摄于1911年。玻璃工厂的工作环境十分危险，而当时的童工需要每天在这里工作10个小时。路易斯·海因拍摄的一系列关于美国童工的照片，在当时的美国引起了极大的震动。童工现象常常被马克思主义者用以证明资本主义唯利是图的本性。

一战期间被德军释放的毒气袭击后的英军阵地，
摄于1916年。

一战凡尔登战役中顶着炮火冲刺的法军，摄于1916年。凡尔登战役是一战中规模最大、时间最长的战役，也是异常惨烈的一场战役。德法两军在战役中死亡25万人，伤50万人。战役为人类展示了工业时代的现代战争的残酷程度。

一战时期兰开夏郡的纺织女工。兰开夏郡是英国的纺织业中心。从19世纪以来，英国殖民地（如印度）生产的大量纺织原材料被运到这里进行加工，生产的纺织品再返销回殖民地，兰开夏郡的资本家因此积累了大量财富，进而在英国及其殖民地获得了强大的政治-经济影响力。兰开夏郡成为资本主义和帝国主义国际秩序的缩影。

共产国际第二次会议代表入场，摄于1920年7月彼得格勒。
中间柱子上的标语写的是"第三国际第二次会议向诸位致
以兄弟般的问候"。

1920年7月19日，列宁与共产国际部分代表的合影。

土耳其开国领袖凯末尔·阿塔土克（中间走在最前面看镜头
者）与议员走出议会，摄于1930年。

1930年食盐进军中的圣雄甘地。食盐进军是甘地领导的非暴
力不合作运动中的一个重要行动，目的是抗议英国对印度盐
业征收的不公平的"盐税"。英国殖民当局的这一举动目的
在于打击印度本地盐业、维护英国盐商在印度的市场控制。

1932年，中国代表颜惠庆在国际联盟会议上报告九·一八
事变事宜。国际联盟对九·一八事变的处理不利，极大地损
害了世界各国对国际联盟的信任与信心。

德国总统兴登堡会见希特勒，摄于1933年。1933年希特勒
领导的国家社会主义德国工人党（纳粹党）在大选中成为
德国国会的第一大党，希特勒因此被任命为德国总理，这
拉开了德国法西斯化的序幕。

至少没有发生过显著的变化。

　　在印度，人们也有相似的退化观点，认为黄金时代已经过去了。印度神话中，以众多的时代划分时间，就像地质学划分时代一样，但印度神话总是以伟大的黄金时代为开始，然后沦落到目前邪恶的迦梨时代（Kali Yuga）。

　　因此我们看到，人类进化的观点是相当现代的。我们所掌握的历史知识，让我们对这个观点深信不疑。但是，我们掌握的知识非常有限，如果掌握更多知识，我们的观念也许还会改变。如今我们对"进化"的热情，远不及19世纪下半叶人们的热情。如果进化导致了人们大规模地伤害彼此，就像世界大战中发生的那样，那么这种进化就是错误的。另外值得记住的一点就是，达尔文所说的"适者生存"，指的并不是最强者生存。这些都是博学者的推断。我们要注意的是，过去人们普遍持有的静止不变甚至慢慢退化的社会观念，已经被19世纪的现代科学所抛弃，取而代之的，是活力充沛、不断变化的社会观念。进化的观念也由此产生。在这一时期，社会的确产生了令人讶异的巨大改变。

　　进入19世纪以后，进步的速度越来越快。科学创造了一个又一个奇迹，不断涌现的科学发现和发明，让人们眼花缭乱。众多的科学发现给人们的生活带来了巨大改变，比如电报、电话、汽车以及后来的飞机等等。科学敢于探索最遥远的太空，也敢于研究肉眼看不见的原子，甚至比原子更小的结构。科学使人类的工作不再那么辛苦，人们的生活轻松多了。由于科学的发展，世界人口，特别是工业国家的人口，数量大幅增加。

同时，随着科学的发展，毁灭性的手段也得到了进化。但这并不是科学的错。科学使人类增强了控制大自然的能力，但是拥有了这种能力的人类，却不知道如何控制自己。因此，他们浪费了科学给予人类的馈赠，经常做出恶劣的行为来。不过，科学继续昂扬前行，在150年内，科学对世界的改变远远超过之前几千年的变化。从生活的每个角度、每个方面来说，科学彻底改变了这个世界。

如今，科学依然在前进，它的发展速度比以往更快了。科学的发展从未停歇过。一条铁路建造好之后，还没投入使用，就已经过时了。一台机器买回家后，不消一两年，更好更高效的同类型机器就制造出来了。如此激烈的竞争一直持续到今天，如今电力已经取代了蒸汽，电力带来的革命与一个半世纪之前的工业革命是同等的重要。

众多科学家和专家们持续地致力于各种科学研究。当今最伟大的科学家，就是阿尔伯特·爱因斯坦（Albert Einstein），他在一定程度上修正了牛顿的著名理论。

科学发展的进度如此之快，科学理论的新发现和新变化如此多样，连科学家们自己都吃惊不已。如今他们不再像过去一样自鸣得意、自信满满了。在下结论和预言未来的时候，他们都慎之又慎。

但这是我们今天20世纪发展的情况。在19世纪，人们对科学充满了信心，科学骄傲地取得了不计其数的成功，它时刻影响着人们的生活，人们也像信奉神明一样崇拜着科学。

36.民主的进步

　　我带你领略了19世纪的科学发展。现在让我们看看这个世纪的另一个重要方面——民主思想的发展。

　　你应该记得，我曾经给你讲过18世纪法国发生的思想战争，讲过伟大的思想家与作家伏尔泰，讲过欧洲其他一些挑战旧的宗教与社会观念、勇于发展新理论的人。当时这种政治思想主要出现在法国。在德国，哲学家们更有兴趣研究深奥的哲学问题。在英国，随着商业和贸易的蓬勃发展，大多数人并不喜欢思考，除非环境迫使他们去思考。不过，18世纪下半叶，英国出版了一本著名的书，这就是亚当·斯密的《国富论》。这本书的主题不是政治，而是政治经济学。当时，所有书的主题都会混入一些宗教和伦理道德的内容，因此人们读书的时候会感觉很困惑。亚当·斯密则抛开了所有的伦理纠纷，以一种科学的方式阐述了这个主题，试图掌握经济学的自然规律。你可能知道，经济学研究的是整个国家和全体人民的收支管理、人们的生产和消费、人们之间的关系以及国家之间的关系。亚当·斯密相信，这些较为复杂的问题遵循了一定的自然规律，他在书中总结了这些规律。他还相信，为了让这些自然规律不受影响，工业必须在完全自由的情况下发展。这是我和你提到过的不干涉主义的发端。亚当·斯密的书，与当时在法国萌芽的新民主思想没有任何关系。然而，他在研究一个与国家和人们息息相关的问题时，运用了科学的方法，这一点表明，人们逐渐脱离了神学的方式，开始以一种全新的方式看待问题。亚当·斯密被人尊称为"经济学之父"，他激励了许多19世纪的英国经济学家。

只有教授们和一些博学之士掌握了这些新的经济学知识。不过，与此同时，新的民主思想正在传播，经过美国革命和法国大革命的宣扬，这些新思想普遍受到了人们的欢迎。美国《独立宣言》和法国《人权宣言》充满了振奋人心的话语。它们为成千上万受压迫和受剥削的人带来了解脱的希望。这两份宣言都提到了自由、平等以及人人享有幸福的权利。人们并没有通过这些宣言获得这些珍贵的权利。即使在这些宣言发表一个半世纪后的今天，也只有极少数的人享受到了这些权利。不过，这些宣言的发表仍是意义非凡、鼓舞人心的。

不管在欧洲还是其他地方，不管是基督教还是其他宗教，人们的传统观念都认为，罪孽与不幸是人类难以避免的宿命。宗教视人世间的贫困与悲惨为永恒，甚至荣耀。宗教给人们的允诺和奖赏都是针对另一个世界的，人们只能顺从这种宿命，不能追求任何改变。宗教鼓励人们施舍穷人，但是并没有鼓励人们摆脱贫穷，或者摆脱导致贫穷的制度。自由与平等的思想正好与教会和社会的专制观点相对立。

当然，民主并不意味着所有人都能达到平等。民主不能下这样的断言，因为不同的人之间显然存在不平等的情况：体质上的不同导致一些人比其他人更强壮，智力上的不同使一些人比其他人更聪明、更有才华，道德上的不同使一些人慷慨无私，而另一些人自私自利。这些不平等的情况，可能是因为人们的家庭成长环境不同，接受的教育也不同。两个能力相似的孩子，如果其中一个接受了良好的教育，另一个没接受教育，那么几年之后，这两个孩子之间就会有很大的差异。或者其中一个吃了健康的食物，另一个则吃得很差或者吃不饱，那么前者就会健康成长，而后者就会体弱多病、发育不良。因此，一个人的成长环境和接受的教育导致了人与人之间的不同，如果我们可以给予每个人同样的教育和机会，那么很有可能目前的不平等情况会减少。这种情况确实很有可能发生。但是，就民主而言，它承认了人与人之间实际上是不平等的，尽管如此，民主还是宣称，每个人都应该享有平等的政治和社会价值。如果我们接受了整个民主主义理论，我们就会得出各种革命性的结论。眼下我们不必深入了解这些理论，但是这些理论得出了一个明显的结论，即每个人都应享有选举执政议会代表的选举权。选举权是政治权力的象征，人们认为，如果每个人都有选举权，那么每个人都享有平等的政治权力。因此，整个19世纪，民主的主要诉求之一，就是扩大选举权——也就是使更多人享有投票的权利。成人普选意味着每个成年人都应该参与选举投票。很久以来，女性是没有选举权的，不久以前，女性，特别是英国女性，发动了大型的女权运动。如今在先进的国家中，男性和女性都可以参加成人普选。

但奇怪的是，人们获得了选举权后，他们发现这并没有带来什么变化。尽管拥有选举权，他们在国家中还是只有很少的权力，甚至没有权力。一张选票对于一个饥饿的人来说毫无用处。掌握实权的人们会利用饥饿的人，让他为了掌权者的利益而工作或者做任何事情。因此，本该代表政治权力的选举权，在没有经济力量的情况下，只是没有实质意义的幻影，而早期民主人士们提出的选举权能带来平等的大胆设想，最终也化成了泡影。

不过这是后来的事情了。在早期，也就是18世纪末期和19世纪初期，民主人士们普遍热情高涨。有了民主，每个人都将成为自由而平等的公民，政府也将为每个人的幸福而努力。人们强烈地反对18世纪君主与政府的专制统治，以及他们滥用权力的行为。因此人们在宣言中明确了个人应享有的权利。不过，美国和法国的宣言中所声明的个人权利，从另一方面讲是有误的。在复杂的社会里，将人们分隔开来并给予他们完全的自由不是一件容易的事。个人利益与社会利益必然会产生冲突。但不管怎样，民主很大程度上是主张实现个人自由的。

18世纪政治观念落后的英国，深受美国革命和法国大革命的影响。英国的第一反应就是，害怕本土会产生新的民主思想，也害怕会发生社会革命。统治阶级变得更为保守和反动。但是新思想还是在知识分子中传播开来。托马斯·潘恩（Thomas Paine）是这个时期一位有趣的英国人。美国独立战争（War of Independence）时期，他在美国，向美国人伸出了援手。几乎可以说，是他让美国人产生了想要完全独立的想法。回到英国后，他写了一本小册子《人权》(*The Rights of Man*)，歌颂了刚刚开始的法国大革命。书中他抨击了君主专制，呼吁民主。英国政府查禁了这本书，并追捕他，他被迫旅居法国。在巴黎，他很快成为法国国民议会的一员，但在1793年，由于反对处决路易十六，他被雅各宾派逮捕入狱。在狱中，他写了另一本书《理性的时代》(*The Age of Reason*)，书中他批判了宗教。英国的法院无法制裁潘恩（在罗伯斯庇尔死后他就从巴黎监狱获释了），但是他的英国出版商由于发行了这本书而受到了监禁。这样一本反宗教的书，在社会看来是一大威胁，因为宗教能使穷人安于现状。潘恩这本书的几位出版商，包括女性出版商，都进了监狱。值得一提的是，诗人雪莱曾经给审判法官写过一封抗议信。

在欧洲，起源于法国大革命的民主思想，在整个19世纪上半叶传播。事实上，尽管环境在快速变化，法国大革命的思想依然留存下来了。知识分子依靠这些民主思想来反对君主和独裁统治。这些思想是在工业化之前产生的。但是新的工业——蒸汽和大机器——完全颠覆了旧的秩序。然而，奇怪的是，19世纪早期的激进分子和民主人士均无视这些变化，继续宣扬大革命以及《人权宣言》中的优美词句。也许对于他们来说，这些变化仅仅是物质上的，并不能影响民主高贵的精神、道德和政治需求。但是物质的事物无法被忽略。我们发现，人们要摈弃旧思想、接受新思想是多么困难的一件事。人们会紧闭双眼甚至紧闭心胸，拒绝了解新思想；即使旧思想伤害了他们，他们还是会努力维护这些旧思想。除了接受新思想、适应新形势，他们可以做任何事情。保守主义的力量大得惊人。即使自认为开明的激进分子们，也常常是因循守旧的，他们对变化的情况都避而不见。难怪新思想的发展如此缓慢，人们的思想总是大大地滞后于实际情况——这就导致了革命局面的出现。

因此在几十年中，民主一直是法国大革命的传统和思想的延续。民主未能适应新的形势，这导致了19世纪末期，民主的力量不断削弱，到了20世纪，许多人开始批判民主。在今天的印度，我们的不少资深政客，依然根据法国大革命和《人权》的内容谈论问题，丝毫没有意识到情况已经完全不同了。

早期民主人士偏爱理性主义。他们渴望得到思想和言论自由的要求，与教条式的宗教和神学是对立的。因此，为了削弱神学教条的控制，民主与科学联合到了一起。人们开始敢于把《圣经》视为一本普通的书籍进行研究，而不是盲目地、无条件地接受它的内容。这种对《圣经》的考证称为"高等考证"。评论家们得出结论，《圣经》是一本合集，内容是由不同时代的不同人写的。他们还认为，耶稣并未打算建立一个宗教。对《圣经》的考证撼动了许多古老的信仰。

当传统的宗教基础受到科学与民主思想削弱之时，人们试图建构一个哲学体系替代传统的宗教。生于1798年、死于1857年的法国哲学家奥古斯特·孔德（Auguste Comte）就做了这样的尝试。孔德感觉到，传统的神学和教条的宗教已经过时，但他相信，社会依然需要某种宗教。因此，他提出建立"人道教"，并称之为"实证主义"（Positivism）。这个宗教主张：爱是原则，秩序是基础，进步是目的。它建立在科学的基础之上，与超自然的力量无关。人类发展的观念在背后支持着它，也支持着19世纪几乎所有的现代思想。孔德的宗教只是一部分知识分子的信仰，但是他对欧洲思想产生的普遍影响是深远的。可以说，他开创了研究人类社会与文化的学科——社会学。

英国哲学家、经济学家约翰·斯图尔特·穆勒（John Stuart Mill，1806年生，1873年卒）与孔德生活在同一时期，但比孔德寿命更长一些。穆勒受到了孔德的学说以及他的社会主义思想的影响。英国政治经济学派是在亚当·斯密学说的基础上发展起来的，密尔试图将这一学派引入一个新的方向，并将一些社会主义原理应用到经济领域中。但他更有名的身份是一个"功利主义者"。"功利主义"是早前在英国开创的一个全新哲学理论，穆勒将它发扬光大。从它的名称可以看出，这个理论的主旨是效益或效用。功利主义者最基本的原则就是追求"最多数人的最大幸福"。它成为判断一件事对与错的标准。如果一些行为能增进幸福，那它们就是正确的，如果导致产生与幸福相反的东西，那它们就是错误的。社会和政府都要根据"追求最多数人的最大幸福"这一目标行事。这个观点与之前宣扬人人平等的民主信条有所不同。要达到"最多数人的最大幸福"必然会导致小部分人牺牲自己的幸福。我只是给你指出这个不同之处，但是我们并不需要就此展开。民主因此意味着大多数人拥有权利。

约翰·斯图尔特·穆勒（亦译约翰·密尔）极力拥护民主思想，他认为任何个人都有自由的权利。他写了一本著名的书《论自由》（*On Liberty*）。我摘录了书中一段支持言论自由和表达自由的内容。

但是迫使一个意见不能发表的特殊罪恶乃在它是对整个人类的掠夺，对后代和对现存的一代都是一样，对不同意那个意见的人比对抱持那个意见的人甚至更甚。假如那意见是对的，那么他们是被剥夺了以错误换真理的机会；假如那意见是错的，那么他们是失掉了一个差不多同样大的利益，那就是从真理与错误冲突中产生出来的对于真理的更加清楚的认识和更加生动的印象。……我们永远不能确定我们所力图窒闭的意见是一个谬误的意见；假如我们确信，要窒闭它也仍然是一个罪恶。[1]

这样一种态度，在教条的宗教或专制统治中绝对不会出现；这是一位哲学家、一位真理寻求者的态度。

我给你讲了几个19世纪西欧重要思想家的名字，目的是告诉你思想是如何发展的，并且给你介绍思想世界中这些里程碑式的人物。但是这些人以及早期民主人士的影响只局限于知识分子阶级。通过知识分子，这些思想也在一定程度上影响到了

---

1 译文引自《论自由》，[英]约翰·密尔著，许宝骙译，商务印书馆，2007年，第19—20页。——译者注

其他人。尽管对普通大众的直接影响并不大，但这种民主思想的间接影响是巨大的。这种思想对于某些问题的直接影响也很大，比如要求获得投票权。

随着19世纪的发展，其他的运动和思想也得到发展——这就是工人阶级运动和社会主义思想。它们对民主观念产生了影响，而它们本身又受到民主观念的影响。一些人认为，社会主义是民主的替代品；另一些人认为，社会主义是民主不可缺少的一部分。我们看到，民主人士们的观念中充满了自由、平等和人人享有幸福的权利。但他们很快意识到，仅仅把幸福变为一种基本权利，并不意味着人们就能获得幸福。撇开其他不说，获得幸福首先需要一定的物质基础。一个饿肚子的人不可能幸福。由此，民主人士们意识到，更合理的财富分配才是幸福的基础。这就引出了社会主义，这个话题留待下一封信时我再给你讲。

19世纪上半叶，无论哪个民族或种族，只要是为了自由而战，他们就会把民主和民族主义结合起来。意大利的马志尼就是这样一位典型的民主爱国者。之后，民族主义的民主化特点逐渐淡化，进取心和权力意识变得更强。国家成为每个人都必须崇拜的神。

37.社会主义的到来

　　我已经给你讲了民主的进步，但是要记住，民主的进步是很艰难的。从现有制度中获益的人们，并不希望看到改变，他们会用尽一切力量去抵制改变的发生。但是，想要发展或者改良，必然会引起变革；政府的管理制度或方式，必须让位于更好的管理制度或方式。渴望这种发展的人们，必然会攻击旧的制度或惯例，从而导致他们不断地反抗现有制度，并与那些从现有制度中获益的人们发生冲突。西欧国家的统治阶级抵制一切进步。英国的统治阶级也只有在发生暴力革命的时候才会稍作让步。另一个进步的原因，我以前提到过，就是现代商人们认为，一定的民主不失为一个有助于生意发展的权宜之计。

　　但我要再次提醒你，19世纪上半叶的这些民主思想，大多仅局限于知识分子之中。普通大众受到了工业主义发展的巨大影响，纷纷离开田地，进入工厂。这个产业工人阶级蜷缩在煤矿附近、工厂聚集的肮脏城镇，他们的队伍在不断地壮大。这些工人发生着快速的变化，他们有了新的思想。他们与那些由于饥饿而涌入工厂的农民、工匠们完全不同。英国是最早建立这些工厂的国家，因此英国也成为第一个发展出这个产业工人阶级的国家。工厂里的状况十分恶劣，工人们的住宿条件更差。

他们处于极大的痛苦之中。幼童和妇女们的工作时间很长。然而，工厂主们对改善工厂和住房条件的立法，是持坚决反对态度的。在他们看来，这不是对财产权的一种可耻的干涉吗？按照这种说法，连私有住房必要的卫生设备都不允许安装了。

与此同时，曼彻斯特的工厂主中，出现了一位慈善家，工人的悲惨状况让他感到痛苦。这个人就是罗伯特·欧文（Robert Owen）。他在自己的工厂中推行了许多改革，改善了工人的状况。他试图说服和改变雇主阶级，不断鼓动他们给劳工更好的待遇。某种程度上讲，正是因为欧文，英国议会才通过了第一部保护工人不受贪婪自私的雇主侵害的法律。这就是1819年的《工厂法》（Factory Act）。这部法案明确规定，9岁大的孩子每天的工作时间不能超过12小时。这个条款本身可以让你了解到，工人们的状况是多么糟糕。

据说，在1830年左右，罗伯特·欧文率先使用了"社会主义"这个词。当然，缩小贫富差距、达到相对平等的财富分配，并不是什么新鲜的想法了，过去有很多人都拥护这个观点。早期的人类社区中产生过一种共产主义，土地和其他财产为整个社区或村庄共同拥有。这种原始共产主义在很多国家，包括印度都出现过。但是，新的社会主义不只是一个想要达到人人平等的模糊想法。它的意义更加明确，首先它适用于新的工厂生产体系，因此它是工业体系的一个产物。欧文的想法是，成立工人合作社，并且让工人享有工厂的所有权。他在英国和美国，成功地建立了示范性工厂和工人定居点。但是，他没能转变其他雇主以及政府的态度。不过，当时他的影响非常巨大，而且他让"社会主义"这个词流传开来，自此以后，千百万人为了社会主义而魂牵梦萦。

资本主义工业一直在发展，并取得了一次又一次的成功，随之而来的，则是工人阶级遇到了越来越多的问题。在资本主义制度下，越来越多的产品被生产出来，由于人们获得了更多的生活必需品和食物，人口数量大幅增加。人们建立了大型企业，企业内部的各个部门之间相互协作，同时，小企业在竞争中遭到了排挤。大量的财富涌入了英国，但人们用大部分的财富开办新工厂，修建新铁路，或建设其他的企业。工人们试图通过罢工来获得更好的条件，但总是遭到惨痛的失败，之后他们加入了40年代的宪章运动。这场宪章运动在革命之年——1848年——衰落了。

资本主义的成功使人们惊异不已，但仍有一些激进分子，一些抱有先进观念的人，以及慈善家们，他们不愿意看到资本主义残酷无情的竞争，他们也不愿意看到，尽管资本主义使国家变得富有，却使工人们遭受了痛苦。在英国、德国和法国，这些人考虑用别的制度替代资本主义。他们提出了各种建议，社会主义、集体主义、社会民主主义，这些词大致上都是一个意思。这些改革家达成了一致意见，认为问题出在工业的私有化以及控制权上。如果没有这种私有化，国家就可以拥有或控制工厂，或者一定程度上控制主要的生产方式，比如土地和主要产业，那么工人们就不会有受剥削的危险了。因此，人们茫然地寻找着资本主义制度的替代品。但是资本主义制度并没有退出的打算，它正变得越来越强大。

　　提出这些社会主义思想的都是知识分子，不过工厂主罗伯特·欧文则是一个例外。一段时间内，工人的工会运动在各处开展着，目的仅仅是争取较高的工资收入和较好的工作环境。工会运动自然受到了社会主义思想的影响，反过来，它也对社会主义的发展产生了深远影响。社会主义在欧洲三大工业化国家——英国、法国和德国——的发展，随着每个国家工人阶级力量的大小和特点的不同而有所区别。总的来说，英国的社会主义比较保守，它相信可以通过渐进的方式取得缓慢的发展；欧洲大陆的社会主义更加激进、更具革命性。在美国，情况却完全不同，因为美国地域辽阔，对劳工的需求很大，因此很长时期之内，工人阶级运动并没有蓬勃地发展。

　　在欧洲大陆，一个新的信条得到了人们热情洋溢的支持。这就是"无政府主义"，这个词对不了解它的人来说，听上去似乎很可怕。无政府主义提倡，一个社会没有中央政府的统治，个人拥有极大的自由。无政府主义者有着异常远大的理想："坚信无私、团结、为他人利益着想的社会理想必将实现。"国家不应对人民进行强迫和干涉。美国人梭罗（Thoreau）说过："无政而治的政府，才是最好的政府；当人们准备好接受这样的政府时，这种政府就会存在。"[1]

---

1 译文引自《梭罗散文》，[美]梭罗著，苏福忠译，人民文学出版社，2010年，第57页。——译者注

这似乎是一个理想状态 —— 每个人都是完全自由的，人们相互尊重，无私奉献，乐于合作 —— 但是如今的世界充满了自私和暴力，已经远远达不到这种理想状态了。无政府主义者如此渴望政府不管事或少管事，是他们长期遭到独裁与专制统治迫害后的一种反抗。政府对人们实行压迫和暴政，因此人们不希望有政府存在。无政府主义者也认为，在社会主义的某些形式下，掌握所有生产方式的国家本身，也可能会实行专制暴政。因此，无政府主义者是社会主义者的一种，他们强调的是当地的、个人的自由。另一方面，许多社会主义者愿意把无政府主义者的信条当作一个遥远的理想，但他们认为，一段时间之内，在社会主义制度下，强大的国家集权政府依然有必要存在。尽管社会主义和无政府主义之间有很大的区别，但共性也不少，而且两者之间的共性正变得越来越多。

现代工业造就了有组织的工人阶级。无政府主义，从其本质来说，无法成为一个组织严密的运动。因此，工会等类似的组织，在工业化国家中发展良好，但无政府主义观念，在这些国家中则没有什么传播的机会。英国和德国都没有出现数量可观的无政府主义者。但是，在工业主义较为落后的南欧和东欧，这些思想就找到了肥沃的土壤。当现代工业传播到南欧和东欧之后，无政府主义渐渐弱化。如今这种信条实际上已经没有生命力了，不过在非工业化国家，例如西班牙，仍能看到一定程度的无政府主义。

作为一种理想，无政府主义本该是高尚的，不过，它不仅为容易激动、对社会不满的人们提供了庇护，还为那些自私的、披着这个理想的外衣为自己谋利的人提供了庇护。而且，它还带来了暴力行为，如今在人们的脑海里，这种暴力行为已经与无政府主义联系在一起了，严重破坏了无政府主义的名声。无政府主义者无法像他们设想的那样，大规模地改变社会，于是一些人决定用一种全新的方式进行宣传。这就是"行为宣传"，通过勇敢的抵抗暴政和自我牺牲的示范行为去影响其他人。在这种行为的鼓舞下，许多地方发生了叛乱。当时，参加这些叛乱的人们并不指望成功。出于自愿，他们冒着生命危险采取了这种不同寻常的宣传方式。当然，这些叛乱都遭到了镇压，之后个别无政府主义者开始采取恐怖主义的手段，他们投掷炸弹，并且暗杀国家元首和高官。显然，这种愚蠢的暴力行为显示出无政府主义正在不断衰弱，正在走向绝望。到了19世纪末期，无政府主义运动便逐渐消失了。

38. 卡尔·马克思与国际

大约在19世纪中期，欧洲的劳工与社会主义世界，出现了一位引人注目的全新人物。在我以前给你写的信中提到过，他就是卡尔·马克思。他生于1818年，是德国裔犹太人，学习过法律、历史和哲学。因为一份由他创办的报纸，他与德国当权者发生了冲突。他来到巴黎，接触了新的人群，阅读了有关社会主义和无政府主义的新书后，他开始热衷于社会主义思想。在巴黎，他遇到了另一个德国人，弗里德里希·恩格斯，当时他定居在英国，是一位富有的工厂主，从事着不断发展的棉纺织业。恩格斯对当时的社会状况感到不安和不满，他想找到一个解决办法，改进他所见到的贫困和剥削问题。罗伯特·欧文有关改革的思想和尝试吸引了他，他成了欧文的拥护者（Owenite）。第一次与卡尔·马克思会面的巴黎之行，也让他发生了改变。自此以后，马克思和恩格斯就成了亲密的朋友和同事；他们年龄相仿，观点一致，都全身心地为了同一个事业奋斗，合作也非常亲密，他们出版的大部分著作都是两人合著的。

当时，由路易·菲利普执政的法国政府，将马克思驱逐出了巴黎。他来到伦敦，并在伦敦生活了很多年。在伦敦期间，他就在大英博物馆里埋头苦读里面的藏书。他勤奋努力，不断完善了自己的理论体系，并将其写成了著作。但他绝不是一位与世隔绝、只会杜撰理论的教授或哲学家。他一边为社会主义运动比较模糊的思想体系做阐释和说明，赋予它明确清晰的思想和任务，一边积极地领导、组织工人开展运动。欧洲的革命之年——1848年发生的事件给了他很大的触动。就在这一年，他和恩格斯合作发表了一份非常著名的宣言，《共产党宣言》。在《共产党宣言》中，他们论述了法国大革命以及随后的1830年、

1848年起义背后的思想，并指出，这些革命和起义都准备不足，也不符合实际情况。他们批评了之后盛行的民主主义对自由、平等和博爱的呼吁，指出这些对人们来说毫无意义可言，仅仅给资本主义国家提供了伪善的遮掩。然后他们简要地阐述了自己有关社会主义的理论，在宣言的结尾处，他们呼吁所有工人："全世界无产者，联合起来！你们失去的只是锁链，获得的将是整个世界。"

这是一次行动的召唤。马克思继续利用报纸和手册进行宣传，努力将工人组织联合起来。他似乎感觉到，欧洲将要面临一次巨大的危机，他希望工人们能为此做好准备，以便利用这次危机带来的机会。根据他的社会主义理论，在资本主义制度下，必然会发生危机。1854年，在一份纽约的报纸中，马克思写道：

然而，我们不能忘记，欧洲存在着第六个强权力量，在一定的时刻它将统治其他五个所谓的"强权"国家，使它们颤抖。这个强权力量就是革命。在沉寂了很长一段时间后，现在，革命再一次受到危难和饥饿的召唤，冲向了战场……只需一个信号，欧洲第六个也是最大的强权力量，将身披铠甲，手持利剑，勇往直前，就像奥林匹亚山上的女神密涅瓦（Minerva）一样。迫在眉睫的欧洲战争将会发出这个信号。

马克思有关欧洲很快将发生革命的预言没有成真。在他的文章发表60多年之后，一场世界大战让欧洲的一个地区发生了革命。1871 年的巴黎公社是一次革命的尝试，但是，我们也看到了，它遭到了无情的镇压。

　　1864 年，马克思在伦敦成功地召开了一次群众大会。其中许多群体含糊地称自己为社会主义者。一方面，有一些民主人士和爱国者，他们来自受异国统治的欧洲国家，他们的社会主义信念比较淡薄，对国家独立更感兴趣；另一方面，有一些无政府主义者，他们希望尽快开始作战。除了马克思，无政府主义领袖巴枯宁（Bakunin）也是一位杰出的人物，在遭受了多年牢狱之灾后，于三年前逃离了西伯利亚。巴枯宁的拥护者主要来自南欧的拉丁语系国家，比如意大利和西班牙，这些国家在工业上都非常落后。他的拥护者都是失业的知识分子，以及与社会秩序格格不入的革命分子。马克思的拥护者则来自工业化国家，主要是德国，这些国家工人的状况要好一些。因此，马克思代表了不断壮大、组织严密、条件相对好的工人阶级，巴枯宁则代表了更贫穷和无组织的工人、知识分子和对社会不满的人。马克思倾向于耐心地用他的社会主义理论对工人进行组织和教育，等待他认为即将到来的行动时刻。巴枯宁和他的拥护者则倾向于立即采取行动。在两者的冲突中，马克思赢得了胜利，建立了"国际工人联合会"（International Working-Men's Association），人们将它简称为"第一国际"。

　　三年后的 1867 年，马克思用德语写成的伟大的著作《资本论》问世了，这是他在伦敦长期埋头努力的结果。书中他分析了现有的经济理论，用大量篇幅阐述了自己的社会主义理论。

这是一部纯粹的科学作品。他冷静而科学地论述了历史与经济的发展过程，避免了模糊的、理想主义的表述。他还特别论述了大机器时代工业文明的发展，在人类社会的进化、历史和阶级冲突等方面，得出了具有深远意义的结论。因此马克思这种全新的、阐述清晰又中肯的社会主义，被称为"科学社会主义"，与长期盛行的"空想社会主义"形成了鲜明对比。马克思的《资本论》读起来并不轻松，事实上，这本书的阅读难度超出了想象。不管怎样，它是一本难得一见的好书，它影响了人们的思维方式，改变了人们的思想意识，进而影响了整个人类的发展。

1871年，巴黎公社的悲剧发生了，巴黎公社也许是第一个有意识的社会主义起义。它吓坏了欧洲国家的政府，使他们更加严酷地镇压工人运动。第二年，马克思建立的"第一国际"召开了一次会议，在这次大会上，马克思成功地将第一国际的总部转移到了纽约。他这么做显然是为了摆脱巴枯宁的那些无政府主义追随者，也可能是因为，他认为巴黎公社引起了欧洲国家的愤怒，因此纽约比欧洲国家政府控制的地区更加安全。但是，远离了中心地带的第一国际是不可能生存下去的。它的力量全部都在欧洲，即使在欧洲，工人运动也遇到了很大的困难。所以，第一国际日渐衰落，最终只能解散了。

马克思主义或者叫马克思社会主义，主要在欧洲的社会主义者之间传播，特别是在德国和奥地利。在这两个国家，马克思主义常被称为"社会民主主义"。不过英国并没有接受马克思主义。当时的英国繁荣兴旺，不愿接受任何激进的社会信条。英国式社会主义的代表是费边社，它有一套进行点滴改革的温和计划。费边社成员不是工人，而是先进而自由的知识分子。乔治·萧伯纳（George Bernard Shaw）就是一位早期的费边社成员。费边社的策略可能来自另一位著名的费边社成员悉德尼·韦伯（Sidney Webb）的名言："不可避免的循序渐进。"

在法国，巴黎公社失败后，社会主义经过了12年，才慢慢恢复了元气，重新活跃起来。不过它是以一种新的形式出现的，一种无政府主义和社会主义混合的产物——"工团主义"（syndicalism），这个名称来自法语的"工会"（syndicat）一词。社会主义理论认为，代表整个社会的国家，应该掌握和控制生产方式——也就是土地和工厂，等等。至于社会化能达到何种程度，人们的意见不一。显然，像工具、家用机器这样的私人物品是很难进行社会化的。不过社会主义者的一个观点得到了认可，那就是，任何可以被使用并通过他人的劳动为个人创造利润的东西都应该归公，也就是所有权归国家。工团主义者和无政府主义者一样不喜欢国家，都试图限制国家的权力。他们希望每个产业都由产业内的工人以及工会来控制。他们的想法是，各种产业工会选举出代表，组成一个总会，这个总会负责监管全国事务，发挥类似议会的作用，处理综合事务，但无权干涉产业内部的安排。为了达到他们的目的，工团主义者支持大罢工，使全国陷入了停顿状态。马克思主义者并不赞同工团主义，但奇怪的是，在马克思死后，工团主义者竟然把马克思视作了他们的一员。

就在50年前的1883年，卡尔·马克思去世了。到那时为止，强大的工会组织已经在英国、德国以及其他工业化国家发展起来了。英国工业最辉煌的时期已经过去，在与不断强大的德国和美国的竞争中，英国走了下坡路。当然，美国有着优越的自然条件，因此它的工业发展迅速。在德国，政治独裁（而它的议会是软弱无力的）和工业增长奇特地混合在了一起。俾斯麦执政期间以及之后的德国政府，从多个方面促进工业的发展，希望通过社会改革和改善工人的状况来拉拢工人阶级。英国自由党（English Liberals）也采取了相似的措施，他们批准通过了一些社会改革措施，减少了工人的工作时间，在一定程度上改善了工人的境况。在国家繁荣的前提下，这个方法非常奏效，英国工人继续保持着温和、顺从的态度，忠实地为自由党投票。不过在19世纪80年代，由于其他国家的竞争力提高了，英国长期的繁荣兴旺走到了尽头，英国贸易出现了萧条，工人的工资也降低了。因此，工人阶级再一次觉醒，革命潮流再次风行起来。许多英国人开始寄希望于马克思主义。

1889年，人们尝试成立了一个新的国际工人联合会。这时候，许多工会组织和劳工政党都很强大了，而且非常富有，内部还出现了大量领取薪酬的官员。这个成立于1889年的国际工人联合会（我想它的名称应该是"社会主义工人国际"[Labour and Socialist International]）， 被称为"第二国际"（Second International）。它持续了25年，直到世界大战爆发，它才面临了真正的考验，不足之处才显现出来。第二国际中许多级别较高的人日后在他们各自的国家都成了高级官员。有一些人把工人运动当作提高自己地位的垫脚石，达到目的之后就抛弃了工人运动。他们成了首相、主席之类的高官，他们的人生是成功的；但是他们抛弃了曾经帮助他们成为高官、对他们深信不疑的劳苦大众，这些大众的状况依然没有改变。即使是那些以马克思之名宣誓过的领袖或是热情的工团主义者，也都进入了议会，或者成了收入很高的工会领导人，他们越来越不愿意放弃自己舒服的地位而投身到鲁莽的革命事业当中。因此，他们变得悄无声息，而当工人出于绝望，准备采取大规模行动的时候，他们则出面压制。德国的社会民主人士（在战后）成了共和国的主席和总理；在法国，原本热衷于工团主义、支持大罢工的白里安（Briand），担任过11次法国总理，镇压过一次由他以前的同志发起的罢工。在英国，拉姆齐·麦克唐纳（Ramsay MacDonald）成为首相后，就与他原先所在的工党（Labour Party）决裂了；这样的情形同样发生在瑞典、丹麦、比利时和奥地利。如今的西欧到处都是独裁者，而当权的人早期都曾是社会主义者，但随着年纪的增长，他们变得飘飘然了，忘记了原本对所追求事业的热情，有时甚至与原来的同志为敌。意大利首相墨索里尼（Mussolini），原本是社会主义者；波兰独裁者毕苏斯基（Pilsudski）也是如此。

工人运动以及几乎所有的民族独立运动都因领袖和杰出人物的背叛而元气大伤。一段时间之后，长期的失败让工人们精疲力竭，殉道者获得的空洞荣誉也不再具有吸引力。他们沉寂下来，变得毫无生气。那些更加有野心和手段的人，则走向了对立的一方，与他们曾经反对和打击过的人达成了个人之间的休战。一个人可以很轻易地为了他想做的任何事，让自己的良心做出妥协。工人运动在这样的背叛下遭遇了一些阻碍，而且由于那些压制劳工和民众的人掌握了这种心理，他们尝试用各种优厚条件和花言巧语将工人一个个争取过来。但是针对个人的优厚条件或者花言巧语，并不能给工人大众或一个受尽压迫、争取自由的民族带来宽慰。因此，尽管遭遇了背弃和阻碍，这场斗争依然在朝着既定目标前进。

1889年成立的第二国际，在人数和声望上都在不断增长。几年之后，马拉泰斯塔带领下的无政府主义者，被第二国际拒之门外，因为他们拒绝投票给议会。第二国际的社会主义者们宁愿与各国议会修好，也不愿与原来的同志共同奋斗。关于欧洲战争中社会主义者应承担的责任，他们做出了勇敢的宣言。在为事业奋斗的过程中，社会主义者是不分国籍的，他们不是普通意义上的民族主义者。他们曾对战争表示过反对。但是当1914年战争爆发的时候，第二国际瓦解了，各个国家的社会主义者和劳工政党，甚至连克鲁泡特金这样的无政府主义者，都和其他人一样，成了怨恨其他国家的狂热民族主义者。只有少数人在坚持抵制战争，因此这些人遭受了各种苦难，包括长期监禁。

战争结束后，1919年，列宁在莫斯科成立了一个新的国际工人联合会。它是一个纯粹的共产主义组织，只有宣过誓的共产主义者才能加入。如今它依然存在着，被称为"第三国际"（Third International）[1]。第二国际残留的一些人在战后慢慢地又聚到了一起。一部分人联合起来，加入了莫斯科的第三国际，但大部分人强烈厌恶莫斯科以及第三国际的纲领，拒绝靠近莫斯科。他们重新恢复了第二国际，这个组织如今也依然存在着。因此目前有两个国际工人组织，即第二国际和第三国际。奇怪的是，尽管两者都奉行马克思主义，但是对于马克思主义他们有着各自的解读，而且他们相互之间的怨恨甚至比对共同敌人——资本主义的怨恨还要大。

这两个国际工人联合会并没有将世界上所有的工会和工人组织都包括进来。许多工会和工人组织并没有参与其中任何一个联合会。美国工会中的大部分人都非常保守，因此他们与两个联合会保持着距离。印度工会也没有参与其中任何一个联合会。不过你也许知道《国际歌》（Internationale），它是全世界公认的工人与社会主义者之歌。

1　第三国际又称共产国际。1943年被斯大林解散。——编者注

39.马克思主义

马克思主义是一种理解历史、政治、经济、人类生活和人类需求的方式。它是一种理论，也是一种行动号召。它是对人类生活中的大部分活动发表看法的一种哲学思想。它试图将过去、现在和未来的人类发展收纳在一个严格的逻辑系统中，使其发展命运遵循一定的必然性。人类生活是否很有逻辑性，是否遵循严格的规则和体系，答案似乎并不明显，许多人对此表示怀疑。但是马克思从科学的角度研究了过去的历史，并从中得出了一定的结论。他发现，在人类早期，人们为了生存，与大自然和自己的同胞进行斗争。人们为了获得食物以及其他生活必需品而劳作，随着时间的推移，他们的生产方式渐渐发生了改变，变得更加复杂和先进。马克思认为，这些创造谋生手段的生产方式，是每个时期的人类生活和社会生活中最重要的事情。它们主导了每一个历史阶段，影响了当时所有的人类活动和社会关系，并且随着它们的改变，巨大的历史和社会变革也随之产生。在我给你写的这些信中，我们追溯过一部分由这些变化带来的重大影响。例如，当农业最初形成的时候，就发生了很大的改变。游牧民族定居下来，村庄和城市发展起来，随着农业产量的提高，农产品有所剩余，人口得以增加，人们获得了财富，也有了闲暇时间创造艺术和工艺品。另一个明显的例子就是工业革命，大机器的出现带来了另一个巨大的改变。类似的例子还有很多。

在一个特定的历史时期中，生产方式符合人类发展的特定阶段。在生产过程中以及作为生产活动的一个结果，人们相互之间产生了特定的联系（比如实物交易、采购、销售、商品交易等），这些联系与人们的生产方式是相适应、相契合的。这些联系集合起来就构成了整个社会的经济结构。在这个经济基础之上建立起了法律、政治、社会惯例、思想以及其他所有的事物。因此，依照马克思的这个观点，随着生产方式的变化，经济结构也会发生变化，人们的思想、法律、政治等都会随之发生变化。

马克思也认为，历史记录了各种阶级之间的斗争。"从古至今，一切人类社会的历史都是阶级斗争的历史。"控制生产方式的阶级占据了主导地位。这个阶级通过剥削其他阶级的劳动为自己谋利。那些付出劳动的人并没有获得劳动的所有价值。他们只得到了满足最低需求的一部分价值，而剩余的价值则被剥削阶级占为己有。所以，剥削阶级由于剩余价值而变得富有。国家政府受控于这个掌握生产的阶级，国家的首要目标就变成了保护这个统治的阶级。马克思说："国家就是管理整个统治阶级事务的执行机构。"法律是为此目的而制定的，教育、宗教以及其他方式也引导人们相信，这个阶级的统治是合理而自然的。这些做法都是为了掩盖政府和法律的阶级特征，让其他受剥削的阶级难以发现事情的本质，以免他们产生不满。如果有任何人产生了不满，想要挑战这个制度，他就成了社会和道德伦理的敌人，成了悠久传统的破坏者，将会受到国家的镇压。

但是，无论怎么努力，一个阶级不会永远保持统治地位。使它占据统治地位的因素如今开始对它起反作用了。由于控制了当时的生产方式，它成为统治阶级和剥削阶级。如今随着新的生产方式的涌现，控制这些生产方式的新阶级开始占据突出地位，他们拒绝受到剥削。新的思想打动了人们，这场意识形态革命打破了旧思想和教条的镣铐。于是这个崛起的阶级与原来的、不愿放弃权力的阶级之间产生了冲突。新阶级夺得了必然的胜利，因为现在它控制了经济权力，而曾经在历史上发挥过作用的旧阶级，则渐渐衰落了。

新阶级取得的是政治和经济上的双重成功，它象征了新的生产方式的胜利。在此之后，整个社会结构发生了变化——新的思想、新的政治结构、法律、惯例等所有的事物都受到了影响。这个新阶级此刻开始剥削其他低于它的阶级，直到它被这些受剥削阶级中的一个取代。因此，这场斗争持续进行着，直到阶级之间不再有剥削。只有当阶级差别消失了，只剩下一个阶级的时候，这场斗争才会结束，因为那样就不存在剥削的机会了。唯一的阶级不会自我剥削。只有那样社会才能平衡，才会有充分的合作，而不会像现在这样充满了永无休止的斗争和竞争。国家的一个主要任务——高压政治，也没有存在的必要了，因为需要压制的阶级不存在了，因此国家也会逐渐"衰亡"。这样一来，无政府主义者的理想就会实现。

马克思认为，历史宏大的演变过程是由不可避免的阶级斗争带来的。他列举了大量的实例和细节，向我们描述了这一切是如何产生的；在过去，封建时代如何演变为有大机器出现的资本主义时期，以及封建阶级如何让位于资产阶级。他认为，最后一场阶级斗争就在我们这个时期的资产阶级和工人阶级之间进行着。资本主义本身使工人阶级得以产生，使这个阶级的数量和力量不断增加，最后它将会颠覆资本主义，创造无阶级的社会，实现社会主义。

马克思阐释的这种看待历史的观点，被称为"唯物史观"。它是"唯物论"，因为它并非"唯心论"，这是马克思时期的哲学家经常用来表达特殊意义的一个词。在那个时期，十分流行进化的观念。我曾经告诉过你，达尔文使人们普遍接受了有关物种起源和发展的进化论。但是，它并没有解释人类的社会关系。一些哲学家尝试通过含糊的、有关精神发展的唯心主义观念，来解释人类的进步。马克思认为，这是一个错误的方法。模糊的凭空推测以及唯心主义在他看来是很危险的，因为这样会使人们幻想出各种没有现实基础的事物。因此，他以科学的方式继续剖析现实。由此产生了这个词，"唯物主义者"。

马克思不断提到剥削和阶级斗争。我们中的许多人对身边发生的不公平感到气愤不已。但是，马克思认为，对于这种事，愤怒或谏言都没用。剥削并不是剥削者的错。一个阶级对另一个阶级的统治是历史发展的正常结果，在恰当的时候，这种统治会发生调整。如果一个人属于统治阶级，并依此剥削别人，这对他来说并不是可怕的罪过。他是制度的一部分，让他背负冷酷无情的名声是荒唐的。我们太容易忘记个人与制度之间的区别了。印度处于英帝国主义的控制之下，我们用尽全力与英帝国主义做斗争。但是我们不应该责备那些身处印度的、支持这个制度的英国人。他们只是一台大型机器中一个个不起眼的齿轮，他们无力改变整个机器的运转。同样，我们中的一些人认为，印度地主拥有的土地管辖制已经过时了，佃农在这种制度下遭到了严重剥削，给他们造成了极大的危害。但同样，这并不意味着印度地主应该受到责备，那些经常被指责为剥削者的资本家也不应该受到责备。错误永远归咎于制度，而非个人。

马克思并没有宣扬阶级矛盾，他只是告诉人们，阶级矛盾是实际存在的，并且以各种形式存在着。他写《资本论》的目的就是"揭示现代社会的经济运动规律"，揭示出这些规律，也就揭示出了社会各阶级之间的激烈矛盾。这些阶级矛盾并不总像阶级斗争那样突出，因为统治阶级总是竭力隐藏自己的阶级特征。不过，当现有制度受到威胁时，统治阶级会卸下所有的伪装，露出真实的一面，阶级之间就会公开交战。这个时候各种形式的民主、法律规范和议事程序都消失不见了。有些人说，这些阶级斗争不是由意见分歧或政治煽动者的恶行引起的，它们是社会的固有特性，阶级之间的利益冲突暴露出来以后，阶级斗争也随之加剧。

马克思的历史观认为，社会是不断变化、不断前进的，不存在一成不变的情况。历史是一个动态变化的概念，无论发生什么，它都不可避免地会向前发展；同时，一种社会制度会被另一种代替。不过，只有当一种社会制度完成了它的历史过程、获得了最大程度的发展之后，它才会消失。当社会的发展超出了这个范围的时候，社会就穿不下旧制度这件束缚它的外衣了，于是它自然会撕去旧制度的外衣，换上全新的、更大一些的衣服。

马克思认为，人类注定要在这巨大的历史发展过程中发挥作用。之前的时期都已经过去了，最后一次阶级斗争——资本主义社会的资产阶级与工人阶级之间的斗争正在进行。（当然，这发生在资本主义发达的先进工业化国家。其他资本主义不发达的国家发展滞后，因此发生在这些国家的斗争有着不同的、混杂的特质。不过从根本上说，由于国家之间的联系越来越紧密，即使是在这些国家，阶级斗争也正以某种形式进行着。）马克思说，由于资本主义内在缺乏平衡，因此资本主义会面临重重困难和危机，直到垮台。在马克思写下这些内容后，至今已过去了60多年，这期间，资本主义经历了许多危机。但是，它没有在危机中消亡，反而生存了下来，并且变得更加强大了，但是俄国除外。资本主义在俄国已经不存在了。但是目前，正如我写的一样，世界各地的资本主义似乎都已病入膏肓，已无药可救了。

据说资本主义之所以能够延续到今天，有一个因素或许连马克思都没有充分考虑到。这就是西方工业化国家对帝国殖民领土的剥削。这给了资本主义以新鲜的生命和财富，当然，代价是贫穷的国家受到了沉重的剥削。

我们经常谴责当今资本主义制度下富人对穷人的剥削以及

资本家对工人的剥削。这无疑是事实，并不因为这是资本家的错，而因为这个制度本身就以剥削为基础。同时，我们不要误以为这是资本主义制度下的新鲜产物。在过去各个年代、所有的制度下，剥削都是工人和穷人所承受的、沉重而不变的际遇。的确可以这么说，尽管资本主义的剥削依然存在，人们现在的境况比过去任何一个时期都好了。但这种说法还不够全面。

列宁是当代的马克思主义最重要的倡导者。他不仅详细讲解和阐释了马克思主义，还亲身践行了马克思主义。不过，他也提醒我们，不要把马克思主义看作一个僵死的教条。尽管对马克思主义的精髓深信不疑，他并没有不假思索地接受它的每个细节，或者将它的细节应用到所有地方。他告诉我们：

我们决不把马克思的理论看作某种一成不变的和神圣不可侵犯的东西；恰恰相反，我们深信：它只是给一种科学奠定了基础，社会党人如果不愿落后于实际生活，就应当在各方面把这门科学推向前进。我们认为，对于俄国社会党人来说，尤其需要独立地探讨马克思的理论，因为它所提供的只是总的指导原理，而这些原理的应用具体来说，在英国不同于法国，在法国不同于德国，在德国又不同于俄国。[1]

1　译文引自《列宁专题文集·论马克思主义》，中共中央马克思恩格斯列宁斯大林著作编译局编，人民出版社，2009年，第96页。——译者注

　　在这封信中我试着给你讲了一些有关马克思理论的内容，但我不知道你能不能理解我所讲的这些零星拼凑起来的内容，也不知道这些内容能不能给你传递一些清晰的观点。掌握这些理论是一件好事，因为它们正改变着如今众多的人，并且也许对我们自己的国家会有所帮助。俄罗斯这个了不起的国家，以及苏联的其他地方，都把马克思当作他们的先知，如今世界上遭受了不幸，正在寻求解脱的人们，也希望从马克思身上找到启发。

　　我要引用英国诗人丁尼生（Tennyson）的诗句结束这封信：

　　旧秩序如今改变，让位于新秩序，
　　上帝以各种方式实现自己，
　　以免一个好的习惯将世界腐化。

40.美国内战

　　冲突与密谋、君主与革命、怨恨与民族主义交织的旧大陆（Old World），占据了我们太多时间。现在让我们跨越大西洋，探访美洲这片新大陆，看看它在摆脱了欧洲的控制之后，发展情况如何。我们尤其要关注美国。美国从零开始，不断地发展壮大，到现在为止，他们似乎主导了世界局势。如今英国不再拥有引以为傲的地位，它不再是世界的债权国，而只是一个郁郁寡欢的债务国，像欧洲其他国家一样，它请求美国对待它要仁慈、慷慨。世界债权国的光荣称号如今落在了美国头上；财富不断涌来，导致美国出现了数量惊人的百万富翁。然而，就像古代迈达斯王（Midas）的遭遇一样，点石成金的美国并没有感到快乐，尽管拥有众多富豪，美国大众的生活依然贫困。

1775年脱离英国而独立的美国沿海十三州，当时的人口远不到400万，现在仅纽约一个城市的人口数量就是这个数字的2倍，而整个美国则拥有1.25亿人口。如今联邦各州的数量比以往更多，这些州跨越了美洲大陆，延伸到了太平洋沿岸。美国在19世纪经历了巨大的发展，它的发展不仅是地域和人口上的发展，也是现代工商业、财富和影响力上的发展。美国与欧洲之间有着许多争议和麻烦，也发生了一些冲突和战争，但是对于美国来说，最大的烦恼来自北方各州与南方各州之间激烈而惨痛的内战。

一开始，北方各州和南方各州之间的差异就很大。北方各州受工业化的影响，新的大机械化工业迅速发展；在南方，则有许多由奴隶进行劳作的大型种植园。奴隶制在南方是合法的，但在北方奴隶制并不多见，也并不重要。南方各州则完全依靠奴隶提供的劳动力。当然，奴隶都是来自非洲的黑人，白人不会成为奴隶。《独立宣言》中有句话："人人生而平等。"不过这句话只针对白人，而非黑人。

同时，北方全面废除奴隶制的呼声也日益高涨。支持废奴的人叫作"废奴主义者"（Abolitionists），他们的主要领袖是威廉·劳埃德·加里森（William Lloyd Garrison）。1831年，加里森创办了一份报纸，名为《解放者报》（Liberator），来支持自己的反奴隶制行动。在发刊词中他旗帜鲜明地表示，对于废奴运动，他不会妥协，也不会采取中庸的立场。在他的这份发刊词中，有许多著名的语句，在这里我要讲给你听：

　　我要像真理一样严厉，像正义一样坚决。对于这个问题，我不想以中庸的态度进行思考、发言和写作。不！绝不！你给一个家中失火的人发出温和的警报吧，让他温和地从死神手中救出自己的妻子吧，让母亲慢慢地救出她落入火海的孩子吧——但是，在当前的事业中，请不要劝我采取中庸的态度。现在我态度坚决——我不会含糊其辞——不会找借口——不会退让半步——我将让世人听到我的声音。

不过，只有少数人拥有这样的勇敢态度，大多数反对奴隶制的人都不愿意干涉现存的奴隶制。北方与南方之间的矛盾依然在扩大，这主要是由于两者之间有着不同的经济利害关系，特别是在关税问题上有矛盾。

1860年，亚伯拉罕·林肯（Abraham Lincoln）当选为美国总统，他的当选预示着南方将与联邦决裂。他反对奴隶制，不过即使如此，他还是明确表示，现存的奴隶制不会受到干预。

对于新的州是否可以采取奴隶制，或者给予奴隶制合法的地位等问题，他都没有做好回答的准备。南方各州对于这样的保证并不满意，它们一个接一个地退出了联邦。美国变得四分五裂。这就是新总统所面临的糟糕情况。为了避免分裂，他再次努力争取拉拢南方。他对南方做出了各种承诺，允许奴隶制可以继续存在；他甚至说过，他准备将奴隶制（在奴隶制已经存在的地方）写入宪法，让奴隶制永久存在。事实上，为了和平，他准备做出一切让步，但是他唯一不能答应的，就是分裂联邦。他拒绝任何一个州退出联邦。

　　林肯试图避免出现内战，但是他失败了。南方决定退出联邦，有11个州相继退出，另外有一些边境州对它们的退出也表示支持。退出的各州自称为"美国南部邦联"（Confederate States），并选举了自己的总统，杰斐逊·戴维斯（Jefferson Davis）。1861年4月，美国内战爆发，这场令人疲惫的战争持续了4年，许多兄弟之间、朋友之间都大打出手。随着战争的持续进行，大规模的军队也在不断发展。北方拥有更多优势，它拥有更多的人口和财富。作为制造业和工业地区，北方的资源更丰富，铁路也更多。但是南方的士兵和将军则更骁勇善战，尤其是罗伯特·李将军（General Lee），南方因此取得了最初几场战斗的胜利。不过，南方最终还是精疲力竭了。北方海军完全切断了南方通往欧洲市场的航路，棉花和烟草因此无法出口。这不仅使南方陷入瘫痪，也给英国兰开夏郡带来了灾难性的打击，由于没有棉花，许多纺织工厂只能停产。兰开夏郡的失业工人陷入了痛苦之中。

关于美国内战，英国人的意见普遍支持南方，至少富人阶级的意见是支持南方的。激进分子则支持北方。

奴隶制并不是美国内战爆发的主要原因。我曾经告诉过你，直到最后林肯都不断承诺，他会尊重现存的奴隶制。真正的麻烦来自南北之间不同的甚至有些冲突的经济利害关系；最终，林肯为了维护联邦的统一，选择了战争。甚至在战争开始之后，林肯也没有做过任何有关奴隶制的明确声明，因为他害怕刺激到支持废除奴隶制的北方人民。随着战争的深入，他才明确了想法。一开始他提议，国会先赔偿奴隶主，然后解放奴隶。后来他放弃了赔偿的想法，最终在1862年，他发表了《解放黑人奴隶宣言》(Proclamation of Emancipation)，这份宣言宣布，从1863年1月1日起，反抗联邦政府的各州之内的奴隶都应该获得自由。发表这个宣言的主要原因，也许就是想要在战争中削弱南方的力量。结果，400万名奴隶获得了自由，支持废奴的人们希望这些奴隶会给美国南部邦联带来麻烦。

在南方力量消耗殆尽之后，美国内战于1865年宣告结束。任何时期的战争都是可怕的，不过内战通常更加可怕。4年的惨烈战争所造成的负担大部分落在了林肯总统的身上，之所以会这样，主要是由于林肯不管遇到多大的失望和灾难，都会毅然决定地坚持到底。他不仅为了取得战争的胜利而努力，也在获得胜利时尽量避免表现出恶意；这样一来，他所为之战斗的联邦才能成为人们心中真正的联邦，而不是强制形成的联邦。因此，战争胜利后，他准备对战败的南方各州表现出自己的慷慨。不过，仅仅几天之后，他就遇刺身亡了。

亚伯拉罕·林肯是美国最伟大的英雄之一，他也成了世界上最伟大的人之一。他出身卑微，没怎么上过学，他所受的教育大部分来自自己的劳作，可是，长大之后，他成了一位伟大的政治家和演说家，并带领他的国家渡过了一场巨大的危机。

林肯死后，美国国会对待南方白人并没有林肯原计划的那么慷慨。这些南方白人遭到了各种惩罚，有许多人被剥夺了公民权，也就是失去了选举权。另一方面，黑人则成为正式公民，获得了所有的公民权利，这项内容被写入了美国宪法。宪法也规定，任何州都不能因为一个人的种族、肤色或者之前的奴隶身份而剥夺这个人的公民权。

黑人在法律上成了自由的人，也获得了选举权。但这对他们来说没什么好处，因为他们的经济状况依然没有变化。所有获得自由的黑人都没有任何财产，人们不知道应该怎样对待他们。一些黑人移居到北方城镇，不过大部分黑人依然留在当地，像以前一样，受原来的南方白人奴隶主控制。他们在以前的种植园里成为领取工资的劳工，白人雇主按照自己的意愿支付他们工资。南方白人也组织起来，以各种恐怖主义手段压制黑人。一个叫作"三K党"（Ku Klux Klan）的半秘密组织成立了，它的成员头戴面具，到处恐吓黑人，甚至阻止黑人在选举中投票。

在过去的半个世纪中，黑人取得了一些进步。许多黑人拥有了财产，他们还拥有了一些很好的教育机构。不过，他们依然还是受人支配的人种。美国的黑人数量大约是1200万，仅占美国总人口的百分之十。在黑人数量比较少的地方，比如北方的某些地方，人们对待黑人比较宽容，但是黑人的数量一旦增多，他们就会遭到严重的歧视，受到的待遇与以前的奴隶没什么差别。在任何地方，比如宾馆、饭店、教堂、学校、公园、海滩、电车甚至是商店里，他们都遭到隔离，必须远离白人。在火车上，他们只能搭乘特殊的车厢"吉姆·克劳车厢"（Jim-Crow Cars）。法律禁止白人和黑人结婚。除此之外，还有各种针对黑人的奇怪法律。就在不久之前的1926年，弗吉尼亚州还通过了一项法律，禁止白人和有色人种坐在同一间屋里！

41.沙皇统治的俄国

现在的俄国是一个苏维埃国家，工人代表和农民代表管理着这个国家的政府。在某些方面，它是世界上最先进的国家。无论现实情况如何，这个国家的政府结构和社会结构是建立在社会平等原则上的。这是目前的情况。然而，许多年前，整个19世纪以及之前，俄国还是欧洲最落后、最保守的国家。那时的俄国实行的是最纯正的独裁统治和独裁主义；尽管西欧发生了革命和变化，俄国沙皇依然坚持"君权神授"的理论。俄国的教派是古老的东正教，而非天主教或新教。就连俄国的东正教或许也比其他地方的教派更加专制，它也是沙皇政府的后盾和工具。这个国家被称为"神圣俄罗斯"（Holy Russia），沙皇则是人们的"白人小父亲"（Little White Father），教会和当权者利用这些传奇故事迷惑人心，让他们的注意力无法集中在政治和经济状况上。这种神圣氛围总是奇怪地出现在历史进程之中！

神圣俄罗斯的典型象征是"笞刑"，经常发生"集体迫害"——这是沙俄呈现给世界的两个词。笞刑就是用一种皮鞭惩罚农奴和其他人的刑法。集体迫害指的是严重的、有组织的迫害，实际上就是指大屠杀，特别是对犹太人的屠杀。沙俄的后方是广阔无边的荒凉之地西伯利亚，一提到这个名字人们就会联想到流放、监禁和绝望。众多政治犯被流放到西伯利亚，流放者营地和聚居地逐渐扩大，在这些聚居地周围则是自杀身亡者的坟墓。漫长而孤寂的流放期和监禁期令人难以忍受，许多勇士的心理和身体在巨大压力下彻底垮掉。一个人必须拥有坚强的意志、平静而沉着的内心以及持久的勇气，才能与世隔绝地生活，远离朋友和伙伴，远离能够分享他的希望和减轻他负担的人们。因此，沙俄摧垮了每个想要造反的人，镇压了一切想要获得自由的人。俄国甚至阻止人们的旅行，因为这样一来，外国的自由思想就不会传进俄罗斯。但是，被压抑的自由会引起人们更大的兴趣，当自由思想不断向前发展的时候，很有可能呈现出跳跃式的增长方式，这势必会让旧的体制感到不自在。

　　早先，在莫斯科大公的带领下，俄罗斯王公们最终把金帐汗国的蒙古人赶出俄罗斯。这是发生在14世纪末的事情。莫斯科大公渐渐地成了整个国家的独裁统治者，并自称沙皇（或恺撒）。他们的观念和习惯大部分保留了蒙古人的传统，他们与西欧的差异很大，西欧把俄罗斯视为野蛮的国家。1689年，沙皇彼得（Tsar Peter）即位，人称"彼得大帝"。他决定让俄国赶上西方国家，他在欧洲做了一次长途旅行，调查了欧洲国家的情况。他引进了许多自己亲眼所见的技术，并用自己的西方化思想去影响那些顽固而无知的贵族阶级。当然，大众是非常落后和压抑的，至于民众如何看待自己的改革，彼得并不是很关心。彼得看到，当时所有的大国都有强大的海上力量，他意识到了成为海上强国的重要性。但是，尽管俄国幅员辽阔，但是当时除了通往北冰洋的入海口以外，俄国没有其他的入海口，这一点对俄国非常不利。因此，他向西北的波罗的海（Baltic Sea），以及南边的克里米亚半岛推进。他并没有到达克里米亚半岛（他的继任者们做到了），但是他在击败瑞典后到达了波罗的海。他建立了一座新的西方化城市——圣彼得堡，它位于涅瓦河（Neva）畔，紧邻通往波罗的海的芬兰湾（Gulf of Finland）。为了彻底破除依附于莫斯科的旧传统，他将都城迁到了这里。1725年，彼得大帝去世。

　　半个多世纪之后的1782年，另一位俄国统治者再次试图

"西化"这个国家。她就是女皇叶卡捷琳娜二世（Catherine II），也被称为"大帝"。她是一位非同寻常的女人，她强悍、残酷、能干，私生活方面的口碑一团糟。通过谋杀，她推翻了沙皇，也就是她的丈夫，成了俄罗斯帝国的独裁统治者，统治了俄罗斯帝国14年。她摆出一副大力支持文化的姿态，与伏尔泰一直保持书信来往，试图与他成为朋友。她的宫殿仿照了一些法国凡尔赛宫的样子，她还引进了一些教育改革。但这些都是表面现象，只是为了炫耀而已。文化不是模仿一下就可以的，它需要扎实的根基。一个只是模仿先进国家的落后国家，只能把真正的文化精髓变为华而不实的装饰品。西欧的文化是以特定的社会环境为基础的。彼得大帝和叶卡捷琳娜还没尝试创造这样的环境就想模仿它的样子，结果，这些改变的重担就压在了大众身上，实际上巩固了农奴制和沙皇的独裁统治。

因此在沙俄，一丁点儿的进步总会引发保守势力的强烈抵制。俄国的农民几乎都是农奴。他们受到束缚，没有得到特别准许是无法离开自己所在的土地的。只有拥有大量土地的上层阶级中的官员和知识分子才能获得教育。中产阶级几乎不存在，平民大众则全部是无知而落后的。过去，农民受到极大的压迫，盲目地发动起义，这些血腥的农民起义经常发生，但都遭到了镇压。这时由于上层获得了一些教育，西欧盛行的一些思想也慢慢渗入俄国。这个时期就是法国大革命时期和之后的拿破仑时期。你应该记得，拿破仑的失败导致了整个欧洲的保守势力当道，沙皇亚历山大一世以及他的"神圣同盟"的君主们是这些保守势力的捍卫者。他的继任者更为保守。一群年轻的官员和知识分子感到异常恼怒，并于1825年采取行动，发动了起义。他们都来自拥有土地的阶级，没有得到平民大众和军队的支持，起义很快就遭到了镇压。由于起义发生在1825年12月，因此他们被称为"十二月党人"（Decembrists）。这次起义是俄国第一次公开的政治觉醒的表现。由于沙皇政府禁止一切公开的政治活动，所以在这场起义之前，人们组织了一些秘密的政治团体。这些秘密团体的存在使得革命思想开始传播，特别是在知识分子和大学生中传播。

　　克里米亚战争失利之后，俄国引进了一些改革措施。1861年，俄国废除了农奴制。对农民阶级来说，这是一件大事，但是它并没有给他们带来多少宽慰，因为获得了自由的农奴并没有得到足够维持他们生活的土地。同时，知识分子中革命思想的传播以及沙皇政府对这些思想的镇压并存着。这些先进的知识分子和农民阶级之间没有任何联系，也没有共同点。因此，在19世纪70年代早期，倾向于社会主义（都是模糊和空想的社会主义）的学生们决定向农民阶级进行宣传，成千上万的学生开始走进村庄。农民们不认识这些学生，所以也不信任学生，怀疑这些学生可能是密谋恢复农奴制的人。因此，这些农民抓住了很多给他们的生活带来潜在危险的学生，并把他们移交给了沙皇警方！这就是在不联系大众的情况下企图凭空开展工作的一个典型例子。

　　这些学生在争取农民阶级的过程中，遭遇到了彻底失败，受到了深深的打击；他们出于厌恶和绝望，采取了所谓的"恐怖主义"方式，开始尝试通过炸弹袭击和其他方式去暗杀当权者。俄国开始出现恐怖主义和炸弹袭击，革命活动就此进入了新的阶段。这些炸弹袭击者自称是"携带炸弹的自由党人"，他们的恐怖主义组织名为"人民意志"。这个名称有点高估了自己的实力和影响力，因为与这个组织有关的人员其实并不多。

于是，这些由坚定的年轻人组成的团体和沙皇政府之间又展开了新的对抗。许多受沙皇统治的种族和俄国少数民族的人加入进来，充实了革命力量，他们都遭到过政府的虐待和欺辱。政府不允许他们公开使用自己的语言，在其他很多方面他们也受到了侵扰，蒙受了屈辱。

与此同时，俄国不断向东扩张版图，我告诉过你，俄国人最终到达了太平洋。在中亚，俄国人到达了阿富汗边境，在南边，他们推进到了土耳其边境。19世纪60年代开始，西方工业的崛起成了俄国境内的另一个重要的新生事物。这些工业发展只局限于几个地区，比如彼得堡地区和莫斯科，而整体上俄国仍然是个纯粹的农业国家。不过，建立起来的工厂却非常现代，这些工厂通常由英国人管理。这导致了两个结果。俄国资本主义在这些仅有的工业区迅速发展起来，工人阶级也同样快速地发展起来。和英国工厂体系建立的初期一样，俄国工人也遭到了严重的剥削，几乎被迫昼夜不停地工作。但是，两者也存在着区别。随着社会主义和共产主义新思想的出现，俄国工人有了新的意识，他们乐于接受这些思想。而英国工人由于长期的传统思想束缚，已经变得十分保守，无法摆脱旧思想了。

这些新思想慢慢成形，社会民主工党成立了。它的指导思想是马克思主义哲学思想。这些马克思主义者宣布，他们反对恐怖主义的行为。根据卡尔·马克思的理论，工人阶级必须受到鼓舞，行动起来，只有通过这样的大规模行动，他们才能实现自己的目标。通过恐怖主义杀害个人并不能促使工人阶级采取这样的行动，因为他们的目标是推翻沙皇制度，而不是暗杀沙皇或他的大臣。

世界闻名的列宁，早在19世纪80年代还是一个年轻人的时候就参加了革命活动，虽然当时他只是一名学生。1887年，列宁17岁的时候遭遇了一次巨大的打击。与他关系非常亲密的哥哥亚历山大，由于参加了一次刺杀沙皇的暴力行动而被送上了断头台。尽管受到了极大的震惊，列宁却说，即使这样，依然不能通过恐怖主义的方式争取自由，唯一的方式只能通过大规模的行动。凭借坚定不移的决心，列宁继续完成了他的学业，参加了毕业考试，并以优异的成绩毕业。这就是30年后那场革命的领导者和创始人的成长经历！

马克思认为，他预测的工人阶级革命会首先从一个高度工业化、拥有大规模和组织严密的工人阶级的国家开始，例如德国。他认为，俄国是最不可能发生工人阶级革命的国家，因为这个国家非常落后，具有中世纪的特质。但是，在俄国，马克思有着忠实的年轻追随者，他们热情地学习他的思想，试图找到方法结束令他们难以忍受的境遇。在沙俄，他们无法公开举行活动或者开展立宪运动，因而只能投身于马克思主义思想的学习和讨论之中。他们中的很多人被关进监狱，流放到西伯利亚或驱逐到国外。无论他们到什么地方，他们都会继续学习马克思主义，为了行动的那一天做好准备。

第四篇

二十世纪，
人类何去何从

Glimpses of World History

42.1914！一个时代的结束

19世纪！我们花了多么长一段时间来谈论这100年！这是一个很吸引人的时期，但是经过这么长一段时间之后，再大的魅力也会变得枯燥乏味的。我们讲的内容已经超出了19世纪的范围，进入20世纪了。1914年是这些内容的截止时间。正是在那一年，在欧洲和整个世界，就像谚语说的那样，战争的猛犬四处蹂躏。那一年在历史上形成了一个转折点。它标志着一个时代的结束，也预示了另一个时代的开始。

像我们看到的那样，这个时期主要的特点就是资本主义工业的发展，这种发展依靠的是大规模的动力生产，也就是借助于某些机械动力，例如水、蒸汽或电力（我们把生产电力的工厂称为"发电厂"）而进行的生产。这在世界各地产生了不同的影响，这些影响有直接的也有间接的。因此，兰开夏郡由动力织布机进行的纺织生产使得偏远的印度乡村非常苦恼，很多人失业了。资本主义工业充满了活力，它的本质就是要不断地扩大，它的欲望永远得不到满足。贪得无厌成为它与众不同的标志，它总是要反复地获取和控制。个人和国家都在不断地获取和控制。因此，在这种制度下发展起来的社会被称为贪婪的社会。它的目标就是要不断生产出更多产品，然后将生产所剩余的财富用于建设更多的工厂、铁路以及类似的工程，当然，也能使其所有者变得富裕。在追求这个目标的过程中，他们可以牺牲任何其他东西。创造工业财富的工人获得的利益最少，包括妇女和儿童在内的这些工人，要经历一段可怕的日子才能稍稍改善自己的命运。为了这种资本主义工业以及拥有这种工业的国家的利益，殖民地和附属国也成了牺牲品，遭到了剥削。

资本主义就这样一味地、无情地向前迈进，一路上留下了许多受害者。尽管如此，它的发展过程是成功的。在科学的辅助下，资本主义取得了很大成功，这种成功令世界惊异不已，几乎抵消了它所造成的很多苦难。不经意之间，在未经过精心安排的情况下，它还创造出了生活中许多美好的事物。不过，在光鲜和美好的外表下隐藏着很多害处。最显著的一点就是它所产生的反差，它的发展越大，反差也越明显，这些反差包括：极度的贫穷与极度的富有、贫民窟与摩天大楼、帝国与受剥削的附属国殖民地。欧洲是处于优势地位的大陆，而亚洲和非洲则是受剥削的大陆。在19世纪大部分时间里，美洲是远离世界主要潮流的，但是它正以很快的速度前进并积累了许多财富。在欧洲，英国是资本主义特别是帝国主义的佼佼者，它富有、傲慢、洋洋自得。

资本主义工业的步伐以及它贪婪的特性令事态变得尖锐化，引发了敌对和不安情绪，保护工人的措施最终也出台了。早期的工厂生产制度其实是对工人特别是妇女和儿童的恶劣剥削。妇女和儿童比男人更受雇用者欢迎，因为她们更廉价，她们被迫在对健康极为有害的恶劣环境中工作，有时被迫每天工作18个小时。最后，国家出面干预并通过了被称为工厂法的法律，规定了每天的工作时间，也督促工厂改善了工作环境。这些法律尤其是要保护妇女和儿童的权益，但是面对工厂主的强烈反对，这些法律经过了漫长而艰难的努力才最终得以通过。

资本主义工业进一步导致了社会主义和共产主义思想的产生，这些接受了新工业的思想，对资本主义的基础提出了挑战。工人的组织、工会以及国际联合会也都发展了起来。

资本主义导致了帝国主义的产生，西方资本主义工业对东方国家建立已久的经济环境的影响，在东方国家造成了极大的混乱。渐渐地，资本主义工业甚至在这些东方国家也扎下根来，并开始发展。那些国家的民族主义势力也开始壮大，对西方帝国主义提出了严重的挑战。

资本主义就这样撼动了全世界，尽管它为人类带来了极大的痛苦，但总的来说，至少它在西方算是一次有益的运动。它带来了巨大的物质发展，极大地提高了人类幸福生活的标准。和过去相比，普通人变得更重要了。实际上，除了虚幻的选举权，人们对任何事都没什么发言权，但是理论上他们在国家中的地位提高了，他们的自尊心也相应地得到了增强。当然，这些都是资本主义工业发达的西方国家的情况。大量的知识得到了积累，科学创造了奇迹，科学在生活中的各种应用使每个人的生活都轻松了很多。药物，特别是预防疾病的药物，以及卫生设备开始抑制并根除了许多对人类造成过祸害的疾病。举一个例子：人们发现了疟疾的病因和预防方式，如今只要采取必要的步骤，一个地区就可以彻底根除疟疾，这一点是毫无疑问的。印度以及其他地方依然有疟疾，而且很多人患上了疟疾，这并不是科学的错，而是由政府的漠不关心以及民众的无知造成的。

　　这个世纪最显著的特征，或许就是交通运输方式和通讯方式的发展。铁路、轮船、电报以及汽车彻底改变了整个世界，实际上让这个世界变成了一个完全不同于以往的地方。世界变小了，人们彼此靠近了，也更能相互理解了；由于彼此的认识加深了，许多因为无知而产生的隔阂也随之消失了。共同的思想开始传播，使得全世界达成了一定程度的一致意见。就在我们所讨论的这个世纪的末期，出现了无线电报和飞机。现在，它们都是很普通的事物了，你也曾经坐过几次飞机出游，但没有怎么在意这种出行方式。无线电报和飞机属于20世纪以及我们这个时代。以前人们经常乘坐热气球，但是还没有人乘坐比空气重的东西飞上天空，除了古代神话和故事比如《一千零一夜》里的飞毯，以及我们印度传说中的飞行器之外。美国人莱特兄弟——威尔伯·莱特和奥维尔·莱特（Wilbur and Orville Wright）是最早乘坐比空气重的飞行器成功飞上天的人，是现代飞机之父。1903年12月，他们飞行了不超过300米的距离，即使这样，他们还是完成了之前从未有人完成的奇迹。从此之后，飞机不断地发展，我还记得，1909年法国人布莱里奥

（Bleriot）驾驶飞行器飞越了英吉利海峡（English Channel），从法国飞到了英国，激起了人们的兴奋情绪。之后不久，我在巴黎目睹了第一架飞越埃菲尔铁塔（Eiffel Tower）上空的飞机。许多年后的1927年5月，查尔斯·林德伯格（Charles Lindbergh）驾驶飞机，像一支闪耀的银色箭头，飞越了大西洋，并成功在巴黎勒布尔热（Le Bourget）飞机场降落。当时你和我都在巴黎。

这些都是属于资本主义工业盛行这个时期值得称颂的一面。在这个世纪，人类无疑做了很多精彩的事。还有更值得肯定的一面。由于贪婪的资本主义不断发展，出现了抑制其发展的合作社运动，也就是人们联合起来共同购买和销售物品，并共同划分收益。正常的资本主义方式充满了激烈的竞争，每个人都设法超越其他人。合作的方式是建立在相互合作的基础之上的。你一定看到过很多合作社商店。合作社运动在19世纪的欧洲发展很快。也许它在丹麦这个小国家是最成功的。

在政治方面，民主思想有所发展，越来越多的人拥有了选举议会或国会成员的权利。但是这种选举权，也就是投票权，只有男人才有，无论女人将来的才干如何，男人们都不认为赋予女人选举权是一个明智之举。许多女人对此感到愤怒，在20世纪前几年里，英国妇女们组织了一场大型的抗议活动。这场运动被称为"妇女选举权运动"（woman suffrage movement），由于男人没有认真对待这场运动，对它漠不关心，争取妇女选举权的妇女们采取了强行的甚至暴力的方式来引起他们的注意。

她们通过制造混乱场面扰乱了议会的正常举行，她们还袭击英国内阁大臣，这些大臣只能不断寻求警方的保护。大规模有组织的暴力行动也在进行，许多妇女被逮捕并被关进了监狱，在狱中她们经常通过绝食来继续反抗，她们因此被释放了。一旦她们身体变好，她们又会被送进监狱。议会为准许这种做法专门通过了一项法案，人们普遍称这项法案为"猫和老鼠法案"（Cat and Mouse Act）。然而，争取妇女选举权的妇女们采取的这些方法无疑成功地引起了广泛的关注。几年以后，即在世界大战开始之后，妇女就被赋予了选举权。

妇女运动，或者俗称为"女权主义运动"，要争取的并不仅仅是选举权，她们要求在所有事情中都拥有与男人平等的权利。在近代以前，西方女性的地位一直很低，她们几乎没有什么权利。英国法律甚至规定，妇女不能拥有自己的财产，她们所有的财产份额都归丈夫所有，甚至包括她们的收入。因此，从法律上说，她们的状况甚至比如今受印度法律制约的印度妇女状况还要糟糕，这实在是太恶劣了。西方妇女实际上是一个受制约的人种，很多方面就和现在的印度妇女一样。在这场争取选举权的运动开始之前，妇女们早就要求在其他方面获得与男人平等的待遇了。在19世纪80年代，英国妇女终于获得了一些拥有财产的权利。妇女在这方面的成功，部分原因是因为工厂主的支持，他们认为，如果妇女可以保管自己的收入，就可以吸引更多妇女到工厂上班。

我们注意到了各个方面的巨大变化，但是在政府执政方式上没看到什么变化。大国继续采用阴谋和欺骗的方式，这是很久以前佛罗伦萨的马基亚维里倡导的方式，也是早于马基亚维里1800年的印度大臣考底利耶倡导的方式。大国之间有着永无休止的竞争以及秘密的协约与同盟，每个大国都想要超越其他国家。我们已经看到，欧洲扮演着主动而具有侵略性的角色，亚洲则是被动的。美洲由于自顾不暇，因此在世界政治中所起的作用并不大。

随着民族主义的发展，"无论其对错都是我的祖国"的思想也发展起来了；就个人而言属于恶劣与邪恶的行为，各个国家却引以为荣。由此，个人与国家的道德准则之间出现了奇怪的反差。这两者之间差异很大，个人的不道德行为恰恰成了国家的美德。就个人而言，自私、贪婪、傲慢和粗俗都是极其恶劣不堪的。但是就一大群人而言，就国家而言，它们则披上了爱国主义和爱国心的高尚外衣，受到了称颂和鼓励。甚至连杀人都成了值得赞扬的事情，只要它是国家之间相互对抗时发生的杀人行为。一位近期的作家的说法很有道理："文明成了一种手段，授权越来越多的群体实施个人的不道德行为。"

43.世界大战：1914—1918

　　这场被称为世界大战[1]的战争在四年时间里摧毁了欧洲以及亚洲、非洲部分地区，夺走了几百万年轻人生命的战争，我该给你讲些什么呢？战争是一个让人想起来就不愉快的主题。它很丑陋，但也经常受到赞美，披上浓墨重彩的外衣；人们也常说，如同火焰能够精炼珍贵的金属一样，由于生活太过安逸美好而变得脆弱、堕落和懒散的国家也能通过战争获得锤炼，变得强大。许多充满高尚的勇气和感人的牺牲精神的例子展现在我们眼前，仿佛战争就是这些品质的创造者一样。

　　我已经试着给你梳理了这场战争的一些原因：资本主义工业国家的贪婪以及帝国主义大国的竞争是如何产生冲突、如何不可避免地发生争斗的。这些国家的工业领袖非常希望得到越来越多的机会和区域进行剥削，金融家也渴望赚取更多的钱，军火制造商也渴望获得更大的利润。因此，这些人参与到战争中来，按照他们的要求，年长的政客们代表了他们以及他们阶级的利益，而国家中的年轻人则互相攻击。大多数这样的年轻人以及相关国家的普通民众对战争爆发的原因毫不知情。实际上，这与他们无

1　对于1933年的尼赫鲁来说，"世界大战"尚只有一次。——编者注

关，无论战争成功还是失败，他们都注定要失败。这是以人们的生命，大多数是年轻人生命为代价的富人的竞赛。然而，只有当普通大众都准备好战斗，战争才会打响。我曾经告诉过你，欧洲大陆所有国家都有征兵或强制兵役制度，英国是在战争后期才出现这种制度的。但是，假如人们没有真正的意愿，强制征兵也不可能迫使所有人都参与这场战争。

因此，所有参战的国家都费尽心思激发人们对国家的热情和热爱。每一方都称其他人为"侵略者"，装出一副只是为了自卫而战斗的样子。德国说自己被各方敌人包围起来，这些敌人企图困住它。德国指责俄国和法国的主动入侵。英国认为自己的军事行动是为了保护小国比利时，因为德国严重侵犯了比利时的中立立场。所有相关国家都以正义自居，将责任归咎到敌人身上。很多信息使得每个民族相信，他们的自由受到了威胁，他们应该为了保卫自由而战斗。尤其是各地的报纸在制造战争氛围，也就是引起人们对敌对国家的痛恨方面，起了很大的作用。

这种情绪失控的态势十分猛烈，几乎横扫了面前的一切。激发大众的集体热情是很容易的，但是，就连理智的知识分子和本该具有镇定及温和性格的人、思想家、作家、教授、科学家——所有相关国家中的所有这些人都产生了心理失衡，他们心中充满了对敌国的愤恨和杀戮欲望。本该代表安定和睦、从事宗教活动的牧师也变得非常残忍，甚至比其他人更加凶残了。就连反战主义者和社会主义者都失去了理智，忘记了原则。所有人——但也并非所有人都是这样。每个国家都有一小部分人不愿变得歇斯底里，不愿让自己痴迷于这股战争狂热之中。人们嘲笑他们，称他们为胆小鬼，许多拒绝服役的人甚至被投进了监狱。其中一些是社会主义者，还有一些是宗教人士，比如本着良心反对战争的贵格会教徒。有一种说法很确切，如今当战争爆发的时候，与之相关的人们都发疯了。

战争一开始，各国政府就把战争当作压制真理、散播各种谎言的借口。人们的个人自由也受到了压制。当然，事情的另外一面被完全遮盖了。因此，人们只能了解到事情的一面，而他们了解到的都是经过扭曲、往往是完全虚假的内容。用这种方式愚弄人们并不困难。

甚至在和平时期，狭隘的民族主义宣传和歪曲事实的报道就已经在愚弄人们了，早就为战争打好了基础。战争本身得到了美化。在德国，或者说在普鲁士，这种对战争的美化成了统治者的明确思想，从德皇到地位在他之下的其他统治者都具有这种思想。学术性的著作也在摇旗呐喊，证明战争是一种"生物需要"，也就是说战争是人类生活及进步的必需品。德皇总是在聚光灯下装腔作势地表演，因此赢得了很多关注。不过，类似的思想在英国和其他国家的军队以及其他上层阶级圈子里也极为盛行。罗斯金（Ruskin）是19世纪英国的一位大作家，深受甘地的喜爱。也许你读过他的一些作品。这位具有真正高尚思想的人在一本书中写道：

简而言之，我发现，战争使所有大国掌握了话语的真理以及思想的力量，和平则使这些真理和力量荒废了；战争教之，和平误之；战争训之，和平背之；总之，这些真理和力量生于战争，死于和平。

为了说明罗斯金是一位多么直率的帝国主义者，我要再引用一段他的文字：

它（英国）必须这么做，否则就要毁灭：它必须建立殖民地……夺取它能涉足的每一块肥沃的废弃之地，在那里教导它的殖民者，他们的首要目的就是通过陆地或海洋发展英国的力量。

我还要引用一段话，这段话摘自一位英国少将写的书。他指出："除非通过蓄意欺骗、虚情假意或者闪烁其词的方式"，否则几乎不可能取得战争的胜利。他认为，任何"拒绝采取这些方式"的人"就是故意背叛战友和下属的叛徒"，"只能被称为最卑鄙的懦夫"。"道德与不道德——这些东西对处于成败关头的大国来说算得了什么呢？"一个国家"必须不断地发动攻击，直到它的对手受到致命的打击为止"。我很想知道，罗斯金听到这些话会说什么呢？当然，不要误以为这是英国人思想的典型，也不要误以为德皇夸夸其谈的发言就代表了普通的德国民众。然而不幸的是，能够表达想法的总是当权者，在战争时期，他们几乎总是站在最前面。

这种直率的说法并不总是公开宣布的，战争往往被人披上假装圣洁的外衣。因此，当欧洲和其他地区绵延几百公里的战争前线上发生了可怕残杀的时候，留在国内的人们则制造了华丽而高调的措辞，以便为杀戮开脱，进而欺骗人们。这场战争变成了争取自由和自尊的战争，变成了终结战争的战争，变成了保护民主的战争，变成了争取国家自主权和小国解放的战争，等等。同时，许多留在国内的金融家、工业家和军需品制造商使用这些充满爱国之情的华丽措辞，劝说年轻人跳进战争的熔炉，这些人因此获得了巨额的利润，成了百万富翁。

月复一月、年复一年，战争还在持续，越来越多的国家卷入其中。两大阵营都试图通过私下贿赂赢得中立国的支持，这种行为一旦公开，必将使那些崇高的理想以及被人四处张扬的华丽措辞化为乌有。

月复一月，战争继续吞噬着人们的生命，就像森林大火吞噬成群的蝗虫一样；随着战争的持续，战争的破坏力和残暴程度也越来越大。德国人率先使用了毒气，很快敌对双方都开始使用毒气。飞机投弹更加频繁，后来英国一方还首次使用了"坦克"，这是一种庞大的机械怪物，就像碾压毛毛虫一样碾压一切。数十万人在前线阵亡；在他们的故乡，女人和孩子忍受着饥饿和贫困。特别是在德国和奥匈帝国，由于受到封锁，饥荒更为严重。这成了一场忍耐力的考验之战。哪一方能在这场严峻的考验中胜出呢？一方军队会拖垮另一方军队吗？协约国对德国的物资封锁会使德国大伤元气吗？抑或是德国潜艇能切断英国的给养，使英国元气大伤，丧失斗志吗？每个国家都留

下了巨大牺牲和苦难的记录。人们想知道，这些牺牲和苦难是
徒劳的吗？我们要忘记死去的人向敌人投降吗？战前的岁月似
乎已经久远了，战争的过程甚至也被人遗忘了，只有一件事一
直萦绕在人们脑海中，那就是复仇和获胜的欲望。

那些为了他们珍惜的事业而献出生命的人都有着极大的吸
引力，这是任何有勇气的人都无法抗拒的。在战争最后的几年
中，到处都笼罩着黑暗，参战国的每个家庭都很悲痛，人们也
非常疲倦，也极度失望；然而，除了高举火把，人们还能做什
么呢？读一读这首英国军官麦克雷少校（Major McCrae）所写
的感人诗篇吧，想象一下这首诗在那些黑暗而阴沉的战争岁月
里是如何感动那些读过它的英国人的。要记住，许多国家的人
都使用不同的语言写出过类似的诗篇：

> 我们已经战死。几天之前，
> 我们还有生命，还在感受黎明晨曦，仰望落日余晖。
> 我们曾经爱过，也曾经被爱过，而如今我们却长眠在
> 佛兰德斯战场。
>
> 请将我们与敌人的战斗继续下去；
> 从我们低垂的手中接过火炬，将它高高举起。
> 假如你背弃了我们的遗志，
> 我们将永不瞑目，即使罂粟花开遍
> 佛兰德斯战场。

长时间的战争使参战国家都变得非常残忍和无情。战争破坏了很多人的道德意识，很多正常人都变成了某种程度上的罪犯。人们习惯了暴力，习惯了蓄意扭曲事实，内心都充满了仇恨以及复仇的意志。

战争的资产负债情况是怎样的？具体情况还不清楚，各国还在统计之中！我要告诉你一些数字，让你记住现代战争的真正意义。

战争伤亡总人数统计如下：

确认士兵死亡人数　1000万人

推定士兵死亡人数　300万人

平民死亡人数　1300万人

受伤人数　2000万人

俘虏　300万人

战争孤儿　900万人

战争寡妇　500万人

难民　1000万人

看看这些惊人的数字，想象一下它们所代表的人类苦难。把这些数字加起来：仅仅伤亡总数就达到4 600万人。

现金花费如何呢？各国还在统计之中！据美国估算，协约国一方总支出为409.996亿英镑，接近410亿英镑；德国一方总支出为151.22亿英镑，超过150亿英镑。总计超过560亿英镑！

我们不能完全理解这些数字的意义，因为它们彻底超出了我们日常生活中的数字范围。这些数字几乎让我们想起了天文学上的数字，比如地球到太阳或者其他星球的距离。毫不意外，之前的参战国，无论胜利者还是失败者，都绝望地陷入了战争财政带来的灾难性后果之中。

"终结战争"、"保护世界上民主"、"确保小国解放"、争取"自主权"以及广泛争取独立和崇高理想的战争结束了；英国、法国、美国、意大利以及它们的卫星国（当然俄国排除在外）获得了胜利。我们会在以后看到这些高尚而高贵的理想是怎样转化为现实的。同时，我们应该引述一下英国诗人骚塞（Southey）描写的有关以前取得的另一场胜利的诗句：

> 每个人都赞美公爵
> 赢得大战胜利的人。
> "但是最后有何益处？"
> 小彼得金说。
> 他说："哎呀，我也说不出来，
> 不过那确是极好的胜利。"

44.十月革命

　　1914年的时候，俄国城市里的工人阶级早已觉醒，再一次成了革命者。俄国那时发生了很多次政治罢工。然后，世界大战爆发了，战争吸引了所有人的注意力，最先进的工人们被派往前线成了士兵。列宁和他的队伍（大多数领导者都被驱逐到国外了）从一开始就反对战争，他们不像其他国家的社会主义者那样情绪激动。他们称这场战争为资本主义战争，工人阶级对此毫不关心，除非这场战争能使他们获益，让他们获得自由。

　　战场上的俄国军队损失惨重，他们的损失也许是所有参战军队中最惨重的。俄国将领们极其无能，他们甚至都不具备一般军人的必要才智。俄国士兵在武器装备破旧、缺乏弹药和补给的状况下抗击敌人，几乎是在白白送死，战死的人数多达几十万人。同时，在以圣彼得堡这个名字而闻名的彼得格勒，以及其他大城市，出现了大量投机倒把行为，投机商人赚取了大笔财富。这些"爱国的"投机者和奸商当然要大声疾呼，要求将战争进行到底。永无休止的战争无疑符合了他们的愿望。然而，士兵、工人和农民（给士兵提供补给的人）则精疲力竭，忍饥挨饿，不满情绪非常严重。

　　沙皇尼古拉二世昏庸无能，受他皇后的影响很深；而沙皇皇后也很愚蠢，但是她比沙皇强势。围绕在他们身边的是各种无赖和傻瓜，没人敢批评他们。后来，一个令人厌恶的恶棍格里高利·拉斯普廷（Gregory Rasputin）受到了沙皇皇后的宠爱，并由此赢得了沙皇的宠爱。拉斯普廷（拉斯普廷这个词的意思是"龌龊的人"）以前是一个贫穷的农民，曾经当过偷马贼。他决定以宗教为名，从事赚钱的苦行僧职业。如同在印度一样，这种行当在俄国也是一种轻松赚钱的方法。他蓄起了长发；他的头发越来越长，他的名气也越变越大，最后他的名声传到了皇宫里。沙皇和沙皇皇后唯一的儿子，也就是沙皇的长子，当时患了一种疾病，于是拉斯普廷设法使沙皇皇后相信他能治好她儿子的病。他的运气真的很好，很快他就控制了沙皇和沙皇皇后，许多高层官员的任命都要听他的意见。他的生活腐化堕落，收受了大额贿赂，他在很多年时间里一直担任着这种控制一切的角色。

每个人都对此深感厌恶，就连温和派和贵族都开始发牢骚了，还有人策划了一场宫廷革命——也就是用武力强迫更换沙皇。同时，沙皇尼古拉二世担任了俄国军队的总司令，把什么都搞得一团糟。就在1916年快要结束的前几天，一位沙皇王室成员杀死了拉斯普廷。这位王室成员邀请了拉斯普廷参加宴会，并要求拉斯普廷开枪自杀，遭到拒绝后他开枪打死了拉斯普廷。人们欣然接受了拉斯普廷的死讯，他们终于摆脱了他，但是沙皇政府秘密警察部门也因此对人们施加了更大的压力。

彼得格勒发生了食物短缺和争抢食物的骚乱。3月初，由于工人长期积聚的痛苦，革命出乎意料地突然爆发了。从3月8日到12日的5天时间里，这场革命取得了胜利。这不是宫廷事件，甚至不是由上层领袖精心组织和计划的革命行动。这次行动几乎是由底层的、最受压迫的工人发起的，整个过程中他们摸索着前行，也没有清楚的计划或领导。各种革命团体，包括当地的布尔什维克党人都措手不及，不知道该怎样指挥这次行动。民众自己发挥了主动性，他们在争取到了彼得格勒驻军的支持后，成功就开始向他们招手了。不过，我们不能误认为这些革命群众是存心搞破坏的、无组织的聚众闹事者，就像以前的农民暴力活动一样。这次"三月革命"（March Revolution）的重要事实在于，这是历史上第一次由工人阶级，也被称为"无产阶级"领导的革命。尽管当时杰出的领导者没有与他们在一起（列宁和其他人都在狱中或流亡国外），但是这些工人中有许多人都接受过列宁团体的训练。这些来自几十家工厂的无名工人，成了整个运动的支柱，将运动引入了正轨。

彼得格勒的革命取得了胜利，莫斯科紧随其后。乡村则在密切注视着事态的进展。农民慢慢接受了新制度，但是热情并不高。对他们来说，只有两个问题最重要：土地与和平。

沙皇怎么样了呢？在这些充满变故的日子里，他又遇到些什么事呢？他不在彼得格勒，而是在一个遥远的小镇里；在那里，他作为总司令还必须指挥他的军队。不过，他的好日子到头了，就像一个熟透了的果子，他的坠落几乎没人在意。趾高气扬的沙皇、能让几百万人瑟瑟发抖的俄罗斯帝国大独裁者、"神圣俄罗斯"的"小父亲"，最终消失在了"历史的垃圾箱"之中。

我们都很好奇，那些巨大的体系在完成了其历史使命以后，是如何坍塌的呢？沙皇听说了彼得格勒的工人罢工以及骚乱以后，立即宣布了戒严令。司令员正式下达了这个戒严令，但是戒严令并没有在城市里传播或者张贴，因为没有人能做这件事！政府机关已经支离破碎了。对此一无所知的沙皇还妄想着能回到彼得格勒。铁路工人拦住他乘坐的火车。当时身在彼得格勒郊区的沙皇皇后给沙皇发了一封电报。不过这封电报被电报局退了回来，并附上了一张铅笔写的纸条："查无此地址！"

前线的将领和彼得格勒的自由党领袖完全被事态的发展吓住了，同时他们也希望能挽回一些东西，于是乞求沙皇退位。沙皇退位了，他任命了一位亲属来继位。但是沙皇制度就此结束了，罗曼诺夫王朝（House of Romanoff）在经过了300年独裁统治之后，永远退出了俄国历史舞台。

贵族阶级、地主阶级、上流中产阶级甚至自由党人和改革家们，都对工人阶级的动乱感到无比的惊恐和焦虑。当他们看到自己所依赖的军队也站到了工人一边时，他们感到非常的无助。他们还不确定哪一方会取得胜利，因为沙皇可能会带着军队从前线赶回来，并在这批军队的帮助下镇压这场暴动。因此，他们一方面害怕工人，另一方面又害怕沙皇，再加上自我保命的过度焦虑，让他们苦不堪言。俄罗斯杜马代表的是地主阶级和上流中产阶级。工人在一定程度上是尊敬杜马的，但是杜马没有在危急关头起到带头作用或采取任何行动；杜马主席和成员全都陷入了惊恐和焦虑之中，根本不知道该怎么办。

　　同时，苏维埃政府[1]慢慢形成了。除了工人代表，还有军人代表；新苏维埃占据了庞大的塔夫利达宫（Tauride Palace）的一侧，杜马也占据了宫殿的一部分。工人和士兵对他们的胜利感到欣喜不已。但是问题也跟着来了：胜利之后，他们该怎么办？

　　4月17日，列宁露面了。整个世界大战期间，他一直在瑞士；一听说俄国发生了革命，他就急切地想要回到俄国。他该怎么回到俄国呢？英国人和法国人是不会让他通过他们的领土的，德国人和奥匈帝国人也不会这么做。最后，德国政府出于自己的考虑，同意让他搭乘一列封闭的火车从瑞士经过德国前往俄国前线。当然，德国政府希望，也有理由相信，列宁回到俄国后将会削弱临时政府和主战派的力量，因为列宁是反对战争的，他们希望能从中受益。他们万万没有想到的是，这位有些默默无闻的革命者最终震动了欧洲和整个世界。

　　列宁的思想中没有任何迟疑或含糊的成分。他洞察力敏锐，能够洞察群众的情绪；他头脑清晰，能够调整精心策划的原则使其适应不断变化的情况；他意志坚定，能够坚持他所制定的行动方针，不会因为一时的结果而动摇。在他到达俄国的第一天，他就猛烈抨击了布尔什维克党，批评了他们的无动于衷，并言辞激烈地指出了他们所肩负的责任。他的演讲就像电流一般刺痛了听众，同时又给了他们以无穷的力量。"我们不是骗

1　"苏维埃"是"代表会议"的意思。——编者注

子，"他说，"我们必须把唤起群众的意识作为我们的基本任务。即使我们需要继续做少数派——我们也应该这么做。暂时放弃领导地位是一件好事；我们不应该担心继续做少数派。"因此，他坚持自己的原则，拒绝妥协。这场长时间没有领导和指挥的革命最后终于迎来了它的领袖。时间造就了列宁。

在这个阶段，区分布尔什维克和孟什维克以及其他革命团体的理论依据是什么？在列宁到来之前，是什么致使当地布尔什维克党人无法采取行动的呢？还有，苏维埃掌握权力之后为什么会转交给传统而保守的杜马呢？我无法深入地探讨这些问题了，但是如果我们要搞懂1917年发生在彼得格勒和俄国的一系列戏剧性变化的话，我们必须思考这些问题。

卡尔·马克思有关人类变化和发展的理论——"唯物史观"理论的基础就是新的社会形式取代旧的社会形式，因为后者已经过时了。随着技术型生产方式的改进，社会上的经济和政治组织也渐渐追赶上来了。它们的改进是通过统治阶级和受剥削阶级之间持续不断的阶级斗争实现的。西欧中产阶级取代了传统的封建阶级，中产阶级现在控制着英国、法国、德国等国家的经济和政治体系，而中产阶级也将会被工人阶级取代。在俄国，封建阶级依然处于统治地位，西欧国家发生的、使中产阶级掌握权力的变革在俄国还没有发生。因此，大多数马克思主义者认为，俄国也必然会经历这个中产阶级和议会掌权的阶段，然后才能进一步进入以工人为主导的共和国这一最终阶段。他们认为，中间阶段是无法逾越的。列宁本人也在1917年3月发生革命之前，为了发起一场中产阶级革命而制定过一个与农民联合对抗沙皇和地主的中间政策（并不反对中产阶级）。

因此，布尔什维克和孟什维克以及所有信仰马克思理论的人都认为，他们要遵循英国和法国模式建立一个中产阶级民主共和政体。工人领袖的代表也必然会有这种想法，也就是由于这个原因，苏维埃夺取政权之后没有自己执政，而是将政权交给了杜马。这些人就像我们所有人一样，成了自己信条的奴隶，对于需要采取全新的策略或者至少需要修正旧策略的新情况视而不见。群众的革命创新性远比领导者要大得多。控制苏维埃的孟什维克甚至表示，工人阶级在当时不能引发任何社会问题；他们当下的任务是要实现政治上的解放。布尔什维克党人顺应了这个观点。尽管领导者犹豫不决、战战兢兢，"三月革命"还是取得了胜利。

列宁的到来使这一切都发生了改变。他很快摸清了当时的形势，对马克思原理做出了相应的修改，体现出了他真正的领导才能。现在，要进行的是一场以工人阶级为主导并与农民阶级合作对抗资本主义的战斗。布尔什维克党人当前的三个口号是：（1）民主共和；（2）没收地产；（3）八小时工作制。很快，这些口号成了农民和工人在斗争中争取实现的目标。它们不再是虚无而空洞的理想，它们预示的是生机和希望。

列宁的策略是希望布尔什维克党人能赢得大多数工人的支持，由此在苏维埃中占据优势；进而通过苏维埃，从临时政府手中夺取政权。他并不准备立即发起新的革命。他坚持要在推翻临时政府之前赢得大多数工人以及苏维埃的支持。他严厉对待那些想要与临时政府合作的人，因为那是对革命的背叛。同样，他也严厉对待那些想要在时机到来之前急于推翻临时政府的人。"行动的时刻，"他说，"有一点点偏差都不行。我们认为破坏组织就是最严重的罪过。"

因此，覆盖在炽热火焰之外的这块冰层，就像承载了注定的命运一般，沉着而不可阻挡地朝着既定的目标向前进发。

1918年7月，俄国的形势发展很令人吃惊。围绕在布尔什维克党人周围的大网正在慢慢地收紧。在南边，德国从乌克兰发出威胁，众多身在俄国的原捷克斯洛伐克战俘受到协约国鼓动，走上莫斯科街头示威。法国西线战场上，战争仍在继续，但是在苏维埃俄国出现了奇怪的景象，协约国和德国政权各自从事着相同的任务——打倒布尔什维克。我们再一次看到，民族仇恨的恶意及激烈程度已经很深了，而阶级仇恨的力量比民族仇恨的力量大得多。这些大国并没有正式向俄国宣战，他们找到了其他方式骚扰苏维埃，特别是鼓励反革命领袖，并为他们提供武器和金钱。一些原先的沙皇将领如今与苏维埃开战。

沙皇和他的家族成员作为囚犯被关押在俄国东部乌拉尔山脉附近，并由当地的苏维埃看守。捷克斯洛伐克军队向这个地区不断推进，这让当地苏维埃感到害怕，他们担心，前沙皇会被人解救并成为反革命的中心力量。于是他们自己采取了行动，处决了沙皇一家。苏维埃中央委员会（Central Committee of the Soviet）似乎不该为此事负责，列宁依据国际政策反对处决前沙皇，依据人道主义精神反对处决前沙皇的家人。但是，事情已经发生了，中央政府确认了这次行动的正确性。也许这件事令协约国政府更加气愤，使他们的攻势更加猛烈了。

8月的时候，局势恶化，先后有两件事让人们感到愤怒、失望和恐惧。其中一件事就是有人企图谋杀列宁，另一件就是一支协约国军队在俄国北部的阿尔汉格尔斯克（Archangelsk）登陆。莫斯科发生了巨大骚乱，苏维埃的末日似乎临近了。实际上莫斯科被敌人包围了，这些敌人包括德国、捷克斯洛伐克以及反革命武装。只有莫斯科周边一些很少的地区还在苏维埃统治之下，一支协约国军队的登陆似乎更加确定了苏维埃的灭亡。布尔什维克几乎没有军队；签订《布列斯特 - 立托夫斯克和约》之后刚刚过了 5 个月，原来的军队大都解散回到他们的土地上了。莫斯科充满了阴谋，资产阶级对苏维埃即将到来的灭亡公然表现出喜悦之情。

存在了 9 个月的苏维埃共和国遇到了如此糟糕的境况。布尔什维克党人充满了失望与恐惧，由于他们认为自己迟早一死，于是他们决定在争斗中死去。与 125 年前年轻的法国共和国的做法一样，他们如同一头困兽扑向了敌人。他们不再忍耐，不再宽容。整个国家陷入武装斗争之中，9 月初，苏维埃中央委员会宣布实行红色恐怖（the Red Terror），"打死卖国贼，打倒外国入侵者。"他们要与内部和外部的敌人战斗到底。这是苏维埃与世界的对抗，也是与国内反动派的对抗。一个被称为"军事共产主义"的时期开始了，整个国家变成了一个被围困的阵地。

苏维埃全力组建红军，托洛茨基负责此项工作。

尽管遇到了这些巨大的困难和数不清的强大敌人，苏维埃俄国还是挺了过来，取得了成功。这是历史上最惊人的成就之一。他们是怎么做到的？毫无疑问，如果协约国各国联合起来下决心消灭布尔什维克，它们早就能成功了。解决了德国之后，协约国还拥有大量军队。但是派遣这些军队并不容易，尤其是与苏维埃作战。这些军队已经厌战，再次要求他们参加国外的战争必定会遭到拒绝。各国工人也十分同情新俄国，协约国各国政府担心，一旦向苏维埃公开宣战，它们在本国会遇到麻烦。事实上，欧洲似乎即将爆发起义。协约国各国之间也存在竞争。和谈之后，它们互相争吵和反目。所有这些都使它们无法下决心消灭布尔什维克。它们尝试间接地、尽可能地消灭布尔什维克党人，它们让其他人替它们战斗，并给这些人提供钱、武器以及专家意见。它们确信，苏维埃不会坚持很久。

这些情况无疑帮助了苏维埃，让他们有时间增强自己的实力。但是，如果认为他们的胜利来自外部环境的话，对他们来说是不公平的。他们的胜利从根本上说是自信、信仰、自我牺牲以及俄罗斯人民坚定决心的胜利。令人感到惊奇的是，俄罗斯人一直被认为是懒惰、无知、意志消沉、不可能有所成就的人。自由是一种习惯，如果我们的自由被剥夺了很久的话，我们往往会忘记自由。这些无知愚昧的俄国农民和工人几乎没有机会实践这种习惯。然而，那时的俄国领导者能力极强，把一个基础很差的国家变成了强大而有组织的国家，这个国家忠于自己的使命，对自己充满信心。高尔察克[1]之类的人之所以失败，不仅因为布尔什维克领袖的能力和决心，也因为俄国农民拒绝忍受这些人的行为。对俄国农民来说，这些人代表了旧制度，是来夺走他们刚刚得到的土地和其他权益的，他们决定誓死保卫这些土地和权益。

在这一切之上，拥有无与伦比的最高权力的人就是列宁。对于俄国人来说，他成了一个半神似的人物，他象征着希望与信仰，他有着过人的智慧，知道克服一切困难的方法，他从不为任何事感到沮丧和不安。那时候仅次于列宁的是作家和演说家托洛茨基（因为现在他在俄国名声扫地了[2]），之前没有过任何战争经验的他，此时在内战和封锁的双重夹击下着手建立一支伟大的军队。托洛茨基勇敢无畏，经常冒险战斗。他绝不怜悯那些缺乏勇气、缺乏自律的人。在内战中的一个危急时刻，他发布了这样的命令：

我警告，如果任何一个分队没有接到命令就撤退，这个分队第一个被处决的将是分队代表，第二个将是指挥官。英勇无畏的士兵将接替他们的位置。胆小鬼、懦夫和叛徒也要吃枪子儿。我当着所有红军的面郑重许下这个承诺。

---

1 反苏维埃的白军总头目，1919年兵败被俘，1920年被处决。——编者注
2 1924年列宁去世后，托洛茨基受到斯大林等人的排挤，并为了躲避大清洗出国流亡。1940年托洛茨基被斯大林的刺客暗杀于墨西哥。——编者注

他遵守了自己的诺言。

从他1924年去世到现在并未过去多少年，而列宁已经成了俄国本土以及全世界范围内的一个伟大的形象。他的伟大与日俱增，他已经成为世界上永垂不朽的人物之一。彼得格勒改称列宁格勒，几乎每个俄国家庭中都有一个列宁角或是一幅列宁的画像。不过，他并不存在于纪念碑或者画像中，他存在于他的伟大事业之中，存在于如今几亿工人心中，他们从他身上获得了启发，看到了美好未来的希望。

别以为列宁像一台不近人情的机器，只会全身心投入工作而不考虑别的一切。当然，他的确全身心致力于自己的工作使命和生活目标，同时完全不为自己考虑，几乎就是一种思想的化身。然而，他也很有人情味，具有普通人的一切特点，也会尽情地欢笑。在苏维埃最初的危险时期，英国派驻莫斯科的代表洛克哈特（Lockhart）曾经说过，无论发生什么事，列宁的情绪总是很好。"在我见过的所有公众人物中，他的脾气最好。"这位英国外交官如是说。他的谈吐和做事风格朴实而直接，他痛恨豪言壮语和装腔作势。他热爱音乐，对音乐的强烈热爱甚至令他担心这会影响到他，让他在工作中变得过于柔和。

列宁的一位同事，任布尔什维克教育部长多年的卢那察尔斯基（Lunacharsky）曾经对列宁做过一次有趣的评价。他将列宁对资本主义者的打击与耶稣基督驱逐寺院里的债权人做比较，并补充道："如果耶稣基督依然在世，他一定是一位布尔什维克党人。"这对无宗教信仰的人来说是一个很有趣的对比。关于妇女，列宁曾经这样说道："如果一个国家一半的人口被束缚在厨房里，这个国家是不会解放的。"有一次，他在看望一些儿童的时候说了一些话，这些话流露出了他的感情。他的老朋友玛克西姆·高尔基告诉我们，列宁说："这些孩子将比我们生活得更幸福。他们将不会经历我们所经历过的事情。他们未来的生活中不会有这么多残酷的经历。"我们都希望如此。

45.凡尔赛和约

在签署停战协议的地方，法国北部贡比涅（Compiègne）的森林里矗立着一座纪念碑，上面刻着这样的法语铭文：

是日，1918 年 11 月 11 日，德意志帝国于此处终结其罪恶之行径，自由之民族战胜德意志帝国，挫败其奴役其他民族之野心。

德意志帝国已经灭亡，至少表面上如此，普鲁士的军事野心也遭到了挫败。在此之前，俄罗斯帝国已经覆灭，罗曼诺夫王朝已经被迫下了台，结束了长期的恶劣行径。这场战争还导致第三个帝国也是一个古老王朝的灭亡，那就是哈布斯堡王朝的奥匈帝国。不过，其他帝国依然存在，这些帝国属于战胜国，胜利没有让它们减少骄傲自满的情绪，也没有让它们更加关心受它们奴役的其他民族的权利。

获胜的协约国在1919年召开了巴黎和会（Peace Conference in Paris）。他们将在巴黎决定世界的未来格局，在几个月的时间里，这座著名的城市成了世界关注的焦点。各种各样的人从四面八方赶来。他们中有自认为地位显要的政治家和政客、外交官、专家、军人、金融家以及投机商，这些人都带来了随行助手、打字员和办事员。当然还有一大群记者。其中有争取独立的国家的代表，比如来自爱尔兰、埃及、阿拉伯以及其他闻所未闻的国家的代表；还有从东欧来的人，他们想在奥匈帝国和土耳其帝国的废墟上成立属于自己的独立国家。当然其中也有大量的政治冒险家。整个世界将要被重新划分，而贪婪的人们绝不会错失良机。

人们对这次和会寄予了极大期待。人们希望，可怕的战争之后，将会出现公正与持久的和平。人们身上的巨大压力依然存在，工人阶级中间也有很大的不满情绪。生活必需品价格的大幅上升使人们的生活雪上加霜。1919年欧洲有许多迹象表明，社会革命迫在眉睫。俄国的榜样似乎很有感染力。

代表美国、英国和法国的分别是伍德罗·威尔逊总统（Woodrow Wilson）、劳合·乔治（Lloyd George）和乔治·克列孟梭（George Clemenceau），他们三人肩负着重塑世界以及治愈世界伤痛的重大任务。这个任务需要有非凡才能的人或是受人崇拜的人来完成，这三个人都不具备这两个条件。国王、政治家和将军等当权者经过新闻报道的宣扬和吹嘘，超越了凡人，成了思想和行动的巨人。他们身边似乎环绕着光环，不明所以的我们误以为，他们身上拥有很多品质，但实际上他们并不具备那些品质。不过，一旦与他们密切接触，我们就会发现，他们其实是非常普通的人。一位著名的奥地利政治家曾经说过，如果全世界都知道处于统治地位的人有多么无知，这个世界会感到震惊的。而这三个人、"三巨头"、表面上的大人物并没有多少远见，对国际事务一窍不通，甚至连地理常识都没有！

伍德罗·威尔逊总统拥有极高的声誉和名望，他在演讲和文章中运用了许多优美而且理想化的语句，使得人们几乎把他当作一个预言自由将会到来的先知。英国首相劳合·乔治也是一个善于运用优美辞藻的人，但是他也被认为是一个机会主义者。人称"老虎"的克列孟梭用的却不是理想的原则和伪善的措辞，他直接摧毁法国的宿敌德国，以各种方式消灭它、羞辱它，使它无法再抬起头。

就这样，这三人互相争夺，每个人都想让别人按照自己的方式行事，而每个人又受到来自和会内部和外部的很多其他人的影响。他们背后一直笼罩着苏维埃俄国的阴影。俄国没有出席这次会议，德国也没有，但是对聚集在巴黎的所有资本主义大国来说，苏维埃俄国的存在是一个持续存在的挑战。

在劳合·乔治的帮助下，克列孟梭最后终于如愿以偿。威尔逊也遂了自己的一个心愿——建立一个国际联盟。为了让其他国家同意成立这个组织，他对其他大部分问题做出了让步。在辩论了数月之后，参加巴黎和会的协约国最终起草出一个和约草案，协约国代表对此草案达成了一致意见之后，他们要求德国代表听命于他们。他们把包含440条条款的厚重和约草案扔到德国代表面前，要求他们签字。他们没有和德国代表争吵，也没有给德国代表提意见或者做出修改的机会。这将是一个强制执行的和约；德国代表要么签字，要么承担不签字的后果。新成立的德意志共和国代表提出抗议，不过，在限期的最后一天，他们还是在这份《凡尔赛和约》上签了字。

这份和约规定，德国是引发战争的有罪一方，因此德国人被迫在和约上签字，承认他们的战争罪恶。这种强迫的认罪没有什么价值；在这件事情上强制只能给人带来痛苦。

德国还被要求裁军，只能保留一部分军队用于维护治安，它还必须向协约国交出舰队。由于德国舰队即将被没收，舰队的船长和船员们自行决定，宁愿让舰队沉没也不交给英国人。因此，1919年6月在斯卡帕湾，当着准备接收舰队的英国人的面，整个德国舰队集体自沉了。

此外，德国还要支付战争赔款，补偿战争对协约国造成的损失和破坏。和约并未规定确切的数额，不过补充条款规定了偿还的具体数额。补偿协约国的战争损失是一个相当大的任务。当时德国是一个战败的、残破的国家，维持国民生计都很困难。除此之外还要承担协约国的重担，这是一个不可能完成的任务。但是协约国充满了仇恨和复仇的情绪，它们不仅想满足自己

"合法的无理要求",也想从德国衰弱的身躯榨取最后一滴血。在英国,呼喊着"绞死德皇"的劳合·乔治赢得了一次选举胜利。在法国,这种情绪更加激烈。

所有这些和约条款的目的就是尽可能地束缚德国,让它动弹不得,让它无法再次强大起来。它将在以后几十年里一直做协约国的经济奴隶,每年要支付它们一大笔钱。这种方式根本无法长久地束缚一个国家,这是历史的一个明摆着的教训,然而,为这份凡尔赛复仇和约奠定基础的、有智慧的超级政治家们并没有意识到这一点。现在,他们后悔了。

最后,我要给你讲讲威尔逊总统的产物,由《凡尔赛和约》呈现给世界的"国际联盟"。这是一个由独立自治的国家组成的联盟,它的目标是:"在公正与尊重的基础上建立关系,促进世界各国物质和精神上的合作,避免未来发生战争。"这是一个多么值得称赞的目标啊!联盟的每一个成员国承诺,永远不再和其他成员国开战,直到所有和平和解的可能性都用尽,还要间隔9个月时间。如果任何一个成员国背弃承诺,其他成员国保证与那个国家中断金融和经济关系。在书面上这些听上去都很不错,但实际上是很难做到的。然而,值得注意的是,即使在理论上,国际联盟也没有尽全力去结束战争;它试着给战争设置一些难题,以便随着时间的推移以及努力地调解去缓和战争情绪。它并没有想办法去消除战争的根源。

许多人对国际联盟寄予了厚望,希望它能结束或者至少是大幅减少当今世界的不和谐因素,给我们带来和平与富足的时代。许多国家建立了国际联盟协会，以推广国际联盟和一种所谓的以国际眼光看待问题的习惯。另一方面，还有很多人认为国际联盟是一个虚伪的骗子，意在推进大国的计划。现在我们对此有了实际的体验，也许评判它的作用更容易一些。1920年新年到来的那一天，国际联盟正式开始运行。到现在为止，它存在的时间还不长，但是它的声誉早就完全丧失了。无疑，它在现代生活的各种次要领域取得了一些成就，而且，它让各个国家或者说各国政府聚集起来讨论国际问题的这个形式，本身就是一种进步。但是，它完全没有实现自己真正的使命，那就是维护和平或者仅仅是降低战争发生的可能性。

无论威尔逊总统提议建立国际联盟的最初意图是什么，国际联盟无疑已经成了大国，特别是英法两国手中的一个工具。它最基本的功能就是维持现状，也就是现有的秩序。它呼吁国家之间的公正和尊重，但未深究现有的各国关系是否是建立在公正与尊重之上的。它宣称不干涉国家的"内部事务"。对帝国主义大国来说，它的附庸国就是内部事务。因此，就国际联盟而言，它希望这些大国能永久支配自己的帝国。

国际联盟使用的措辞华而不实。帝国主义大国变成了委任统治地人民的"受任统治者"，国际联盟要确保受任统治者执行所有的委任统治条款。事实上，这样一来问题就更严重了。大国为所欲为，但它们表面上假装圣洁，蒙蔽那些没有戒备心的人。当某个小国家以任何形式违反规定的时候，国际联盟就会对它表现得十分严厉，以自己的不满去威胁它。当一个大国违反规定的时候，国际联盟则会转移视线或者试着将违规的影响降到最低。

因此，大国支配了国际联盟，只要能帮助它们达到目的，它们就会加以利用；如果嫌麻烦，它们就会弃之不顾。也许错不在国际联盟，而在国际联盟注定要接受的这个国际体制本身。帝国主义的本质就是大国之间的激烈对抗和竞争，每个大国都在尽全力剥削世界上的各处领土。如果一个社会中的成员不断地偷窃别人的东西，并且为了相互残杀而磨刀霍霍，那么他们之间就不可能进行合作，这个社会也不会取得很大的进步。因此，不出意料，尽管背后有一大批强大的后援者和支持者，国际联盟还是没落了。

在讨论制定凡尔赛和约的过程中，有人代表日本政府提出在和约中加入一条承认种族平等的条款。但是这项提议未被采纳。不过，日本霸占了中国的胶州湾，这对日本来说是一个安慰。"三巨头"在牺牲中国这样实力虚弱的盟友时显得非常慷慨。因此，中国并未在和约上签字。

这就是为"终结战争的战争"画上句号的《凡尔赛和约》。后来成为斯诺登子爵（Viscount Snowden）以及英国内阁大臣的菲利浦·斯诺登（Philip Snowden）对该和约做了以下评价：

此和约必将满足强盗、帝国主义者和军国主义者的要求。对于那些期盼战争结束后会产生和平的人则是致命一击。它不是一个和平条约，而是另一场战争的宣言。它背叛了民主以及战争中的阵亡者。此和约暴露了协约国的真实目的。

的确，协约国的仇恨、自满和贪婪让它们心比天高、不自量力。在之后的几年中，它们开始懊悔，因为它们的愚蠢行为所造成的后果可能会把自己压垮。但是此时，一切都太晚了。

46.新土耳其从废墟中诞生

世界大战中，土耳其战败的时间比德国早几天，并与协约国签订了单独的停战协议。整个国家实际上已经瓦解，帝国已不复存在，政府机器已经停止了运转。伊拉克和阿拉伯国家被分割出去，大部分在协约国的统治之下。君士坦丁堡也在协约国控制之下，英国舰队在君士坦丁堡附近的博斯普鲁斯海峡停泊，骄傲地显示出英国的胜利之姿。到处都是英国、法国和意大利的军队，各个地方都潜伏着英国的秘密特工。土耳其要塞被拆除，其剩余的军队也被迫交出了武器。青年土耳其党领袖恩维尔·帕夏（Enver Pasha）、塔拉特·贝格（Talaat Beg）以及其他几个人流亡到其他国家。业已沦为傀儡的苏丹哈里发瓦希德丁（Caliph Wahid-ud-din）决定，不管自己的国家发生什么，首先要自保性命。

另一位讨好英国政府的傀儡人物被任命为总理大臣。土耳其议会被迫解散了。

这就是土耳其在1918年末、1919年初的形势。土耳其人已经精疲力竭、精神崩溃。要记得他们曾经忍受了多么可怕的遭遇。在持续四年的世界大战之前，发生过巴尔干战争，而在那之前又是与意大利之间的战争，所有这些战争都紧随在青年土耳其党革命（Young Turk Revolution）之后，这场革命废黜了苏丹阿卜杜勒·哈米德二世，建立了议会。土耳其人表现出了惊人的忍耐力，但是，近8年不间断的战争让他们无法承受，对任何人来说这都是无法承受的。所以，他们放弃所有的希望，接受了命运的安排，任由协约国宰割。

情况就是这样的。土耳其人似乎穷困潦倒，落魄不堪，从懦弱的苏丹到在他之下的人们，似乎都是如此。这个"欧洲病夫"气数已尽，至少表面上看是如此。但是有一些土耳其人拒绝向命运和困境低头，无论他们的抵抗多么希望渺茫。他们默默地努力了一段时间，秘密地从协约国控制的仓库中收集到了武器和军需物资，并将它们经黑海运到了安纳托利亚（Anatolia，小亚细亚半岛）。穆斯塔法·凯末尔帕夏就是这些人中的一位。

英国人一点也不喜欢穆斯塔法·凯末尔。他们怀疑他，企图抓捕他。受英国人控制的苏丹也不喜欢他。但苏丹认为，把他遣送到遥远的内陆地区是比较安全的做法，因此凯末尔帕夏被任命为东安纳托利亚（Eastern Anatolia）陆军总检察长。这只是个虚职，他的实际工作是帮助协约国获得土耳其士兵的武器。这对凯末尔来说是一个理想的机会；他迫不及待，立即就走马上任了。还好他这么做了，因为就在他出发几小时之后，苏丹就改变了主意。他对凯末尔的畏惧突然令他局促不安；午夜时分，他捎信给英国人，让他们阻止凯末尔上任。但是凯末尔早已离开了。

　　凯末尔帕夏以及一小群土耳其人开始在安纳托利亚组织国民抵抗运动。一开始，他们的行动低调而谨慎，想要赢得驻扎在那里的军官的支持。表面上他们以苏丹特派员的身份行事，但是他们并不理睬从君士坦丁堡传来的命令。事态的发展对他们很有帮助。在高加索地区，英国人建立了一个亚美尼亚共和国（Armenian Republic），并承诺将土耳其东部各省并入其中（亚美尼亚共和国现在是苏维埃联盟之一）。亚美尼亚人和土耳其人之间的仇恨很深，相互屠杀的事情过去常常发生。土耳其人占据上风的时候，他们对亚美尼亚人的血腥屠杀更加残忍，特别是在阿卜杜勒·哈米德二世统治时期。如果现在土耳其人要接受亚美尼亚人统治，那就意味着他们将要遭受灭顶之灾。与其如此，还不如奋起战斗。因此安纳托利亚东部各省的土耳其人都愿意听从凯末尔帕夏的号召和建议。

　　同时，另一件事，也是更重要的一件事，刺激了土耳其人。1919年初，意大利人想要让自己的军队在小亚细亚半岛登陆，以实现他们与法国和英国签订但未实现的秘密协约。英法两国并不情愿，当时他们不想支持意大利人。在别无选择的情况下，他们同意希腊军队占领士麦那，以便抢在意大利人之前先发制人。

1919年5月，在英国、法国和美国战舰的掩护下，希腊军队随英国船只来到小亚细亚半岛并在士麦那登陆。很快这些军队——协约国给土耳其的一份大礼——开始了大规模的烧杀抢掠。这是一个恐怖统治时期，在这个良知被消磨殆尽的厌战世界，希腊的暴行还是引起了巨大震动。它给土耳其造成了极其巨大的影响，因为土耳其人似乎看到了协约国为他们安排的宿命。屠杀他们、如此对待他们的竟然是他们的宿敌和曾经受他们统治的希腊人！土耳其人心中燃起了熊熊怒火，民族主义运动开始兴起。实际上，据说尽管这场运动的领袖是凯末尔帕夏，但希腊军队占领士麦那才是引发这场运动的真正原因。许多原本犹豫不定的土耳其军官此时也加入了这场运动，尽管这违反了苏丹的命令。因为苏丹当时已经下令逮捕穆斯塔法·凯末尔。

民族主义者面对的情况很不利——在国家内战中他们受到了宗教制裁，外国侵略者正在不断推进，在背后支撑苏丹和希腊人的是协约国；协约国在击败德国之后，已经控制了整个世界。但是凯末尔帕夏对人们呼喊的口号是"要么赢要么死"。一个美国人问他，如果民族主义者失败了，他会怎么办的时候，他回答说："一个为了生存和独立而牺牲一切的国家永远不会失败。死气沉沉的国家才是失败的。"

1920年8月，协约国发表了他们为不幸的土耳其起草的条约《色佛尔条约》（*Treaty of Sevres*）。这份条约旨在剥夺土耳其人独立的权利，就像给土耳其成为独立国家的理想判了死刑。不仅整个国家被分割为几个部分，而且还要在伊斯坦布尔建立协约国委员会以便进行控制。整个国家陷入了悲痛之中，全国哀悼了一天，人们诵经祷告，还进行了联合休业罢工——也就是他们停止了一切工作。报纸全部加上了黑色边框。可是，苏丹的代表还是在这份条约上签了字。民族主义者当然不屑地拒绝承认该条约，条约的发表反而使他们的实力有所增强；为了挽救国家，越来越多的土耳其人加入了他们的队伍。

然而，协约国无法将自己炮制的条约强加于土耳其，他们也不想容忍土耳其民族主义者对该条约的公开蔑视。希腊派出了更多军队，希土战争（Graeco-Turkish War）的规模也随之扩大了。1920年的夏秋两季，希腊人占了上风，给土耳其造成了沉重的打击。凯末尔帕夏和他的伙伴尽全力在残缺的队伍中建立起一支属于自己的军队。在最困难的时候，他们得到了最及时的帮助。苏维埃俄国向他们提供了武器和资金，因为英国是他们两国的共同敌人。

凯末尔的力量不断增强，协约国开始对这场斗争的未来感到难以预测了，于是它们向对方开出了更好的条件。但是凯末尔的追随者拒绝接受这些条件，他们觉得这些条件还不够好。于是，协约国宣布中立，不再插手希土战争。将希腊人卷入这场战争后，协约国弃希腊于不顾了。实际上，法国，甚至是意大利，私下里都想要与土耳其人修好。英国人基本上还是站在希腊人一边，尽管英国提供的支持是非正式的。

最终，穆斯塔法·凯末尔赢得了希土战争，参加过1919年抵抗运动的几位反叛者如今可以与大国派出的代表们平等对话了。许多情况都对这群勇敢者有所帮助——战后人们的抵触情绪、协约国之间的纠纷、英国人全神贯注于印度和埃及的动乱、苏维埃俄国的协助、英国人对土耳其的侮辱——不过他们取得成功最重要的原因还是他们争取独立的钢铁般意志和决心，以及土耳其农民与士兵令人惊叹的战斗能力。

双方代表在洛桑（Lausanne）召开了一次持续了数月的和平会议。1923年7月，双方签订了《洛桑条约》。获胜的勇士凯末尔帕夏几乎实现了他当初所有的目标。不过，他从一开始就很明智地确定了自己的最低要求，即使在取得成功的时候，他依然坚持着这些要求。他放弃了土耳其占领的非土耳其人领土，比如阿拉伯半岛、伊拉克、巴勒斯坦和叙利亚等。他希望一个纯粹的土耳其——也就是土耳其人民居住的土地获得独立。他不希望土耳其人干涉其他国家事务，也不能容忍任何外国势力干涉土耳其事务。由此，土耳其成了一个紧凑、单一种族的国家。几年之后，在希腊人的建议下，发生了一次不同寻常的人口交换。留在安纳托利亚的希腊人被送回了希腊；作为交换，生活在希腊的土耳其人也回到了土耳其。交换的希腊人大约有150万，其中有许多家族世世代代分别在安纳托利亚和希腊生活了几个世纪。这是一次惊人的种族迁移，这次迁移严重地打击了土耳其的经济生活，因为希腊人对商业的贡献非常大。不过，从此以后，土耳其的种族更加单一、纯正了，它或许是目前亚洲或欧洲种族最单一的国家之一[1]。

47.战后的危机

在此，我不打算讨论我们对历史应该有什么样的看法这一问题。我自己对此话题的看法在最近几年中都发生了很大变化。就像我对这件事或其他事改变了看法一样，其他很多人也都改变了看法。因为战争极大地震惊了每件事和每个人。它完全颠覆了旧的世界；自那以后，我们可怜的旧世界煞费苦心地设法再次站起来，却总是失败。它震动了我们从小到大的思想体系，让我们开始怀疑现代社会和文明的基础。我们看到了大量年轻生命的逝去，看到谎言、暴力、残忍、毁灭，想知道这是否就是文明的终结。苏维埃在俄国崛起了，这是一个新兴事物，一个新的社会秩序，是对旧事物的一种挑战。其他思想也在传播。这是一个蜕变的时期，是旧信条和旧传统瓦解的时期；一个在过渡和急剧变化

1　1933年的尼赫鲁并没充分预见到，土耳其的人民在种族方面可能并没有他想象的那么纯正。在后来的时间里，土耳其人与国内的库尔德人、亚美尼亚人等少数族群的冲突，始终是近、中东地区政治的不稳定因素，直至今日。——编者注

的时期中经常出现的、充满不确定和疑问的时代。

　　人们自然而然地会想起1815年维也纳会议¹签订的条约及其后果，并将它与1919年的《凡尔赛和约》及其后果做比较。维也纳会议签订的条约并非一个令人愉快的条约，它给欧洲未来发生的战争埋下了伏笔。我们的政治家们没有吸取经验教训，让《凡尔赛和约》变成了一份更加糟糕的和约，在上一封信中我们都已经看到了。这一份所谓的和约给战后时期蒙上了沉重的阴影。

　　过去的14年中发生了哪些重大事件呢？我认为，最重要的也是最引人注目的一件事就是苏联的崛起与合并，成立了苏联，或者称为苏维埃社会主义共和国联盟（Union of Socialist and Soviet Republics，简称USSR）。我告诉过你苏维埃俄国为了生存而面对的巨大困难。在这样的困境中最终取得胜利是这个世纪中的一大奇迹。苏维埃体系覆盖的范围包括了亚洲地区的前沙俄帝国领土，从西伯利亚直到太平洋以及中亚的印度边境附近。独立的苏维埃共和国宣布成立，不过它们以联邦制结成了联盟，也就是现在的苏联。这个联盟涵盖了欧洲和亚洲的大片领土面积，几乎是全世界陆地面积的六分之一。这个面积非常大，但是面积大并不能代表什么，俄国以及西伯利亚和中亚都十分落后。苏维埃创造的第二个奇迹就是制定了庞大的计

1　维也纳会议即拿破仑战争时期结束后的议和会议。相比巴黎和会，也有论者认为维也纳会议是成功的，它保证了从1815年到1914年的100年间欧洲的相对和平。——编者注

划，让这个面积广大的地区完全改变了模样。一个国家发生如此快速的进步在历史记载中还没有出现过。就连中亚最落后的地区都一下子冲到了前面，令身处印度的我们羡慕不已。最显著的进步是教育和工业方面的进步。通过大规模的"五年计划"（Five Years' Plans），俄国以狂热的步伐推进了工业化，建立了数量众多的工厂。这些对于苏联人来说是很大的压力，他们无法安逸地生活，连生活必需品都没有，这样一来，他们大部分的工作收入就可以投入到第一个社会主义国家的建设之中。农民的负担尤其沉重。

　　不断进步的、有进取心的苏维埃国家和矛盾冲突不断加剧的西欧之间产生了强烈的对比。尽管遇到很多困难，西欧仍然比俄国富有得多。在西欧长期繁荣兴旺的岁月里，它积累了大量财富，够它用一阵子了。不过，每个国家都承担债务责任，《凡尔赛和约》规定德国必须支付的战争赔款，以及各国之间持续的对抗与冲突，使可怜的欧洲陷入了困境。人们召开无休止的会议，试图找到摆脱困境的出路，但是他们没找到，而局势却逐日恶化了。苏维埃俄国就好像是一个身负重担却生机勃勃、精力充沛的青年，相较之下，西欧就像是一个没有希望、失去活力的老人，尽管依然傲慢地在前进，但它目前的状况必然会有到头的一天。

　　美国在战后几乎没有遇到欧洲那样的困境。在10年时间里，美国极为繁荣。在战争期间，他们把英国从债权国老大的位置上挤了下去。现在，美国成了世界的债权国，全世界都是

它的债务国。在经济方面，美国主导了整个世界，它原本可以
像英国以前的做法一样，靠着整个世界付给它的钱舒舒服服
地过日子。但是它遇到了两个难题。债务国深陷困境，无法以
现金偿还债务；实际上，即使它们比现在富裕，它们也付不出
这么大额的现金。为了偿还债务，它们唯一能做的就是生产
商品并把商品送到美国。但是美国人并不愿意接受外国商品，
他们设置了巨大的关税壁垒，阻止了大部分外国商品进入美
国。那么，可怜的债务国该怎么还债呢？它们找到了一个好办
法。它们可以再向美国借款，用于偿还到期利息！这是一个特
别的还债方式，因为它意味着债权国要拿出更多的钱，债务
额会越来越高。很显然，大部分债务国永远都不可能摆脱债
务，然后突然间美国停止出借，脆弱的纸上协定就会轰然倒
塌。美国还发生了另一件奇怪的事情。繁荣富足、遍地黄金的
美国，突然之间到处是失业工人，工业的车轮停止了转动，贫
困开始四处蔓延。

　　如果富足的美国都濒临破产，欧洲的状态也可想而知了。
每个国家都通过提高关税和其他策略阻止外国商品进入本国，
并且鼓励人们购买国货。每个国家都想销售自己的产品，不想
购买或者尽可能少买外国的产品。如果这种情况持续下去的话，
必然会削弱国际贸易，因为贸易和商业活动依赖的是商品交换。
这种政策被称为经济民族主义。这种政策和其他积极的民族主
义形式蔓延至所有的国家。随着贸易和工业的衰落，各国的困
难与日俱增，帝国主义大国为了达到本国的收支平衡，加重了

对海外领土的剥削，也削减了本国工人的工资。在剥削世界的欲望和行动中，相互竞争的帝国主义国家之间的冲突越来越大。当国际联盟伪善地呼吁裁军，却没有采取任何实质性行动的时候，战争的阴霾似乎越来越近了。大国再次开始集结各自的力量，为几乎不可避免的冲突做好准备。

资本主义文明控制西欧、美国和其他国家的重要时期似乎进入了尾声。战后第一个十年里，资本主义似乎有希望恢复实力，进而在相当长的时间里稳固自己的地位。但是，接下去的三年左右的时间给这种可能性打上了问号。不仅是因为资本主义国家之间的竞争达到了白热化程度，同时也因为国家内部各阶级之间的冲突，也就是工人阶级与控制政府的资本主义统治阶级之间的冲突也变得十分尖锐。情况在不断恶化，统治阶级在压制崛起的工人阶级方面做了最后一搏，采取了法西斯主义的形式。阶级冲突尖锐、统治阶级面临了失去特权地位的威胁时，法西斯主义出现了。

战后不久，意大利开始实行法西斯主义。为了镇压意大利工人，墨索里尼领导下的法西斯党人取得了控制权，自那以后一直掌握着政权。法西斯主义意味着赤裸裸的独裁专政，它公开蔑视民主政体。许多欧洲国家或多或少都采用了法西斯主义的方式，独裁专制在这些国家是很普遍的现象。1933年初，法西斯主义在德国取得胜利，终结了1918年刚刚宣布成立的共和国，德国法西斯主义采用极为残暴的方式扼杀了工人运动。

所以战后14年中发生的三件大事是：苏联的崛起；美国经

济在世界上的统治地位以及它目前的危机；欧洲的纷争。这个时期的第四个重大事件是：东方国家彻底觉醒了，它们为了争取独立采取了积极的行动。东方国家毋庸置疑地登上了世界政治舞台。

48. 印度与甘地

印度在战后耐心地等待着；它心怀怨恨，略带攻击性，并不抱有太大的希望但依然有所期待。焦急地等待了几个月后，英国新政策的最初成果以一份提案的形式体现了出来，这份提案建议政府批准几部控制革命运动的特别法案。人们得到的不是更多的自由，而是更大的约束。这些法案由一个委员会起草，被称为《罗拉特法案》（Rowlatt Bills）。不过，很快全国各地都把这些法案称为"黑色法案"（Black Bills），每一处的每一个印度人甚至包括温和派都公开谴责这些法案。它们使政府和警察部门有权逮捕任何他们怀疑的人，不经审讯或经过秘密审讯即可关押这些人。当时有一句著名的话形容这些法案："无律师，无审理，无判决。"在不断壮大的反对法案的声势中，一位新领袖登场了，他就像政治界的一小片云彩，不断扩展，迅速延伸，最后覆盖了印度的整片天空。

这位新领袖就是莫罕达斯·卡拉姆昌德·甘地。他在世界大战期间从南非回到印度，和他的侨民同伴居住在萨巴尔马提（Sabarmati）的一处静修院内。他远离了政治。他甚至帮助过政府为战争征召军人。当然，他在南非组织的非暴力抵抗斗争使他在印度很有名气。1917年，在比哈尔邦查姆普兰地区（Champaran District），他成功地声援了悲惨的、受尽欧洲种植园主蹂躏的佃农。后来，他还维护了古吉拉特邦凯尔拉（Kaira）地区的农民。1919年初他患了重病。他的身体刚刚有所恢复的时候，全国各地展开了反《罗拉特法案》的运动。他也加入了公开反对的行列，发出了自己的呼声。

但是他的呼声与其他人有所不同。这个声音平缓而低沉，却能穿透人群的呐喊回响在人们耳畔；这个声音柔软而温和，却似乎蕴含着钢铁般的坚毅力量；这个声音谦恭而恳切，却能体现出冷酷而令人生畏的一面；他所用的每个词都意义重大，仿佛体现出他的极度真诚。在平和而友好的语言背后，是力量，是跃跃欲试的行动以及不向错误屈服的决心。如今，我们对这个声音已经很熟悉了；在过去14年中，我们经常能听到这个声音。但是，在1919年2月和3月的时候，这个声音对我们来说还是新鲜的，我们并不清楚该怎么理解它，但是我们为之感到激动。它与我们的策略不一样，我们的策略只是发出吵闹的谴责之声，发表冗长的演讲，结尾处往往是一些毫无效果、毫无作用、没人会认真对待的抗议决心。而这个声音是行动的策略，而非空谈的策略。

圣雄甘地组织了一个非暴力不合作团队（Satyagraha Sabha），参与者都是准备违反特定的法律并准备为此入狱的人。这在当时是一个全新的想法，很多人感到兴奋，但很多人退缩了。

甘地用他惯常的方式给印度总督发去了谦恭的恳求及警告。当他发现英国政府决意要在全印度人的反对声中通过法案的时候，他呼吁，在法案通过之后的第一个周日举行全印度哀悼日活动，那一天全印度都要休业罢工，无论是商业还是集会都要停止。这就是非暴力不合作运动的开端，因此1919年4月6日这个周日被视作整个国家所有城镇和乡村的非暴力抵抗日（Satyagraha Day）。这是第一场全印度参与的此类型的示威运动，形形色色的个人与团体参与了这场令人赞叹且印象深刻的运动。我们这些为了这场联合休业罢工运动而努力的人都对这场运动所取得的成功感到吃惊。我们在城市中接触到的人很有限，但是我们带来了一种新的风气，而这种风气成功地传播到了我们这个庞大国家的每一个遥远的村庄。乡村居民第一次和城镇工人一起参加了大规模的政治示威活动。

怎样获得自由呢？显然，我们不能奢望保持沉默、静静等待就能获得自由。同样，国大党一直以来热情采用的仅仅通过抗议和祈求的方式不仅有损人们的尊严，也无法奏效。历史上这些方式从未成功地使一个统治阶级或特权阶级失去过权力。事实上，历史告诉我们，受奴役的民族和阶级都是通过暴力起义和反抗获得自由的。

　　武装起义对印度人来似乎是不可能的。我们没有武器装备，我们中大多数人甚至不知道如何使用武器。此外，在暴力的斗争中，英国政府或其他任何国家有组织的势力，都要比起义反抗它们的力量强大得多。军队可能会发生兵变，但是手无寸铁的人们则不会造反或与武装力量对抗。另一方面，使用炸弹或手枪杀死个别官员的个人恐怖主义是令人名誉扫地的行为。这种做法会让人士气低落，无论它给个人带来的恐惧有多大，也绝对无法撼动一个组织严密的政府。我告诉过你，就连俄国革命者都放弃了这种个人暴力行为。

　　那么，还剩下什么呢？俄国的革命取得了成功，建立了属于工人的共和国，俄国运用的方式是在军队支持下的大规模群众行动。不过，即使在俄国，苏维埃取得成功的时期正是整个国家和旧政府因为战争而崩溃的时候，苏维埃没有遇到什么反对的力量。此外，在当时的印度，没什么人知道俄国或者马克思主义，更别提从工人或农民的角度思考问题了。

　　因此，这些方式都行不通，印度似乎没有办法摆脱令人难以忍受的、有辱尊严的奴役状况了。敏感的人们感到无比沮丧和无助。就在此时，甘地提出了他的不合作运动的指导思想。像爱尔兰的新芬党一样，他的思想教导我们要依靠自己来增进自己的力量，显然这是一个给政府施加压力的非常有效的方式。政府的管理很大程度上依赖印度人的合作，无论这种合作是自愿的还是不情愿的，如果印度人不再合作而进行联合抵制的话，这在理论上很有可能会导致整个政府结构垮台。即使不合作运动无法做到这一点，它无疑也能够对政府施加巨大的压力，同时增强人们的力量。这种方式完全是和平的，然而它并非只是不抵抗主义。非暴力抵抗尽管是非暴力的，但它是一种明确的、对被认为错误的事情进行抵抗的形式。实际上，它是一种和平的反抗，是一种十分文明的斗争方式，然而它对国家的稳定来说是很危险的。它是一种发挥群众作用的有效方式，它似乎能展现印度人的特别才能。它让我们表现十分出色，而让对手理亏。它让我们摆脱了自己的恐惧，过去我们从不敢正视别人，现在我们开始正视别人了，也开始坦率而充分地表达自己的想法了。我们似乎卸下了思想上的重担，这种语言上与行动上的新自由使我们充满了自信与力量。最后一点是，以往，尖锐的种族仇恨与民族仇恨常常会伴随着斗争而产生，和平的方式在很大程度上避免了这些仇恨的扩大，并因此使问题的最终解决变得更加容易。

因此，这种不合作运动的指导思想加上甘地的卓越人格顺应了全国的诉求，使国家充满了希望。它传播开来，随着它的到来，人们原先低落的情绪消失了。新国大党吸引了国家中充满活力的一群人，它的力量和威望都得到了增强。

群众斗争有一个明显的优势。这是对群众进行政治教育的最佳以及最迅速的方式，尽管也许是一个痛苦的方式。因为群众需要"重大事件的历练"。和平时期普通的政治活动，例如民主国家中的选举，经常会使普通人感到困惑。演讲铺天盖地，每个候选者都做出了各种承诺，可怜的投票者，或者说田地里、工厂里或商店里的人就会感到困惑。对于投票者来说，团体与团体之间没有非常清楚的区分。但是当群众斗争发生的时候，或者说在革命时期，真正的立场就会变得清晰起来，好像被闪电照亮了一般。在这样的危急关头，各种团体、阶级或个人都无法隐藏他们的真实感情或品质。真相就会大白于天下。革命时期不仅可以检验品质、勇气、耐力和无私精神，还能揭露华丽而模糊的措辞，让不同的阶级和团体之间的真正冲突显现出来。

印度的非暴力不合作运动是一场全国斗争，这当然不是一场阶级斗争，它是一场得到了农民支持的中产阶级运动。因此它不像阶级斗争那样能够区分阶级。不过，即使在这样一场全国运动中，某种程度上也出现了阶级站队的情况。有些人，比如土邦王公、贵族和大地主，完全站到了政府一边；比起国家独立，他们更愿意保住他们的阶级利益。

在国大党领导下，随着全国运动的不断发展，农民群众也加入了国大党，希望国大党能够帮助他们摆脱重负。这极大地增强了国大党的力量，同时也使国大党具有了群众观念。虽然中产阶级仍是国大党的领导者，但他们的群众观念缓和了自下而上的压力，农村问题和社会问题越来越成为国大党的关注重心。国大党也渐渐产生了社会主义倾向。

49. 叙利亚

在土耳其帝国的辽阔疆域中，阿拉伯各国的觉醒来得最晚，尽管阿拉伯人和土耳其人之间早已势同水火。在阿拉伯世界中首先出现了文化意识的觉醒以及阿拉伯语言文学的复兴。这股浪潮始于19世纪60年代，首先在叙利亚兴起，随之蔓延到埃及和其他阿拉伯国家。1908年，土耳其国内爆发了青年土耳其党革命，阿卜杜勒·哈米德二世遭到废黜，从此以后，各种政治运动日益高涨。民族主义思想在阿拉伯人中传播开来，不论他们是穆斯林还是基督徒，都开始渴望把阿拉伯国家从土耳其的统治中解放出来，并实现阿拉伯世界的团结统一。尽管埃及也是讲阿拉伯语的国家，但是从政治上说，它基本上与阿拉伯世界其他国家联系不深，因此这个设想中的阿拉伯国并未包括它，这个国家只把沙特阿拉伯、叙利亚、巴勒斯坦和伊拉克囊括在内。阿拉伯人还希望土耳其苏丹能把伊斯兰宗教领袖（哈里发）的职权归还给阿拉伯王朝，从而实现伊斯兰宗教领袖对这片土地的领导。虽然这只是一个宗教诉求，但是人们还是趋向于认为这是一次民族主义运动，而且这个运动将对阿拉伯人的重要地位和昔日荣光的恢复大有助益，因此就连信奉基督教的叙利亚阿拉伯人都对此表示了支持。

甚至在世界大战爆发之前，英国就开始利用阿拉伯民族主义运动大做文章，密谋从中获得好处。在世界大战中，英国对阿拉伯国家做出许多承诺，答应要帮助他们建立一个伟大的阿拉伯王国，而麦加的谢里夫·侯赛因（Sherif Hussein）沉迷于英国人的花言巧语，梦想成为阿拉伯王国伟大的统治者和哈里发，因此他就与英国人结为同盟，开始带领阿拉伯人反抗土耳其的统治。叙利亚的阿拉伯人，不论是穆斯林还是基督徒，都踊跃地加入了侯赛因的反抗队伍中。很多叙利亚的革命领袖被土耳其当权者送上了绞刑架，为此付出了生命的代价。5月6日是这些被擒者受刑的日子，绞刑分别在大马士革和贝鲁特举行，因此直至今日，这一天都是叙利亚全国追悼民族英雄的纪念日。

英国出资扶持了这场阿拉伯起义，最终这次起义取得了胜利。但是，大战结束之后，原来隶属于土耳其的阿拉伯领土却几乎都落入了英国人之手，土耳其帝国则分崩离析了。

战争结束之后，是该要决定这些阿拉伯国家的命运了。获得这场战争胜利的协约国，或者就是英法两国政府，装模作样地宣称这些阿拉伯国家的目标就是"完全彻底地解放长期受土耳其政府压迫的人民，并建立起国家政府和机构，人民可以自由选择政府，并赋予其权力"。英法两国政府共同占有了更多的阿拉伯土地，继续实现着这个冠冕堂皇的高尚目标。在国际联盟的批准下，英国和法国获得了托管权，这是帝国主义势力夺取他国领土的新办法。法国托管了叙利亚，而英国则接管了巴勒斯坦和伊拉克。而沙特阿拉伯最重要的汉志王国（Hejaz）则由麦加的谢里夫·侯赛因接管，但是他是英国保护扶植的对象。
尽管当初英国承诺会帮助阿拉伯人建立一个统一的阿拉伯国，
但是它和法国以这种方式将这片广袤的疆域分割成不同的板块，
使其分别处于不同势力的托管之下。而看似独立的汉志王国实
际上仍处于英国的控制之下。阿拉伯人对这种分裂大失所望，
坚决拒绝接受这种安排。但是更多的意外和失望还在等着他们，
这是因为帝国主义还会推行分裂政策，甚至在每一个托管地区
内继续分而治之，以达到轻松控制的目的。现在我们就可以分
别来一一认识这些国家了。让我首先介绍法属叙利亚托管地吧。

　　1920年初，在英国的支持下，埃米尔·费萨尔（Emir
Feisal，汉志王国侯赛因国王的儿子）领导下的叙利亚阿拉伯政
府成立了。叙利亚国家议会召集开会，决定在统一的叙利亚内
采用民主立宪制。但是这仅仅持续了短短的几个月时间；随后
在1920年夏天，法国介入其中，由于它拥有国际联盟批准的叙
利亚托管权，因而轻而易举地就把费萨尔赶下了台，并强制占
领了这个国家。叙利亚是一个小国，全部人口不到300万，但
是法国这次可真是捅到马蜂窝了，因为叙利亚阿拉伯人，不论
是穆斯林还是基督徒，现在都坚定了获取民族独立的决心，他
们断然拒绝屈从于另一个强国的统治。在这个国家中纷争从未
停歇，地方起义此起彼伏，因此法国不得不派驻大批军队镇压
叙利亚境内的动乱，以维持它的统治。随后法国政府又玩弄起
帝国主义的惯常手段，将叙利亚分割成更小的国家，激起宗教
和民族纠纷，以此削弱叙利亚的民族主义。这是蓄意为之的政

策，就差没有冠冕堂皇地宣布要"分而治之"了。

叙利亚这样一个小国竟然被划分为了5个独立的国家。黎巴嫩国（Lebanon）在西海岸之滨和黎巴嫩山脉附近建立起来了。在这个国家里，绝大多数人都信奉基督教的一个教派，这些人被称为"马龙教徒"（Maronite）。法国人给予了他们特殊的地位，因此成功地把他们争取了过来，一起对付叙利亚阿拉伯人。

黎巴嫩北部沿岸还建立起了另一个小国，这个小国地处群山之中，居民是信奉伊斯兰教的阿拉维斯人（Alawis）。第三个小国亚历山大勒塔（Alexandretta）则建立在更远的北部，它与土耳其接壤，国中居民大多讲土耳其语。

而保留下来的叙利亚本土就失去了一些最富饶的地区。更糟糕的是，它远离海岸，成了一个内陆国家。在漫长的历史中，叙利亚一直都是一个重要的地中海国家，而现在这一传统关系被无情地斩断了，它不得不望着眼前这片寸草不生的沙漠而黯然神伤。在这种情况下，叙利亚的分裂还没有停止。又一个山区小国切断了和它的联系，成了一个独立的国家。德鲁兹人（Druz）是这个被称为德鲁兹山（Jebel ed Druz）地区的原住民。

叙利亚人从始至终都极度反感法国的托管。在这里，各种冲突此起彼伏，大型示威活动时有发生，阿拉伯女性也积极地投身到了这些政治示威游行之中。法国政府采用高压手段，对这一系列的反抗行为进行了严厉的镇压。法国分裂叙利亚的行径，以及它蓄意挑起宗教和民族纠纷的做法，使得事态变得更为严峻，而叙利亚国内的不满情绪日益高涨。为了稳定局面，法国采用了英国在印度的做法，大肆压制个人和政治自由，并派出大量的间谍和特工严密地监视着这个国家的一举一动。他们任命"忠诚的"叙利亚人为官员，这些人则被叙利亚人民看作国家的叛徒，在人民当中没有丝毫影响力。当然法国人指出他们所做的一切，都是出于最为真诚的动机，他们还宣称他们认为"他们有责任教化叙利亚人，帮助他们建立起成熟的政治体制并获得独立"。这句话听上去多像英国在印度的说辞啊！

叙利亚的局势已经到了紧要关头，尤其是斗争以及较为落后的德鲁兹人问题激化了矛盾，使得冲突一触即发。法国总督对德鲁兹人头领玩起了阴谋诡计，他邀请他们前来做客，却翻脸扣下他们作为人质。这个恶劣的事件发生在1925年夏季，德鲁兹人由此愤然揭竿而起。这个小范围的反抗行动迅速蔓延到叙利亚全境，叙利亚各地纷纷加入战争，为民族独立和团结而战。

叙利亚独立战争是一次值得铭记的事件。这个国家相当于印度两到三个地区的面积，但是它能勇敢地反抗法国这个当时世界最强大的军事大国。当然，叙利亚人根本无法与人数众多、装备优良的法国军队展开真刀真枪的大规模战斗，但是他们能让法国无法在农村地区站稳脚跟。法国只能占领那些大城镇；即便如此，这些法国占领区还会时常遭到叙利亚人的突袭。为此，法国人射杀了大量的反抗者，烧毁了无数的村庄，竭尽全力对叙利亚实施着恐怖统治。历史名城大马士革也在1925年10月遭到炮轰，城中大多损毁严重，到处一片狼藉。整个叙利亚沦为了一座军营。尽管法国进行了残酷的镇压，这场起义仍然坚持了两年之久。最后强大的法国战争机器还是碾轧了这次反抗运动，不过叙利亚人做出的伟大牺牲并非是徒劳无功的。通过这次战争，他们已经坚定地表明自己拥有追求自由的权利，也让世界看到他们是多么英勇不屈。

值得注意的是，法国企图让外界认为这场起义是由宗教纷争引起的，并想要利用基督徒来对付德鲁兹人，但是叙利亚人明确地提出，这场起义是为了争取民族独立，并非是出于宗教目的。在反抗行动开始之初，在德鲁兹国境内就成立了一个地方政府，这个政府发布宣言，呼吁国民参与这场独立战争，以赢得"一个完整叙利亚的完全独立，"让这个国家"能够自由选举国民代表大会，起草宪法，赶走外国占领军，建立起国家军队，保卫国家安全，并依照法国大革命的原则和人权来安邦兴国"。因此，法国政府及其军队企图镇压的是一群坚持法国大革命原则和权利的人，而这些原则和权利却是法国人自己一直所拥护的。

1928年初，对叙利亚的戒严令终止了，新闻审查制度同样也取消了。许多政治犯获得了释放。根据民族主义者的诉求，国民代表大会得以召开，宪法的制定也提上了日程。但是，法国根据宗教信仰的不同，把叙利亚划分为不同的选区（这与印度现在的情况一致），从而播下了矛盾的种子。穆斯林、希腊天主教徒、希腊东正教徒以及犹太人被安排到不同的隔间里面投票，每个投票者都被迫投票给自己的宗教教派。因此，大马士革出现了一个奇特的场面，法国人的居心昭然若揭。叙利亚民主主义者的领袖是新教徒，他不属于任何一个选区，即使他是大马士革城内最受欢迎的人，也最终没被选出来。穆斯林获得了10个位子，他们提出要放弃一个，把它让给新教徒，但是遭到了法国政府的断然拒绝。

尽管法国人万般阻挠，叙利亚民族主义者仍旧控制了国民代表大会，并起草了宪法，以争取国家的独立和主权。叙利亚将成为一个共和国，国家权力必须来自人民。在这份宪法草案中并未提及法国以及它对叙利亚的托管权。法国人对此表示强烈抗议，但是国民代表大会决不妥协，因此双方互不相让，斗争旷日持久。最后，法国高级专员建议在这份宪法草案中加入一条过渡条款，这条过渡条款的大意是，在法国托管权存续期间，宪法草案中任何一条违背法国托管义务的条款均不能应用生效。这个说法十分含糊，但是这的确是法国所做出的巨大让步了。但是，国民代表大会还是寸步不让。于是法国政府就在1930年5月解散了国民代表大会，在同一时间公布了它所制定的宪法草案，并附加了那条过渡条款。

因此叙利亚本土成功地达到了它几乎全部的要求，而且还并未做出妥协或是放弃任何一条要求。还有两个遗留问题：一是托管权的终结，这个问题不解决，过渡条款也没法终结；二是叙利亚的统一问题，这是一个更为严重的问题[1]。除此之外，宪法本身是与时俱进的，而且它是专为完全独立的国家所制定

---

1 这个问题最终没有解决。按1936年签署的《法国-叙利亚独立协约》中的规定，叙利亚收回德鲁兹山和阿拉维斯地区。亚历山大勒塔则于1939年加入土耳其共和国。而黎巴嫩国一直独立至今。——编者注

的。叙利亚人在伟大的反抗运动期间展示了他们英勇不屈的精神，之后在和谈期间，他们再次显示出这种不屈不挠和坚忍不拔的勇气。对于完全自由的要求，他们绝不接受一丝一毫的更改和解释。

1933年11月，法国向叙利亚下议院递交了一份条约。尽管下议院议员绝大多数都是亲法的温和派，但是这份条约也遭到了他们的断然拒绝。这是因为法国坚持要求继续保持叙利亚的分裂现状，还要求保留法国在叙利亚的军营、营房、专用机场以及驻军[1]。

50. 巴勒斯坦

巴勒斯坦是叙利亚的邻国，在此英国得到国际联盟的批准，对它行使着托管权。巴勒斯坦的国土面积甚至比叙利亚还小，总人口不到100万。但是，它的历史悠久，各种关系错综复杂，因此它就像一块磁石，吸引着世界的目光。要知道，它不仅是犹太人和基督徒的圣地，而且从某种意义上说与穆斯林也关系

1　直到二战后的1946年，英、法军队才完全撤出叙利亚，这标志着叙利亚的独立。——编者注

匪浅。巴勒斯坦的主要居民为信奉伊斯兰教的阿拉伯人，他们强烈要求独立自由，渴望团结起叙利亚的阿拉伯人。但是英国人玩弄手段，利用了巴以之间由来已久的矛盾，在这里蓄意挑起了这个少数民族问题。因此，犹太人与英国政府结为同盟，一致反对巴勒斯坦的民族自由。究其原因，应该是犹太人害怕阿拉伯人统治巴勒斯坦吧。双方立场不同，因而冲突必然时有发生。阿拉伯人人数占优，但是犹太人财力雄厚，并且拥有一个国际性的犹太人组织。因此，英国才挑中了犹太人，让犹太宗教民族主义与阿拉伯民族主义相互争斗。这两个民族之间斗争日益激烈，英国就常常从中调停，以维护和平局面。如此一来，在这里英国的存在似乎就变得不可或缺了。这是帝国主义对其控制的国家常常玩弄的阴谋诡计；奇怪的是，这个伎俩却是屡试不爽。

犹太民族是一个杰出的民族。最早他们只是居住在巴勒斯坦的一个小部落，或者是几个小部落，《圣经》的《旧约》中记载了他们的早期历史。犹太人十分自负，认为他们是上帝选中的民族。但是这也是几乎所有的民族都抱有的幻想吧。在漫长的历史进程中，他们不断地遭到征服、压迫以及奴役，有不少优美感人的英语诗篇正是引用了《圣经》官方译本对犹太人的吟唱和哀歌的译文。我想希伯来语文本也是十分优美的，甚至应该更加优美。让我们一起来看看《诗篇》（*Psalms*）中一些经典的句子：

　　他们曾在巴比伦的河边坐下，一追想锡安山（Zion）就哭了。

　　我们把琴挂在那里的柳树上。

　　因为在那里，掳掠我们的要我们唱歌，抢夺我们的，要我们为作乐，说，给我们唱一首锡安歌吧！

　　我们怎能在外邦唱耶和华的歌呢？

　　耶路撒冷啊，我若忘记你，情愿我的右手忘记技巧。

　　我若不记念你，若不看耶路撒冷过于我所最喜乐的，情愿我的舌头贴于上膛。[1]

　　最后这些犹太人散落到了世界的每个角落。他们没有家园，也没有母国。无论到哪里，他们都被当作异族人，不受欢迎，也不受待见。他们被迫聚居在城市的特定区域里，当地人都远离这些被称为"犹太贫民窟"的角落，把他们看作洪水猛兽，避之唯恐不及。有时他们还会被迫穿上特别的服装，来给自己打上标记。他们饱受欺辱和虐待，甚至遭遇过大屠杀；"犹太人"这个词成为咒骂用语，意思和守财奴以及贪婪的放债者不相上下。面对诸多的苦难，犹太民族不仅幸存了下来，还尽力保留了自己的种族文化特征；这个民族不断发展壮大，并且涌现了大批伟大的人物。时至今日，许多出类拔萃的科学家、政治家、文学家、金融家、商人都出身于犹太民族，甚至就连最伟大的社会主义者和共产主义者都

---

1 《诗篇》137：1，出自《圣经和合本》。——译者注

是犹太人[1]。当然，大多数犹太人仍然处境凄凉；大批犹太人散布在东欧的各个城市，不时遭受着"集体迫害"或者大屠杀。这些没有家国的犹太人，尤其是他们当中最贫苦的群体，从未忘却对古老耶路撒冷的梦想。对他们而言，耶路撒冷是那么宏伟壮丽，超凡入圣，但这也只是存在于他们的梦中而已。他们把耶路撒冷称作"锡安"，意为"乐土福地"，而正是因为他们对过去的向往，犹太复国主义，亦称锡安主义（Zionism）就此兴起，他们热切渴望能够回到耶路撒冷和巴勒斯坦。

临近19世纪末，犹太复国主义运动已然渐具雏形，它成了殖民运动，许多犹太人来到巴勒斯坦定居下来。与此同时，希伯来语也渐渐复兴起来。在世界大战期间，英国军队入侵了巴勒斯坦。1917年11月，英军进入耶路撒冷，与此同时，英国政府发表了《贝尔福宣言》（*Balfour Declaration*），宣称他们的目的是要在巴勒斯坦建立"犹太人的民族之家"。这个宣言的意图是要赢得全世界犹太人的好感和支持，从经济利益的角度来说这一点尤为重要。这个宣言赢得了犹太人的一致欢迎。但是这个计划有一个小缺陷，就是人们似乎完全忽略了一个重要的事实。要知道，巴勒斯坦可不是荒郊野地，更不是无人居住的空城，它早已成了其他民族的家园。因此英国政府这一慷慨的举动却是以牺牲巴勒斯坦现有居民的利益为代价的，因此这些民族，不论他们是阿拉伯人还是非阿拉伯人，是穆斯林还是基

---

1 这里尼赫鲁所指的应该是卡尔·马克思。——编者注

督徒，只要不是犹太人，都一致激烈地抗议这个宣言。实际上，
这个问题的根源在于经济。这些抗议的民族认为，犹太人会全
面加入竞争行列，而他们背后雄厚的资本将会让他们对这个国
家的经济问题说一不二；他们害怕犹太人会来夺走他们的口粮，
抢占农民的土地。

　　从此以后，巴勒斯坦的历史就充斥着阿拉伯民族和犹太民
族的各种矛盾冲突。

51. 民主与独裁

　　贝尼托·墨索里尼成了意大利的独裁者，这一榜样效应似
乎引来各国争相效仿，独裁统治在欧洲大陆蔓延开来。他曾说
过："欧洲各国王位空缺，正等着有能耐的人。"独裁统治在
许多国家兴起，而议会要么遭到解散，要么被迫顺从独裁者的
意志。除了意大利和西班牙，还有其他一些国家放弃了民主政
权，确立了独裁统治。这些国家包括波兰、南斯拉夫、希腊、
保加利亚、葡萄牙、匈牙利以及奥地利。在波兰，毕苏斯基曾
是沙俄统治时期的社会党人，他一手把持了军队，成了波兰的
独裁者。他常常言语无礼至极，恣意攻击波兰的议员们，有时

这些议员还会被匆匆带走，遭到逮捕。在南斯拉夫，国王亚历山大一世就是独裁者。据说，在这个国家的一些地区，局势进一步恶化了，独裁政权的镇压是前所未有地残酷，甚至比土耳其统治时期更甚。

上述几个国家都并非一直处于公然的独裁统治之下。有时，这些国家的议会暂时活跃一阵儿，可以行使职责；有时，正如保加利亚近来发生的事件一样，拥有权力的政府逮捕一切让其不开心的议员，比如共产主义者，并强行把他们赶出议会，让剩下的议员们尽其所能地继续行使职责。这些国家常常处于独裁统治之下，或者濒临独裁统治的边缘。这些个人专制或者少数群体政府依赖武力，不断采取镇压手段，杀害并囚禁反对者，实施严厉的审查制度，并派出大量的间谍监视全国，以此来维持自己的独裁统治。

在欧洲以外的地区也出现了独裁统治。在土耳其是凯末尔帕夏。南美洲多见独裁者，但是那里的人们早就习以为常了。

不论这些独裁政权在形式上发生任何变化，它们都是坚决反对民主和议会政体的。你应该记得我曾告诉过你，19世纪是民主的世纪，在这个世纪中，法国大革命宣扬的人权主义成了最进步的思想，而个人自由成了奋斗的目标。由此在欧洲的大多数国家中，议会政体应运而生，发展程度各有不同。在经济领域，自由主义理论就此盛行起来。进入20世纪，更准确地说，是世界大战结束之后，19世纪的伟大传统成了过去，仍然对形式民主怀有敬畏之情的人越来越少了。随着民主政治的陨落，那些所谓的自由民主团体无一例外地遭受了同样的命运，他们也不再算作有效力量了。

民主已经不再像过去那样受到广泛的支持。议会不复当初的盛况，人们已经不再对它肃然起敬了。政府首脑获得了巨大的权力，他们可以绕过议会直接进行一切他们认为必要的事情。他们之所以可以这样做，一部分原因是因为我们现在正处于一个关键时期，必须对任何变化做出快速反应，而议会的行动有时会比较迟缓。德国最近完全抛弃了议会，现在开始在实施最为严酷的法西斯统治。美国向来赋予美国总统极大的权力，最近总统权力再次得到增强。英国和法国是硕果仅存的两个国家，议会一如往昔，仍旧对外行使着职能。它们在附属国和殖民地中进行着法西斯活动，英国的军事独裁在印度展露无遗，而法国在印度支那半岛施行军事独裁，"平定"了当地的局势。但是，即便是在伦敦和巴黎，议会也渐渐被架空，成为没有权力的空壳子。

为什么会发生这种情况呢？民主曾是一个多世纪以来无数人心神向往的理想和信念，成千上万的殉道者曾为之献出了宝贵的生命，而现在它为什么受到人们的唾弃了呢？这些变化的发生当然是有充分的缘由的。这并非是因为人民大众变化无常，随心所欲，不切实际，这必然是因为19世纪的形式民主不能适应现代社会状况。这个话题很有意思，但是十分错综复杂。我现在不会对此展开深入探讨，但是我会提出一两个问题供你思考。

在之前的某段中，我把民主称作是"形式上的"。共产主义者说这不是真正的民主，这不过是披着民主外壳的专制，实际

上仍是一个阶级在统治其他阶级。他们认为，民主掩盖了资产
阶级专制统治的事实。这就是富豪统治，政府受到财团的控制。
民主赋予人民大众选举权不过是哗众取宠的做法，让他们能每
隔4至5年有一次表达个人意愿的机会，决定是让甲还是乙来统
治和剥削他们。不论哪种情况，人民大众最终都会受到统治阶
级的盘剥。只有当统治阶级成为唯一存在的阶级，社会中就不
再有剥削和压迫，那么真正的民主才能到来。但是，为了建立
这个社会主义国家，就必然要经历一段无产阶级专政时期，以
控制人群中所有资产阶级和中产阶级分子，不让他们有机会玩
弄阴谋诡计来危害工人阶级专政国家。在俄国，代表着工人阶
级、农民和其他"积极"分子的苏维埃政权实行了专政统治。
因此，这就变成了百分之九十，甚至是百分之九十五的人对剩
余百分之十到百分之六的人的专政。这就是他们的理论。

　　法西斯的看法却完全不同[1]。要找出法西斯主义原则是很难
的，因为它们似乎并没有什么固定原则。但是关于它们是民主
的对立面这点还是毋庸置疑的。它们反对民主的理由不同于共
产主义，共产主义认为民主不是货真价实的，只是一种假象，
而法西斯主义却反对民主主义思想的所有原则基础，并极尽诅
咒之能事，竭尽全力批判民主。墨索里尼就曾把民主称为"正
在腐烂的尸体"！法西斯主义者憎恶个人自由思想，他们认为国

1　尼赫鲁写作于1933年，所以无从得知法西斯主义将在6年后挑起第二次世界大战。所以
他只是从政治理念和政治制度的角度来讨论法西斯主义。——编者注。

家就是一切，个人无关紧要。要是19世纪那位倡导民主自由主义的意大利革命家马志尼能了解这一切，他又会对他的同胞墨索里尼说什么呢？

不仅是共产主义者和法西斯分子，就连那些曾经深深思考过当今社会问题的其他人士，都对选举权就意味着民主的旧观念越发不满。民主的真正意义是平等，民主只能在平等社会里才能够繁荣昌盛起来。显而易见的是，每个人都能投票选举并不能创造出一个平等社会。尽管成年人拥有了投票权或者相似的权利，但是今天社会不平等的现象仍然十分严重。因此，为了让民主有起死回生的机会，就必须要创造一个平等的社会，这个论断让人们纷纷倒向其他的目标和方法。但是人们都认为今日之议会非常不令人满意。

让我们稍微深入地了解一下法西斯主义，去探究它的本质。它以暴力为荣，以和平为耻。墨索里尼在《意大利百科全书》中写道：

法西斯主义不相信永久和平是必要或有用的。因此它完全否定和平主义，因为和平主义掩饰了其逃避斗争和懦弱的本质——尤其是在面对牺牲时。战争，也唯有战争，才能把人类的力量激发出来，实现其最大张力，并让那些有勇气迎接它的人深刻认识到它的伟大和高尚。其他所有考验都不能替代它；它们都不能让人直面生死的抉择。

法西斯主义具有极端民族主义倾向，而共产主义却具有国际主义精神。法西斯主义实际上是反对国际主义的。它把国家推上了神坛，而个人自由和权利则成了"神"的祭品。它把其他国家都看作异族，几乎与它们完全敌对起来。犹太人就被当作异类，受到了残酷的虐待。尽管法西斯主义高喊着反资本主义的口号，打着革命的旗号，但是它与反动的垄断资产阶级联合了起来。

这些都是法西斯主义的一些奇怪的方面。我们很难了解它的思想基础（如果它有的话）。就我们所知，它最初是出于人类对权力的纯粹欲望。当它成功地获得了权力，它就会试图建立起支撑它的思想基础。为了让你了解一下这有多复杂难懂，我将引用一位著名法西斯主义哲学家的著作中的一段话，他的名字叫作乔瓦尼·秦梯利（Giovanni Gentile）。他也是政府中的一名法西斯部长。秦梯利认为，人们不应该按照民主主义所倡导的那样，通过自己的个性或个人意志去追求自我实现，而是应该按照法西斯主义的主张，通过先验自我的行为，作为世界的自我意识。（不论它可能意味着什么，但是我是完全不能理解的。）因此，按照这种观点，个人自由和个性没有存在的必要；个人只有投身于国家之中，才能得到真正的存在和自由。

我的个性并未遭到抑制，而是与其他个性相互交融，在群体、国家和精神中得以重生，从而得到了提升、巩固和扩展。

秦梯利再次写道：

> 在口头劝诚或者棍棒暴力中，每种力量都是道德的力量，只要它能够影响意志，不论它引起了多少争议。

所以现在我们知道了，每当英国政府大肆采用包铁警棍等武器对付印度人民时，他们也耗尽了大量的道德力量。

这些理论都试图在事情已经发生之后对其理由与合理性加以解释。据说法西斯主义倡导建立一个"社团国"（Corporative State），我猜测在这样的国家里，人们为了共同的福祉团结一致，共同努力。但是迄今为止，意大利或者其他国家并未出现这样的国家形式。资本主义在意大利的运行模式与其他资本主义国家大同小异，尽管意大利施行了一些限制条件。

随着法西斯主义在其他国家的不断扩散，我们逐渐清楚地认识到，它并非是意大利特有的现象，而是当某个国家出现了特殊的社会经济状况时，它才会显现出来。每当工人阶级强大起来，真正危及资本主义国家的统治时，资产阶级自然会展开行动，自我拯救。通常只有在出现严重的经济危机时，工人阶级才会威胁到资本主义。如果有产统治阶级不能利用警察和军队，按照通常的民主方式来扑灭工人阶级运动的话，它就会采用法西斯的方法。这种方法即是发动一场民众运动，提出一些口号，鼓动大众参与运动，实际目的却是为了保护拥有财产的资产阶级。这场运动的群众基础是小资产阶级，他们中绝大多数都受到失业问题的困扰，而许多政治上落后、缺乏组织的工人和农民也受到了运动口号的蛊惑，希望能够通过参与这场运动来改善自己的社会地位。有钱有势的中产阶级为这场运动提供了大量的资金支持，他们希望能够从中牟利。尽管它的教义是暴力，而且它使用暴力也已成为司空见惯的行为，资本主义政府也极大地容忍了它，因为它们都在共同对抗同一个敌人——社会主义劳动者。作为一个政党，它摧毁了各种工人组织，并对所有的敌对势力施以恐怖统治。如果它上台执政的话，它的行为会变本加厉。

　　当不断进步的社会主义与根深蒂固的资本主义之间的阶级矛盾变得更加尖锐和危险时，法西斯主义就应运而生了。这种社会战争并非是因为误解产生的，而是因为人们更深刻地理解了我们现在社会所固有的矛盾和利益多样性。如果忽略这些矛盾，那么这些矛盾将不会得到解决。那些在现有体系下苦苦挣扎的人们对利益的多样性了解越多，他们就会对自己的利益遭到剥夺而感到越发的怨恨。有产阶级无意放弃它所拥有的一切，因此矛盾就会日趋激烈。只要资本主义能够利用民主制度机器来掌握权力并镇压工人的反抗，那么民主就能得以蓬勃发展。一旦不能采用这种方式，资本主义就会立刻抛弃民主，公然采用赤裸裸的法西斯方法，使用暴力并进行恐怖统治。

52. 中国的革命与日本的入侵

中国，这个年轻的共和国正在四分五裂，肆无忌惮的大小军阀大行其道，权势滔天，帝国主义势力一心想要保持中国积弱分裂的局面，因此常常鼓励帮助这些反动势力割据一方。这些督军没有道德原则，做事不择手段，他们的目标就是扩张自己的势力。军阀混战总是不断发生，而一些将领也在频繁地更换阵营。同时，这些军阀依靠他们的武装部队对农民施以苛捐杂税，农民的生活困苦潦倒。我也向你提到过伟大领袖孙中山先生在中国南部省份广东建立的民族政府。终其一生，孙中山先生都在为中华民族的自由而奋斗。

整个中国都处于外国列强的控制之下，它们在华展开了经济利益的争斗，占领了多个重要的港口城市，例如上海和香港，还把持了中国的对外贸易。孙中山先生早前曾说过，中国在经济上就是这些列强的殖民地，这句话真是一语中的。有一个控制者都已经是很糟糕的事情了，何况是有多个相互争斗的控制者，这样一来情况有时会更糟。孙中山先生试图想得到外国势力的支持，帮助中国发展工业，并恢复国内秩序。他尤其指望美国和英国能够伸出援手，但是这两个国家以及其他任何帝国主义国家都不愿意给予他帮助。它们只热衷于剥削中国，对它是否能够健康发展、增强国力完全不屑一顾。随后孙中山先生在1924年转而向苏联求助。

　　共产主义思想一直在中国学生和知识分子阶层内部秘密而快速地传播着。1920年中国共产党诞生了[1]，但是它却是一个秘密组织，因为任何政权都不允许它公开活动。孙中山先生不是一位共产主义者，他仅仅是温和的社会主义者，就像他提倡的著名的"三民主义"所表现的那样。但是，苏联对中国以及其他东方国家十分热情坦诚，这让他大受触动，因此他与苏联建立起了友好关系。国民党中有许多颇有资产的保守派成员（尤其是地主），他们并不喜欢与共产主义者扯上任何关系。另一方面，许多共产主义者也不情不愿，因为这就意味着他们不得不淡化自己的主张，不能进行那些他们本来可以独立开展的行动。这不是一个非常稳定的联盟关系，我们将会看到，它会在一个关键时刻完全崩溃，并给中国带来极大的灾难。要把利益完全冲突的两个或多个阶层合并起来，这通常是十分困难的。但是，在这个联盟关系存续期间，它得到了飞速的发展，而国民党和广州革命政府也日益发展壮大起来。革命政府鼓励佃农发展自己的组织，因此这些组织遍地开花，工会也如雨后春笋般建立起来了。人民群众的广泛支持使广州国民党真正地强大起来，但是这让地主阶级的领袖们心生恐惧，促使他们之后与这个政党分道扬镳。

　　广州革命政府稳固了政权，开始准备北伐战争。它开办了一

1　原文如此。中国共产党诞生于1921年。——编者注

所军事院校，建立了一支革命军。孙中山先生于1925年3月逝世，但是广州革命政府仍在不断发展壮大。不久之后，发生了一些事情，激起了中国人民对外国帝国主义由来已久的愤怒情绪，他们的不满主要是针对英国的。上海棉纱厂爆发罢工运动，一位工人在1925年5月的游行示威中遭到杀害。人们为他举行了大规模的纪念活动，最后扩大成为学生和工人参与的反帝国主义游行。一名英国警督下达了"射杀"命令，指挥手下的印度锡克教警察[1]对游行人群开枪射击，一些学生丧生。民众对英国的怒火迅速燃遍整个中国，随后发生的事件使得事态进一步恶化。这个事件于1925年6月[2]发生在广州外国租界（即沙面地区）。一群中国民众，其中大部分是学生，遭到了机关枪的射击。52人遇害，还有许多人负伤。人们认为英国人是这场被称为"沙面大屠杀"事件的罪魁祸首。广州革命政府宣布对英国货物进行抵制，并长期中断与香港的贸易，这让英国公司以及英国政府蒙受了巨大的损失。你也许知道香港，它是英国在中国南部地区的殖民地。它与广州相隔不远，因此它成了与内地进行贸易往来的口岸。

　　孙中山先生过世之后，广州革命政府内部右翼保守势力与左翼进步势力之间的斗争仍未停息。在各种纷争中，它们之间互有输赢。在1926年年中，右翼人士蒋介石出任总司令，开始了把共产主义者驱逐出去的行动。但是这两个党派在一定程度

1　民国时期上海的印度锡克教警察在影视作品中经常出现。他们通常头上包裹着红色头巾。因为总是充当英国人的打手，他们在吴方言中获得"印度阿三"的蔑称。——编者注
2　该事件实际发生于5月30日，又被称为五卅惨案。之后的反帝运动即五卅运动。——编者注

上仍然保持着合作关系，尽管它们相互并不信任对方。在此之后，北伐战争打响，革命军队挥师北上，发誓要赶走所有的军阀，在中国建立起一个统一的国家政府。北伐运动非同凡响，很快吸引了全世界的目光。在北伐之路上并未发生实质性的战斗，国民革命军势如破竹，快速向北挺进。北方地区四分五裂，而南方的真正力量来自农民和工人的拥戴。在1926年年末，民族主义者们已经跨过半个中国，控制了长江流域的重要城镇汉口。他们把国民政府所在地从广州迁到了汉口，并把汉口改名为武汉。革命军打败了北洋军阀，把他们赶出了盘踞地，而列强们突然懊恼地意识到，这个新生的中华民国雄心勃勃，堂堂正正地向它们提出平等要求，并拒绝再受欺辱。

北伐军继续向上海行军，并于1927年3月22日攻占了这座城市，但是并未进攻上海租界，保持了它的原状。他们依旧几乎不费吹灰之力就拿下了这座城市。军阀的抵抗部队向他们投诚，上海工人举行大罢工声援他们，上海原有政府在这场翻天覆地的变化中轰然倒塌。两天之后，南京也成了国民革命军的囊中之物。在此之后，国民党内左翼和右翼势力彻底决裂，由此国民革命的胜利戛然而止，灾难随之而来。革命终结了，反革命运动揭开了序幕。

蒋介石不顾武汉国民政府众多成员的反对，执意挥师上海。国民党内部两大势力钩心斗角，相互倾轧。武汉国民政府意图削弱蒋介石在军中的影响，从而能够把他赶出国民党，但是蒋介石却另立南京国民政府来与之抗衡。这一切都发生在占领上海后短短几天内。在背叛了武汉国民政府之后，蒋介石开始大肆逮捕杀害共产党员、左翼进步人士和工会成员。那些曾为蒋介石占领上海扫除障碍的工人，那些曾经兴高采烈地欢迎他指挥下的国民革命军进入上海的工人，现在却成了他追捕和镇压的对象。许多人遭到射杀或者处决，还有无数人遭到逮捕和囚禁。国民革命者本应给上海带来自由，但是这座城市却经受了一场血雨腥风和黑暗恐怖。

仅仅一两个月，中国的面貌就彻底改变了。在此之前，国民党是代表中华民族的统一政党，取得了革命的胜利，对抗着外国在华势力，正是志得意满、踌躇满志之时，但是现在它已经分崩离析，党内势力分裂成势不两立的两派。而曾经给它带来勃勃生机和强大力量的工人和农民现在却面临着迫害和追捕的命运。四分五裂的中国看似就要取得革命的胜利，但是这场革命戛然而止，一败涂地，遭到疯狂的反革命运动的反扑和吞噬。这个故事还没有讲完，各种事件层出不穷。有意识的阶级利益矛盾远远胜过了民族主义力量的团结，这是这场革命失败的原因。富裕的地主阶级和其他利益集团更愿意破坏民族主义运动，绝不愿意让农民和工人大众占据统治地位，从而避免让自己陷入不利的境地。

中国不光受困于错综复杂的内部矛盾，它现在还不得不面对敌国在所难免的侵略。这个敌对的国家正是日本，它一心想要趁中国国力衰弱之时从中渔利，也想从其他早已进入中国的列强手中分得一杯羹。

日本一直锲而不舍地努力，试图在亚洲大陆上找到立足点；它首先侵入朝鲜，之后又来到了满洲里。日俄战争后，俄国将旅顺港的租借权和特权都转让给了日本。沙俄帝国修筑的中东铁路满洲里段也落入日军之手，并更名为"南满铁路"。尽管发生了诸多变故，不过满洲里全境名义上仍旧归中国政府管辖，因此中国国内移民不断沿着这条铁路涌入满洲里。史称"闯关东"的移民潮的确算是世界历史上最为伟大的人口迁徙运动之一。从1923年到1929年的7年时间里，250多万中国人来到了满洲里，这里的人口总数一跃攀升到3000万左右，其中大约95%都是中国人。因而这三大省份几乎完全被中国人占据了，剩下5%则由俄国人、蒙古游牧民族、朝鲜人和日本人组成。满族人已经完全被汉人同化，他们甚至已经完全忘记了满语。

在接下来的数年里，日本的行为有所收敛。但是，它利用金钱和其他方式，在背地里扶持了一些中国军阀，让中国不断爆发内战，从而削弱中国的国力。它大力扶持张作霖，在来自南方的民族主义力量到来之前，这位中国军阀一直统治着满洲里以及北京地区。1931年，日本政府在满洲里的行动表现出了极其明显的侵略性态度。这或许是因为日本国内发生了严重的经济危机，迫使日本政府在海外采取行动，以此来转移国内注意力，缓解国内的紧张局势；也或许是因为军国主义势力在政府中占据了主导地位；又或者是因为他们认为其他列强都忙于应对自身的问题和贸易萧条，分身乏术，因此不可能干涉日本的行动。可能是以上所有的原因，诱使日本政府走出了这关键的一步。因为这一举动公然违背了1922年签署的《九国公约》，也违反了《国际联盟盟约》，因为中国和日本都是国际联盟的成员国，所以它们都不能在不知会国际联盟的情况下相互攻击。最后，它还明显违背了《1928年巴黎公约》（又称《凯洛格-白里安公约》），因为这场战争完全是非法的。日本政府对中国采取了军事行动，蓄意破坏了上述条约和承诺，公然对全世界提出挑战。

1932年1月，一支日本军队突袭上海近郊，犯下了现代最为恐怖的屠杀罪行。他们不愿意激怒西方列强，于是绕过外国租界，直接进攻人口稠密的中国人聚居区。上海近郊的大片区域（我认为是闸北）遭到轰炸和炮击，最后完全沦为废墟，数以万计的中国人死于炮火之中，还有更多的人无家可归。你要知道，这可不是两军交战，而是对手无寸铁的无辜平民进行的残酷轰炸。指挥这次大规模侵略行动的日本海军上将在面对外界质疑时，声称日本已经仁至义尽了，决定"对平民的无差别轰炸再持续仅仅两天时间"！就连驻上海的《伦敦时报》（London Times）亲日派记者都惊骇不已，他将此称为日军对中国人的"彻底的杀戮"行动。我们完全很容易想象中国人的感受。恐惧和愤怒冲刷了整个中国，各个军阀和政府面对这次野蛮的外来侵略，忘却了（或者看似忘却了）彼此之间的权力之争。各方表示要建立抗日统一战线，在中国内陆的共产党政府也表示要协助南京国民政府。但奇怪的是，南京政府的领袖蒋介石面对进犯的日本军队，完全放弃了保卫上海。南京政府唯一的举动就是向国际联盟提出抗议。

值得注意的是，西方列强更关心他们的经济以及其他方面的利益，尽管有数以万计的中国人死于这次屠杀，但是它们对日军在闸北的屠杀行径漠不关心，也对日本公然违背神圣条约以及国际公约的做法毫不在意。尽管国际联盟的会议多次提起有关日本侵略行径的动议，但是国际联盟总能找出借口推迟制裁行动。对国际联盟来说，实际战争爆发以及无数人丧生或正在遭遇屠杀并不是什么要紧的事情。据说，国际联盟指出真正的战争并没有爆发，因为日本并没有正式宣战！由于国际联盟在此事上表现软弱，而且几乎算是刻意纵容了日军的恶行，因此它的威望和声誉一落千丈。最终，国际联盟指派利顿勋爵带领一个国际委员会，前往满洲里进行调查。

这次调查历时很长，最终利顿委员会向国际联盟呈交了一份调查报告。这份报告十分谨慎，语言温和，措辞公正，但是它彻底针对了日本，这让英国政府十分恼火，因为他们是站在日本一边的。国际联盟再次推迟讨论，但是最终它还是不得不面对这个问题。美国的态度与英国截然不同，它与日本是完全对立的。美国已经表态，宣称它不会承认日本在满洲里或其他地区通过强制手段所带来的任何改变。尽管美国持有如此强硬的态度，英国却完全站在日本一方，而法国、意大利和德国多少也对日本表示了支持。

这次事件充分显示：国际联盟在面对明显的国际恶行时，毫无效率，完全起不了作用。它也显示了欧洲列强两面三刀、耍尽手段的特性。在此次事件中，美国（不是国际联盟的成员）试图对日本表现出强硬的态度，几乎擦枪走火，引爆了两国战争。但是随后英国和其他列强暗地里支持日本，这就让美国的强硬姿态完全失效，而美国也害怕因为对抗日本而遭到孤立，从而变得更为谨慎小心。国际联盟装模作样地谴责了日本，但是并未有任何后续的惩罚措施。国际联盟成员国表示不承认"满洲国"这个傀儡政权，但是这无异于一场闹剧罢了。

53. 科学向前发展

之前我已经提到过，科技在工业和人类生活方面的应用给19世纪的世界带来了惊人的变化。整个世界，尤其是西欧和北美，发生了翻天覆地的变化，这场变化远远超过了之前数千年内所发生的一切变化。单是19世纪欧洲出现的人口剧增现象，就足以让人惊叹不已了。1800年，欧洲总人口数为1.8亿。欧洲人口数量在漫长的历史进程中缓慢地增长着，而到了1914年，欧洲人口数量竟然达到了4.6亿。在这段时间内还有无数的欧洲人移民到了其他大陆，尤其是美洲，我们估计移民人口总数可能在4 000万左右。因此，在100多年的时间内，欧洲的人口总量就从1.8亿飙升到了大约5亿。在欧洲工业国家，人口的增长尤为显著。英国在18世纪之初仅有500万人口，它还是西欧地区最贫困的国家，随后它成了世界上最富裕的国家，人口数量上升到4 000万。

人口增长，财富增加，这都得益于人们能更好地控制或者更深地理解大自然。然而没有科学知识，一切皆为枉然。知识的增长十分显著，但是不要以为这必然意味着人类智慧的提高。在还未清楚认识到生活目标究竟是什么之前，人类就开始控制并开发大自然的力量了。一辆功能强大的汽车用处很大，也是人人想要拥有的东西，但是使用者必须知道汽车的原理。如果操作者没能很好地把握住方向盘，汽车就可能会跌下悬崖，万劫不复。英国科学协会（British Association of Science）主席最近提出："在人类知道如何控制自己之前，就已经获得了控制大自然的能力。"

大多数人心安理得地使用着无数科学的产物，例如铁路、飞机、电力、无线电等等，但他们从未思考过这些先进事物的由来。我们认为这一切都是理所当然的，就像是我们的正当权利一样。我们为自己处于这个进步的时代而感到无比自豪，顺带也自我感觉自己也是很"先进"的。毫无疑问，我们所处的时代与之前的时代是截然不同的，我认为，说它远比以前发达也是极为正确的。但是，这可不是说我们这代人或者群体更加先进。如果说因为一名火车司机可以开动发动机，而柏拉图或苏格拉底做不到，就能得出前者比后者更先进或更高级的结论，这无疑是荒谬绝伦的。但是，如果说发动机驱动的火车是比柏拉图的马车更为先进的交通方式，这种提法就非常正确了。

今天我们阅读了大量的书籍，但是我恐怕得说绝大多数思想都十分愚蠢肤浅。很久以前，人们阅读量很少，但是他们所读的书籍都是十分精辟的，而且他们深刻地理解了书本想要传达的精神。斯宾诺莎（Spinoza）是一位伟大的欧洲哲学家，他生活在17世纪时的阿姆斯特丹，学识渊博、饱含智慧。据说，他的图书馆藏书还不到60卷。

因此，我们有必要认识到，世界上的知识虽然大幅度增加了，我们却不一定能变得更好或者更明智。我们必须知道如何正确地运用知识，才能够从中获益。在驾着我们的好车绝尘而去之前，我们必须清楚自己将要前进的方向。也就是说，我们必须对自己的生活目的或志向有清楚的认识。今天，许多人都没有这种概念，也从不对此感到忧虑。他们处在科学的时代，但是支配他们的行动和生活的思想依然老旧不堪。很自然，困难和矛盾必然会出现。一只聪明的猴子也许能学会开车，但它绝不会是一名可靠的司机。

现代科学错综复杂，影响极为深远。成千上万的研究者都在不断地努力工作，在各自的研究场所做着各种科学实验，在各自的研究领域进行深入钻研，一点点地为知识的殿堂添砖加瓦。知识的领域浩如烟海，每一位研究者都只能了解自己研究的领域。通常他对其他领域的知识并不了解，因此，尽管他通晓某些科学分支的知识，但是他对很多其他知识一无所知。他很难全面而睿智地看待人类活动的方方面面。他并非是传统意义上的文化人。

当然，也有一些人已经超越了狭隘的领域，他们不仅是自己研究领域的专家，还能以广阔的视角来看待整个世界。这些人并未遭遇战争险阻，也未受到人类麻烦的困扰，他们专心致志地投身于科学研究，并在过去的15年左右的时间里为知识的发展做出了卓著的贡献。现今最伟大的科学家应该是阿尔伯特·爱因斯坦。他是犹太裔德国人，后来却被希特勒纳粹政府驱赶出了德国，因为这个政府厌恶犹太人。

爱因斯坦通过十分复杂的数学运算，发现了影响宇宙的全新的基本物理定律，从而改变了牛顿提出的一些定律，而这些定律在过去的200年里从未遭到过世人的质疑。爱因斯坦的理论通过最为有趣的方式，得到了确认。根据他的理论，光会表现出一种特性，在日食发生时可以验证这个理论预测。当日食发生时人们发现，光线的确会表现出这种特性，因此按照数学推理得出的结论，便在真实的实验中得到了证实。

我不会向你解释这套理论，因为它实在太深奥了。它被科学界称作相对论。在研究宇宙的过程中，爱因斯坦发现绝对时间和绝对空间的观点是不恰当的。因此他摈弃了这些旧观点，提出了一个新观点，即时间和空间必须紧密结合在一起。这就是"时空"的概念。

爱因斯坦研究了宇宙问题。同时，科学家们也研究了无穷小的问题。让我们用针尖为例吧，人类的裸眼只能看到这么小的东西了。科学方法证明，针尖在某个方面就像是宇宙本身。在它的内部，无数分子挤得水泄不通。每个分子都是由许多原子构成，这些原子不停地绕来绕去，却又互不接触。而每个原子又是由大量带电微粒或电荷构成的，或者说是质子和电子，它们也在不停地飞速运动着。还有更小的正电子、中子和介子。据估计，正电子的平均寿命非常短，仅为一秒的十亿分之一！这些无穷小的物质就像那些在空间里面不停转动的各种星体。要知道就算用最先进的显微镜都很难看到分子的存在。至于原子、质子以及电子，去想象它们的存在都很困难。可是，凭借如此先进的科学手段，科学家们收集到了关于质子和电子的大量信息，最近，科学家成功分裂了原子。

一想到这些最新的科学理论就会让人晕头转向，人很难去欣赏、领会它们。现在让我告诉你一些更加精彩绝伦的事情吧。我们知道，虽然我们的地球看似很大，但是它仅仅是围绕着太阳转动的一颗小行星，本身是微不足道的。然而，整个太阳系也不过是浩瀚宇宙中的沧海一粟而已。宇宙漫无边际，要从宇宙某处来到地球，那需要跨越数千或者数百万光年的距离。因此，夜空中的星星并非是它们本身，那只是我们正好能够看到的它在漫长的行程中留下的光线痕迹，它们也许经过了数百或者数千光年的长途跋涉才被我们看到。对于人们对时空的认知来说，这是相当令人困惑的，因此爱因斯坦的时空理论更有助于人们思考这些问题。如果我们抛开空间，仅仅考虑时间，过去和现在就会完全混淆了。虽然星星是我们现在看见的，而实际上，我们看到的是星星的过去。我们必须认识到，也许在它发射出光线之后，它就已经不存在了。

之前我就说过，太阳是一颗无足轻重的小恒星。还有大约
10万颗类似于太阳的恒星，它们一起构成了人们所说的银河系。
我们在夜晚看到的绝大多数星星都是银河系中的成员。但是我
们只能通过裸眼看到极少数的星星。强大的天文望远镜可以帮
助我们看到更多的星星。据天文学家估算，宇宙是由大约10万
个如银河系一般大小的星系组成的！

还有另一个令人惊讶的事实。有人说，宇宙是不断膨胀的。
数学家詹姆斯·金斯爵士（Sir James Jeans）将宇宙比作一个不断
膨胀的肥皂泡，而宇宙就是肥皂泡的表面。这个泡泡状的宇宙
非常巨大，如果要从它的一头到另一头，则必须要穿越无数光
年的距离才能走完这段漫长的旅程。

如果你还能保持冷静，没有被那么多令人惊叹的发现搅
浑大脑，那么我再告诉你一些关于这个精彩绝伦的宇宙的奥
妙吧。著名的英国剑桥天文学家亚瑟·艾丁顿爵士（Sir Arthur
Eddington）告诉我们，我们的宇宙正在分裂，就像是一座快要
停顿的时钟，除非有什么办法重新将它上紧发条，否则宇宙必
将彻底崩溃。当然这是数百万年之后的事情了，我们现在不必
担心这个问题。

物理和化学是19世纪的领先科学领域。它们能帮助人类支
配自然或者外部世界。在此之后，科学家们开始研究人体的内
部结构，认真了解人类的情况。生物学也变得重要起来，它是
一门研究人类、动物以及植物的生命科学。生物学已经取得了
非凡的进步。生物学家表示，不久之后，通过注射或者其他方

式就可能改变个体的性格或者气质。因此，懦夫也有可能被改变成勇者，或者更有可能的是，政府可以用这种方式降低批评者和反对者的抵抗力，从而解决他们给政府造成的麻烦[1]。

　　在生物学之后，哲学也得到了发展，这门学科主要解释与人类思想、动机、恐惧和欲望相关的问题。从此科学跨进了新的领域，让我们更加深入地认识自己，从而也许能够帮助我们掌控自身。优生学也是生物学的分支学科，其研究任务是改善种族素质。

　　对某些动物的研究是如何促进科学发展的呢？这也是一个非常有趣的问题。可怜的青蛙被大卸八块，就是为了找出神经和肌肉的工作模式。小苍蝇们常常叮在熟透了的香蕉上，因此得名为香蕉苍蝇，正是这种毫不起眼的小生物让我们进一步了解了遗传问题。通过对这种小苍蝇的细致观察，科学家发现了生物特征是如何一代一代地传承下去的。在一定程度上，这有助于科学家了解遗传是如何在人类身上发生的。蝗虫是另一种让我们获益良多的看似更为荒唐的动物。美国观察者们对蝗虫进行了长期而细致的研究，他们的研究显示了人类和动物性别确定的方式。现在我们已经充分了解了卵子在其生命的开始阶段究竟是如何变成雄性或者雌性的，并逐渐成长为小小的雄性或雌性动物，或者是男宝宝或女宝宝的。

1　这一观点正是反乌托邦主义思想所坚决反对的。在尼赫鲁写作此书时，反乌托邦主义的代表作品，阿道司·赫胥黎的小说《美丽新世界》已于1932年出版。——编者注

第四个例子是关于普通家犬的。当代著名的俄国科学家巴普洛夫（Pavlov）仔细观察了犬类的活动，他尤为注意的是，它们面对食物时，什么时候会分泌唾液呢？他确实测量了狗嘴中的唾液。狗一看到食物就分泌唾液，这是一种自发性行为，又称为"非条件反射"。就像是一个婴儿天生就会打喷嚏、打呵欠或者伸懒腰一样。

随后巴普洛夫尝试要让犬类形成条件反射。在喂食前，他都会先发出一种特别的信号，让狗学会听到信号就期待食物。这项实验的结果是，在狗的意识中，这个信号就与食物产生了关联，就算它没有得到食物吃，这个信号也能产生食物所能带来的相同效果（狗照样会流口水）。

犬类唾液实验奠定了人类心理学的基础。这些实验显示，人类在婴儿时期就具有许多非条件反射，随着婴儿一天一天长大，他就会具备越来越多的条件反射。事实上，我们所学的一切都是以此为基础的。就是这样，我们才养成了习惯，学习了语言等等。我们的行为受到条件反射的控制，当然既有令人愉快的条件反射，也有令人难受的条件反射。比如我们都有恐惧条件反射。假如我们发现身边窜出一条蛇或甚至只是出现一根像蛇一样的绳子时，就算对巴普洛夫的实验一无所知，我们也会以无比迅捷的速度逃走。

巴普洛夫的实验给心理学这门学科带来了革命性的变化。有些实验真的很有意思，但是我不能再过多地讲述这个话题了。不过，我必须要补充说明，除此之外还有其他几个重要的心理学探究方法。

　　在这里我举了这几个例子，就是想要让你对科学工作的方法有一定了解。形而上学的老办法是用玄妙空幻又无从捉摸的话，来描述那些很难甚至不可能完全分析和理解的大问题。人们非常热烈地争论这些问题，但是由于缺乏印证真理或者论理的科学测试方法，所以这些问题就一直悬而未决。他们总是忙于争论抽象世界的问题，哪有时间屈尊俯就来观察人类世界的普通事务呢？科学方法与之截然相反。科学家们会细致地观察那些看似琐碎的小事，而恰恰就是这些微不足道的事实才让人们获得了重要的研究结果。随后这些研究结果构架了科学理论，而这些科学理论又会通过进一步的观察和实验来反复检测其合理性。

　　这并非意味着科学就不会错。科学也常常犯错，科学也经常按原路返回，重来一次。但是，科学方法似乎是解决问题的唯一正确的方法。今天的科学已经完全褪去了在19世纪大为盛行的傲慢态度和自负表现。它对自己所取得的成就深感自豪，但是它也是无比谦逊的，因为它明白，知识的海洋是那么浩瀚无边，未知的领域仍有待进一步探索。智者总是认为自己所学甚少，而傻瓜才会臆想自己无所不知。科学也是一样。科学越是发达，它越不会鲁莽武断，对于任何问题，它的回答都会更加谨慎和踟蹰。艾丁顿说："科学的进步不是以我们能回答多少问题，而是我们能问出多少问题来衡量的。"这也许是非常正确的吧，但是，随着科学的发展，越来越多的问题有了答案，也让人类了解了生命。因此，只要我们能够利用好科学，就能够过上更好的生活，为有价值的人生目标而奋斗。它照亮了生命的暗角，让我们能够直面现实，而不是纠结在含混不清的非理性之中。

54. 科学是把双刃剑

人类思想的发展永不停歇，它总是在不断地解决并试图彻底领会自然和宇宙的各种深奥问题。今天我所告诉你的一切也许在明天就成了不完善甚至彻底过时的知识。对我来说，人类思想的挑战行为让我产生了浓厚的兴趣，人类思想插上了翅膀，翱翔到宇宙的边缘，试图要解开宇宙的秘密，敢于抓住并衡量无穷大以及无穷小的物体，这一切都让我非常着迷。

这就是"纯"科学，它对人类生活没有直接或者立竿见影的影响。显而易见，相对论、时空理论或者宇宙的大小这类问题都与我们的日常生活没有任何关系。大多数此类理论都有赖于高等数学，而这些极为复杂的数学高等领域就是所谓的纯科学。大多数人都对纯理论毫无兴趣，他们自然会被科学在日常生活中的实际应用所吸引。在过去的150年里给人类生活带来革命性变化的，正是这种应用科学。的确，今天的生活完全受到了科学之产物的影响和控制。我们很难想象没有它们我们该如何生存下来。人们常常谈起美好的过去，回忆那早已一去不复返的黄金年代。有些历史时期的确让人心驰神往，甚至在某些方面它们的确远远胜过我们所处的时代。但是，也许更多的是因为它们早已远去，在人们脑海里留下朦胧的美好意象，才让人们如此向往。我们往往会因为某个时代出现了某些标志性的历史伟人，就认为那个时代也是极不平凡的。在漫漫的历史长河中，普通人的命运还是很悲惨的。科学在一定程度上把他们从沉重的历史负担中解放了出来。

　　四处看看，你就会发现，你目光所及的大多数事物或多或少都与科学有关。应用科学为我们创造出了出行以及联络的办法，而食物的生产与运输通常也有赖于应用科学的帮助。如果不是应用科学所带来的改变，就不会有报纸或者书本供我们阅读，而写字用的纸张和笔也不会存在。卫生状况的改善，人类的健康以及对疾病的控制，都有赖于科学技术的进步。没有应用科学，现代社会的人们将会寸步难行。最具决定性的原因在于：没有科学，全世界的人就不能得到足够的食物，一半以上的人将会死于饥饿。之前我就告诉过你，世界人口总量在过去的100年里大幅度增加了。如果没有科学的帮助，就不能生产出足够多的食物，也无法将食物进行远距离运输，那么如此庞大的人口就不可能生存下来。

　　随着科学的发展，大型机器开始走进人们的生活；从此之后，人们便开始锲而不舍地提升这些机器的性能。每年甚至每月，人们都会对机器进行无数次细微的改进，进一步提升了它们的工作效率并减少了对人力的依赖。在20世纪的前30年里，技术的改进和科技的进步呈现出迅猛的势头。近年来的进步尤其迅速。当然变化从未停止过，它给工业和生产方式带来了革命性的改变，就像18世纪下半叶的工业革命一样。生产用电量不断增加，成了这场新的革命的主要根源。因此，在20世纪，一场伟大的电气革命登上了历史舞台，尤其是对美国产生了重要的影响，也为人类创造了全新的生活条件。18世纪的工业革命让世界步入了机械时代，而电气革命现在则带领人类社会进入了能源时代。电力在工业生产、铁路运输以及许多其他领域都得到了广泛应用，在人类生活的方方面面占据着极为重要的地位。这也是为什么素有远见的列宁会决定在全苏联范围内兴建大量水电站的原因。

　　电力在工业中的应用以及其他进步常常带来巨大的变化，却只耗费低廉的成本。因此，只需要稍微重新调整一下电动机器的配置，就能让生产率翻倍。这主要是因为工厂逐步淘汰了行动缓慢又容易出错的人工。因此，随着各种机器性能的不断改进，工厂雇用的工人数量也在逐步减少。现在，一个操作员只需动动操作杆、按按开关就可以完全控制大型机器了。这就极大地提高了工业品的生产率，同时还让许多工人成了过剩的生产力。不仅如此，由于技术的进步非常迅速，因此工厂中新机器刚安装投产就已经有些过时了，这是因为这些机器又有了新的改良。

当然，机器取代人力的过程在使用机器的早期就已经发生了。我想我曾经告诉过你，在那个时期内，不断有冲突暴乱发生，愤怒的工人们砸毁了新机器，试图破坏生产。但是，有人发现，机器的使用最终带来了更多的就业机会。因为工人在机器的帮助下能够生产出数量远超过去的产品，所以他的工资增加了，而产品的价格反而下降了。于是工人和普通百姓就能够购买更多产品。他们的生活标准提高了，对工业品的需求也增加了。所带来的结果是，更多的工厂建立起来了，随即提供了更多的就业机会。因此，即使在每个工厂中，机器的确取代了人工，但是，由于新建工厂不断增加，受雇用的工人数量实际上大大增加了。

这个过程持续了很长时间，事实上工业国家对落后国家市场的盘剥起到了很大的促进作用。在过去的数年间，这个过程似乎已经停止了。也许在当前的资本主义体制下，不可能再出现进一步的扩张了，而这个体系也有必要进行一些改变。现代工业一味追求"大规模生产"，但是只有在大众能够消化这些批量生产的商品时，"大规模生产"才能够进行下去。如果大众一贫如洗，或者失去工作，那么他们是不可能买得起这些商品的。

不管怎样，技术仍然在不断地进步，其结果是机器取代了人力，失业情况进一步加剧[1]。自1929年以来，全球贸易遭遇了

---

[1] 这和尼赫鲁在两段之前所说的"科技进步促进就业"的观点看似互相矛盾。但科技进步促进就业有一个前提，即普通劳动者对工业品的需求与购买力增加；而1930年左右的资本主义国家并没有很好实现这一前提，从而出现了"机器取代人力，失业加剧"的情况。尼赫鲁描述的两种现象并不矛盾。——编者注

寒冰，但是即便如此，也未能困住技术前进的步伐。据说，自
1929年以来，技术进步在美国尤为显著。虽然在1929年生产仍
然保持了上升势头，但是无数工人还是失去了工作，工人几乎
没有重新就业的可能。

　　这就是造成全球尤其是发达工业国家严重失业问题的一个
主要原因，当然还有很多其他因素。这是一种奇特的现象，因
为新式机器提高了生产率，这就意味着，也理应意味着国家财
富的增加以及人民生活水平的提高。然而现实情况完全颠倒了。
真正的结果是人民生活贫苦，遭受的痛苦和磨难越来越多。人
们原以为用科学来解决问题并非难事。也许是不难，但是当人
们试图采用科学理性的办法解决问题时，真正的困难就浮出了
水面。因为，这么做的后果是许多既得利益团体受到了影响，
而他们却具有足够的力量来控制政府保护自身利益。而且技术
进步导致的失业从本质上来讲是全球性的问题，然而现今国家
间的竞争愈演愈烈，它们完全不能团结起来共同解决这个问题。
苏联采用科学方法处理了类似的问题，但是由于它孤立无援，
资本主义势力将其团团围住，虎视眈眈，蠢蠢欲动，因此苏联
不得不面对更多的困难险阻，本来它是不必如此辛苦的。现今
的世界从本质上来说是超越国界的，尽管世界政治格局的发展
严重滞后，狭隘的民族主义意识也极为盛行。

　　由于社会主义将取得最后的胜利，并最终发展成为国际性
社会主义。时间是不会倒退的，今天的国际格局尽管还不完善，
其发展进程却也不会因为国家孤立主义而受到压制。加强民族

主义趋势的企图，如纳粹分子在某些国家中的做法，最后必定会以失败而告终，因为它与今天世界经济的根本国际性特征是背道而驰的。当然，也许在它失败的同时，它会拉着世界陪葬，并将现代文明拖入一场灾难之中。

这场可怕的灾难绝不是遥不可及或者难以置信的。我们已经看到，科学的进步为我们带来了层出不穷的好处，但是它也极大地增加了战争的恐怖程度。国家与政府常常忽略许多科学领域的发展，不论它们是纯理论的还是应用类的。但是，它们从来不会忘记科学还可以为军事战争所用的一面，因此它们都在充分利用最新科学技术来武装自己的军队，加强本国的军事实力。说到底，大多数国家都建基于武力之上，而科学技术让这些政府变得更加强大了，于是它们能不顾后果地对人民施以暴政。在过去，比如在伟大的法国大革命时期，全国人民会团结一致，奋起反抗专制政府的暴政，他们在城市道路上设置路障，与政府军队展开巷战，但是这个时代已经一去不复返了。现在，就算是全副武装的群众也是不可能与组织严密、装备精良的政府军抗衡的，更不要说手无寸铁的情况了。政府军队可能会掉转枪头反抗政府，俄国革命时期就发生过这样的事情。若非如此，政府军是无法靠武力战胜的。因此，为自由而斗争的人民就有必要采取其他方式，通过和平的群众运动来达到目的。

因此，科学让国家沦入了集团统治或者寡头政治的境地，个人自由遭到破坏，而曾经照亮了19世纪的民主思想也化为了泡影。在不同的国家里，这些寡头执政集团粉墨登场，有时它们在表面上颂扬民主原则，但又常常公开反对民主原则。不同国家的寡头集团冲突不断，于是它们控制下的国家常常被卷入战争。在现今或者将来，如此大型的战争也许不仅能毁灭这些寡头集团，还会拉着世界文明一起下地狱。或者，就像马克思主义理论所设想的那样，国际性社会主义秩序也许会在战争的废墟之上建立起来[1]。

战争的后果无比恐怖，让人不堪细想。正因为如此，这一可怕的现实才会用无数的花言巧语、激扬士气的战歌以及鲜亮挺括的军装来掩饰自己丑陋的嘴脸。但是我们有必要了解今天的战争到底意味着什么。上一场战争，即世界大战，让人们深刻地感受到了战争的恐怖。然而据说，比起下一场战争，这一场战争简直算不了什么。如果在过去的数年内，如果工业技术进步了十倍的话，那么军事科学必定提高了上百倍。战争不再是步兵冲锋和骑兵扫荡这么简单了，传统战争中的步兵和骑兵现在就像弓箭那样，已经毫无用处了。在今天的战争中，机械化坦克（就像是靠履带在地面上快速移动的战车）、飞机和炮弹唱起了主角，尤其是飞机和炮弹扮演了更为重要的角色。今天的飞机，无论是速度还是性能，都在与日俱增。

战争一旦爆发，交战国就有可能立即遭到敌方飞机的袭击。在宣战声明发布之后，这些飞机就会立马出击，它们甚至可能早已飞抵敌国上空，以抢占先机，向敌国的大城市和重要工厂

---

1 这一设想在"二战"之后被进一步证实了，而在冷战结束后彻底破灭。——编者注

投掷大量烈性炸弹。来袭的部分飞机也许会被击落，但是剩余的空中力量已经足够炸毁一座城市了。飞机投掷的炸弹中还会冒出毒气，而这些毒气会迅速蔓延并且笼罩整个区域，使这个区域内的所有生灵都窒息而死。这是一种惨绝人寰的大规模杀伤性武器，会造成大批平民痛苦地死去，带来无法忍受的痛苦和精神折磨。毒气袭击事件也许会在两个交战国的大城市同时发生。如果欧洲爆发战争，也许只用短短几天或者几周时间，伦敦、巴黎以及柏林就会沦为一堆冒着青烟的残垣断壁。

更糟糕的是，飞机扔下的炸弹中可能含有着各种恐怖的传染病细菌，这些细菌可能会在整座城市里快速地蔓延开来。这种"细菌战"还会以其他形式展开：污染水源以及食物，或者放出携带病菌的动物，例如携带瘟疫病毒的老鼠。

这一切真是骇人听闻，让人难以置信。就连恶魔都不会干出这种事来。但是，在人们殊死搏斗、惊恐万分之时，他们就会做出这些令人难以置信的事情。任何一个国家都害怕敌对国会抢先采用这种不公的可怕手段，因此都想要抢占先机。因为这种武器实在太过恐怖，抢先使用的国家就会在战争中取得极大的优势。"恐惧有一双大眼睛！"

的确，毒气在上一次战争中已经开始广泛使用了。众所周知，目前所有的强国都开办了工厂，大力生产这种毒气，以备战争之需。有趣的结果便是，在下一次大战中，虽然各国军队在前线阵地可能会深挖战壕，修筑工事，严阵以待，但是真正的战斗不会发生在那里，而是会转向后方，危及平民百姓所居住的城市与家园。甚至战时最安全的地方就是前线，因为部队有严密的保护，能躲过空袭、毒气以及传染病的伤害！但是，后方的人民，包括妇女和儿童，却没有这样的保护。

这一切后果会是什么呢？全盘毁灭？又或是人类在漫长的历史岁月中努力构建的文化与文明的良好格局将会完全崩溃？

没人知道究竟会发生什么。我们不可能掀开未来的神秘面纱。我们看到，两种相互竞争、相互矛盾的进程正在当今的世界上演。其一是合作和理性的进步，以及文明格局的建立；其二则是毁灭的过程，毁灭一切，是人类自我毁灭的倾向。这两个过程发展得越来越快，它们都用科学的武器和策略将自己武装起来。到底谁会取得最后的胜利呢？

55.资本主义 vs 民主制

如果议会和民主有助于维持现状，统治阶级才会需要它们。当然，这就不是真正的民主，只不过是利用民主的思想来达到违背民主的目的而已。真正的民主不可能有机会存在至今，因为在本质上，资本主义体系和民主是相互矛盾的。如果民主真正意味什么的话，那么民主就是意味着平等。它不仅只是指人人都有平等的投票权,还意味着经济和社会地位的平等。资本主义却与之截然相反,它意味着少数人拥有经济权力,并利用这一权力牟取私利。他们制定法律,目的是为了保护自己的特权地位,他们规定任何违犯法律的人都是法律和秩序的破坏者,必须受到社会的惩罚。因此,在资本主义体系之下从未有平等可言,自由必须受到保护资本主义制度的资本主义法律的严格限制。

　资本主义和民主制度之间的矛盾是与生俱来、永不停息的。资本主义统治阶级常常进行误导性宣传,采用如议会这样的外在民主形式,并向其他阶级施以小恩小惠,让他们多少能够满足于现状,这些行为蒙蔽了人们的双眼,将矛盾深深地隐藏了起来。当统治阶级已经没有恩惠可施,而统治阶级和被统治阶级之间的矛盾已经到了非解决不可的地步,决战的时刻就会到来,因为他们争夺的是国家的经济大权,这才是真正关键的东西。当事情走到那一步时,分属不同政党的资本主义制度支持者们将会紧紧联合起来,共同反击触及他们既得利益的威胁。自由主义者和类似的团体就会彻底消失,而民主的形式也会被抛到一边。现在欧洲和美国已经走到了这一阶段,而在大多数国家占据主导地位的法西斯主义则代表着这一特定的阶段。在世界各地,工人阶级已经处于守势,他们没有足够的力量来对抗再次发展壮大起来的资本主义势力。可是,非常奇怪的是,资本主义体系自己却摇摇欲坠,难以适应这个崭新的世界了。看上去十分确定的是,即使资本主义制度幸存下来,它也必然会改头换面，表现出更加冷酷无情的一面。当然，这将会是这场漫长的斗争中的下一个阶段。因为，在任何一种形式的资本主义之中，现代工业和现代生活都会是激烈的战场，总有不同阵营在永无休止地相互厮杀。

一些人认为，如果各国政府的当权者是少数明智的人，那么所有的问题、冲突和苦难都能避免了，目前的种种都是那些政客的愚蠢和无赖行为造成的。他们认为，如果有道德之士能够团结在一起，他们就能够对邪恶之人进行道德规劝，指出他们行为的错误，让他们改邪归正。这是一种误导性的想法，因为错误不在于个人，而在于整个体系。只要这个体系仍然存在，那么个人就必然会错误行事。那些占据主要地位或者特权地位的集团，要么是统治他国的外国殖民机构，要么是国内的经济集团，通过迷人的自欺欺人的伎俩，认定他们的特权都是他们应得的善报。他们把那些想要挑战他们地位的人看作恶棍，看作现有稳定局面的扰乱者。我们不可能说服统治阶级，让他们相信自己的特权是不公正的，更不可能要求他们放弃自己的特权。也许有时我们可以说服个体，当然这也是很难做到的，但是我们永无不可能说服群体。因此，摩擦、冲突、革命以及无限的苦难和不幸，终将是不可避免的。

56.美元、英镑与卢比

　　交战各国把国内所有资源都投入了战争之中，耗费了巨额资金。在将近一年半的时间内，英国和法国一直为国力更弱的其他协约国成员提供资金支持，英法两国不断向本国国民借款，还欠下了美国大笔债务。不久之后，法国筋疲力尽，无力再帮助他国了。英国继续勉力维持了一年零三个月时间，终于也在1917年3月之时"弹尽粮绝"，难以为继了，就连它自己都无力偿还5 000万英镑的美国外债了。让英法及其他协约国感到万分庆幸的是，美国在这个紧要关头宣布加入战争，加入协约国阵营，并向所有协约国提供了战争资金。美国通过发行"自由"和"胜利"贷款，从美国国民手中募集到数额巨大的资金，它在战争中大肆挥霍这笔资金，并将之借给各个协约国。这样做的结果是，美国在战后成了世界债权国，所有国家都欠下了美国外债，这是我早就告诉过你的。在战争之初，美国政府欠欧洲的外债总额为500亿美元，然而战争结束之时，欧洲却欠下了总共1 000亿美元的美国外债。

　　美国在战争期间获得的经济利益远不止这些。美国对外贸易得到了长足发展，而德国和英国的对外贸易却大为萎缩，现在美国与英国在贸易方面已经并驾齐驱了。美国还囤积了占世界总量三分之二的黄金以及大量的外国政府股票和债券。

从此美国拥有了至高无上的金融地位。他们只需向某债务国提出归还欠债的要求，就可以让它陷入破产的绝境。因此，他们自然会羡慕伦敦固有的世界金融中心的地位，并想要占据这一宝座。他们希望让世界最富有的城市纽约取代伦敦的地位，从此纽约和伦敦的各大银行家和金融家就在各自政府的支持之下展开了激烈的争夺战。

来自美国的压力动摇了英镑的价值。英格兰银行已经不能履行英镑与黄金自由兑换的承诺，而英国英镑（自此已经脱离了金本位）开始发生价值波动，一路贬值。法国法郎也贬值了。在这个动荡不安的世界里，美元成为唯一稳如磐石的坚挺货币。

在这种状况之下，有人也许会认为货币交易和黄金已经逃离了伦敦，而转向纽约了。但是，说来奇怪，这一切并未发生。外国汇票和金矿出产的黄金仍然源源不断地流入伦敦市场。这并非是因为人们拒绝美元，青睐英镑，而是因为美元并不那么容易获得。

英国银行通过其在世界各地开设的分支机构实行着"承兑"体系。美国银行并没有开设这类驻外分支机构，因此它们无法通过"接收"外国汇票来获得外汇，因此这些汇票自然就会通过英国银行大量流入伦敦市场。面对这个困境，美国银行家们立即开始在海外各国开设分支机构，一座座富丽堂皇的银行大楼在许多海外城市拔地而起。但是摆在美国银行家面前的还有另一个困难。只有那些训练有素的办事员才能承担"接收"工作，这些人必须对当地状况和商业非常了解。英国银行是在长达100年的发展时期内逐渐建立起自己的一套服务体系的，因此在这个方面，任何国家都不太可能在短时间内轻易赶超它。

随后，美国人和一些法国、瑞士以及荷兰银行进行合作来对抗伦敦，但是成效并不显著。尽管法国十分富有，它也在向海外大量输出资本，但是它从未想过要组建外汇交易的通道。因此纽约和伦敦继续展开激烈的争夺，从整体上来说伦敦并未受到影响。1924年，一个有利于纽约的新情况出现了。德国马克在一场大规模的通货膨胀结束后恢复了稳定，那些在通货膨胀期间大量出逃瑞士和荷兰的德国资本（资本在遭遇金融风险或者政治危险时常常出逃！）开始回流到德国银行中。德国一加入美国金融阵营之中，伦敦立刻就感受到了不一样的压力。现在，大量美国汇票就可以不通过伦敦市场就能直接兑换成欧洲汇票。而在伦敦市场上，英国货币仍然没有稳定下来，也就是说，英镑并没有固定的黄金价值，它完全脱离了金本位。

现在，伦敦金融家们大为惊恐，他们看到所有利润颇丰的国际汇兑业务都转入了纽约和其欧洲同盟手中，而伦敦却只能吃到一点残羹剩饭。为了阻止这种情况继续发生，英国首先必须要再次让英镑和黄金挂钩，也就是说，要稳定英镑的价值。这么做将会再次把有利的汇兑业务吸引回伦敦市场。随即在1925年，英镑价值再次稳定下来，回到了原来的水平上。这对英国银行家和债权人来说是个巨大的胜利，因为英镑价值越高，就意味着他们能够获得的利益越大。但是，这对英国工业可是一个坏消息，因为它抬高了英国商品在海外的价格，工业家们就很难与美国、德国以及其他工业国家在海外市场展开竞争了。英国有意在一定程度上牺牲了其工业以拯救它的银行体系，或者说是为了在国际汇兑市场上保持其金融霸权。英镑的信誉得以提升，但是你要记住，英国工业受到了沉重的打击，引发了英国的国内矛盾。从此，英国国内失业率上升，煤炭工人罢工和国内工人总罢工持续了很长时间。

英镑稳定下来了，但是这还远远不够。英国政府欠下了美国巨额债务，这是一笔流动负债，美国可以在任何时候向英国提出偿还要求。如果美国提出这个要求，英国就会立刻陷入非常困难的局面，英镑也会随之再次贬值。因此，英国著名的政治家们（其中包括斯坦利·鲍德温）纷纷奔赴纽约，就分期（这个过程被称为"借短贷长"现象）偿还战争债务问题与美国达成了协议。欧洲各国都是美国的债务国，对它们来说，正确的方法应该是坐下来协商并达成一致意见，然后再向美国争取对它们最有利的条件。但是英国政府急于拯救英镑并保持伦敦的金融领导权，因此它们没有时间与法国或意大利协商，它只想不惜一切代价，只为迅速地与美国达成约定。他们的确达到了目的，但是付出了沉重的代价，他们接受了美国政府制定的苛刻条件。随后，法国和意大利却从美国政府那里得到了更为优惠的还款条件。

英国政府如此费时费力，做出了如此巨大的牺牲，成功地拯救了绝境中的英镑和伦敦，但是它仍然继续在全球所有市场继续与纽约展开争夺。纽约拥有雄厚的资金，可以提供长期低息贷款，因此很多国家（包括加拿大、南非和澳大利亚）都被吸引到了纽约，这些国家过去都是在伦敦货币市场借贷的。在提供长期贷款方面，伦敦完全无法与纽约竞争，于是它尝试向中欧各大银行提供短期贷款。在短期贷款方面，银行家的资历和信誉更加重要，因此伦敦占据了绝对优势。从此伦敦各大银行与维也纳的银行建立起紧密联系，通过它们与中欧和东南欧的各大银行也建立起了联系（多瑙河流域和巴尔干地区）。与此同时，纽约也继续在这些地区开展了一些业务。

在中欧和东欧地区的英美竞争也带来了一大好处。在1929年大萧条开始之前的这段时间内，涌入这些地区的巨额资金极大地促进了欧洲的经济复苏。

与此同时，在1926年到1927年间，法国也经历了一场通货膨胀，法郎大幅贬值。有钱的法国人（每个法国小资产阶级都有存款）看到法郎下跌，十分担心会赔得血本无归，因此纷纷把钱换成了外汇。他们大量买进外国有价证券和汇票。1927年，法郎再次稳定下来，法郎价值与黄金重新挂钩，但是当前价值仅大约相当于之前价值的五分之一。那些持有外国有价证券的法国人现在都热衷于把手头的证券换成法郎。他们这笔生意真是做得好极了，因为他们之前拥有的法郎数量现在翻了五番，所以他们完全没有受到通货膨胀的影响。如果他们一直坚持持有法郎的话，他们遭受的损失一定会十分惨重。法国政府决心利用这个时机大赚一笔，它用大量新印法郎纸币买下了其国民手中全部外国汇票或有价证券。从此，法国政府持有了大量的外国汇票和证券，突然变得非常富有了。事实上，它的外汇储备为彼时诸国之最。它完全没有想过要和英美竞争金融领导权，当然它也没有足够的资格与之竞争。但是它能够对英美两国造成极大的影响。

法国人素来谨慎，他们的政府也同样如此。他们宁愿稳扎稳打，赚点小钱，也不愿意冒着失去现有一切的风险去赢取巨大的利益。因此，法国政府十分谨慎地把多余的资金以极低的利息借给了信誉极好的伦敦公司。他们只收取英国银行2分利息，而英国人转手将这笔钱贷给德国银行，收取5到6分利息。德国银行又把这笔钱以8到9分利借给维也纳的银行。最终，当这笔钱来到匈牙利或者巴尔干地区时，利息可能已经高达12分了！风险越大，利率越高，但是法兰西银行不愿意承受任何风险，所以选择了与安全度高的英国银行进行交易。这样，法国就把一笔数额极为惊人的资金（包括它购买的英镑外币汇票）存放到了伦敦，成了伦敦与纽约展开竞争的一大动力源泉。

与此同时，贸易危机加剧，经济更加萧条，农产品价格不断跌落。1930年秋天，小麦价格长期下滑，东欧国家的银行就无法从债务人那里收回贷款，因此它们也无法偿还从维也纳借来的英镑和美元贷款。这就引发了维也纳的银行业危机，维也纳最大的银行奥地利信贷银行（Credit-Anstalt）破产倒闭了。在这场风波之下，德国银行摇摇欲坠，德国马克似乎马上就要崩溃了。这也许意味着英美在德国的资本也会遭遇危险。为了避免这种危险，胡佛总统宣布延期偿付债务和战争赔款。如果美国坚持要求偿付战争债务，德国的金融体系就会彻底崩溃。实际上，就连延期偿付战争债务也完全不够了，德国甚至都不能偿还他国借款，因此只能再次同意它延期偿付所有的债务。

这就意味着英国借给德国的大量短期贷款都锁定在德国了，这种现象也被称为“冻结”。伦敦银行家的处境变得十分艰难，因为他们不得不偿付债务。他们一直指望能够从德国收回欠款。法国和美国向英国提供了1.3亿法郎的借款，但是它们的支援来得太迟了。恐惧情绪在伦敦金融圈中蔓延开来，每当出现大恐慌，人们都想要把钱从银行中取出来。1.3亿法郎很快就用完了。你必须记住，英镑实行金本位制，这就意味着每个拥有英镑的人都可以要求兑换黄金。

1931年9月，英国政府被迫废除金本位制，英镑再次成为不稳定的货币了。英镑迅速贬值，含金量降到仅148左右，相当于贬值前英镑价值的三分之二左右，

这一天所发生的事件给整个世界留下了深刻的印象。欧洲将之看作大英帝国即将分崩离析的征兆，因为这意味着伦敦不再主导世界货币市场了。但是他们的期望（欧洲和美国都讨厌大英帝国，更不要说亚洲了）有些为时过早了。

英镑贬值也动摇了许多国家的货币体系，这些国家还存有大量英镑纸币，似乎还把英镑当作可以随时兑换成黄金的货币。既然英镑已经不能兑换黄金了，而且它也已经贬值了30%，其他一些国家的货币也就随之贬值，英国将它们拖垮了，迫使它们也不得不舍弃了金本位。

法国现在处于十分有利的地位，它所施行的谨慎政策让它受益匪浅。英美两国的贷款都在德国遭遇了冻结，英国的境况尤为严重，它们都急需资金帮助，而法国却储备了大量的外汇和金法郎。英美政府都向法国示好，用尽全力诱使它与自己一方结成同盟来对付另一方。但是法国太过谨慎了，拒绝加入任何谋划，因而就失去了这次讨价还价的绝好机会。

1931年末，英国举行了议会大选，"国民政府"在这场大选中获得了压倒性的胜利，事实上这就是保守党的胜利。工党几乎全军覆没。当时，有传闻称，工党政府可能会没收中产阶级的资产，这就让英国中产阶级人士惊慌失措。而大西洋舰队英国水手因工资锐减发动兵变，尽管这场哗变只持续了很短时间，但也让英国中产阶级感到恐慌。因此，英国中产阶级一拥而上，纷纷对以保守党为首的国民政府表示了支持。

尽管危机四伏，危险不断，在英镑贬值之后，英、美、法三大国却仍然不能合作解决问题。它们都喜欢单枪匹马独自行事，一心只想打压对方，为自己争取到更好的地位。它们本来可以团结起来，共同组建国际联合汇兑市场，而非是为金融领导权争得头破血流。但是，它们宁愿各行其是。英格兰银行开始帮助伦敦重夺其失去的地位。让全世界都惊讶的是，尽管英镑并没有回归金本位，但是英格兰银行在很大程度上成功地达到了它的目的。当英国脱离金本位制之时，其他国家的国有银行（被称为中央银行）抛售了所有英镑汇票以换取黄金。它们一直储备着大量的英镑汇票，这是因为英镑汇票随时可以兑换成黄金，因此可以被看作黄金。大量英镑汇票突然遭到抛售，英镑就迅速贬值了30%。英镑贬值让欠下英镑债务的债务者们（包括一些政府和大企业）选择使用黄金来偿还债务，因为他们现在可以少还30%。因此，大量黄金流入了英国。

但是，真正流入英国的黄金是来自印度和埃及的。这些贫穷的英国殖民地被迫开采埋藏的资源来帮助富有的英国巩固其金融地位。它们在这个问题上没有发言权。在英国的需要面前，它们的愿望和利益完全一文不值。

从印度的角度来看，可怜的印度卢比的故事说来话长，令人痛心。印度卢比被迫不断地发生价值波动，以符合英国政府和投资家的利益。在这里我不会深入讨论货币问题，我只想告诉你，战后英国政府在印度进行的一系列与货币问题相关的活动给印度带来了极为惨重的经济损失。

卢比跟随着英镑发生了贬值，印度国内的黄金价格自然也就随之上涨了，换言之，黄金就可以换取更多的卢比。印度极其贫困，经济十分困难，这就使得印度人民卖掉了手头一切黄金饰品或物品，换取更多的卢比，用来偿还欠下的债务。各种小件黄金就像潺潺的溪流一样，源源不断地从全国各地汇入银行，而银行转手将这些黄金在伦敦市场上售卖，从中获得巨大的利益。印度的黄金就是以这种方式不断地流入英国的，数额大得惊人。这个过程仍然还在继续进行。正是来自印度以及埃及的黄金帮助了英格兰银行和英国财政渡过了难关，让他们获得了足够的黄金，用以偿还1931年9月向美国和法国的贷款。

现在，世界各国，包括最富有的国家，都在竭尽全力保有本国的黄金储备，并想尽办法增加黄金储备量，但是印度反其道而行之，这真是十分奇怪的现象。美国和法国政府在银行保险库中囤积了数量巨大的黄金。各国将黄金从地底下开采出来，只为将这些黄金又藏进地底深处的银行保险库中，这个过程真是十分奇特。包括英国殖民地在内的众多国家都宣布黄金禁运，也就是说，不允许任何人将黄金带到境外去。英国脱离金本位制的目的就是为了保存黄金储备。但是印度并非如此，这是因为印度的金融政策受制于英国的利益所需。

常有传闻称，印度囤积了大量的黄金和白银。从一定程度上来说，这是千真万确的，但是仅仅只有极少数有钱人才拥有这些贵金属。然而印度的普通大众却一穷二白。经济状况稍好的农户拥有零零星星的几件金饰，这就是他们所有的"家当"了。这里也没有银行设施。经济萧条造成印度人民生活困难，而黄金价格上涨让他们愿意卖出手头的黄金小饰品，印度的黄金就逐渐地流出了国境。国家政府本应将这些黄金储备起来，因为黄金是唯一受到公认的国际支付手段。

让我们回到英镑与美元之争的话题上。通过这些方法和其他聪明的手段（在这里，我就不一一列举了），英格兰银行巩固了自己的地位。1932年初，由于美国资本同样也在德国遭到冻结，所以美国出现了银行业危机，英格兰银行这次得到了幸运女神的眷顾。在这场银行业危机中，许多美国人卖出美元债券，购进英镑债券。有此英国政府得到了大量美元汇票，随后它用这批美元汇票在纽约的国有银行兑换成了黄金。由于美元实行金本位制，因此任何人都可以用美元来兑换黄金。就这样，英国的黄金储备大大增加了，英镑再未遇到任何问题，也未继续贬值，尽管它并没有回归金本位制，价值仍然在不断波动。在拥有了大量外国汇票和有价证券之后，伦敦再次成了伟大的国际兑换中心市场。我在之前写给你的一封信中曾经提到过，在美国严重的银行业危机中，数以千计的小银行遭遇了灭顶之灾。而这场银行业危机的发生，让纽约暂时在这场斗争中成了失败的一方。

57. 纳粹在德国的胜利

希特勒和他手下的纳粹党人在德国取得了胜利。他们被称为法西斯党人，他们的胜利则是反革命的胜利，是对1918年德国革命及其后续事件所取得进步的彻底背弃。毫无疑问，整个欧洲在这场变化中大受震动，还有许多人深受蛊惑，难以自拔。举止文雅、文明程度极高的德国人竟然也会任由自己沉溺在野蛮血腥的暴力行为中，仅此一点就足以让人大跌眼镜了。

在之前一封关于意大利问题的信中，我对法西斯主义问题进行了讨论。我向你指出，法西斯主义是在一场经济危机中出现的，在这场经济危机中，资本主义国家遭到了社会革命的威胁。占有生产资料的资产阶级发起一场以下层中产阶级为核心的人民运动，并利用具有误导性的反资本主义口号来吸引警惕性很低的农民和工人，以此试图保护自己。在夺取权力并控制国家政权之后，他们废除一切民主制度，镇压所有敌人，尤其是摧毁一切工人组织。因此他们的统治主要是建立在暴力基础之上的。新生政权为来自中产阶级的支持者们提供就业机会，常常还会推行一些国家控制工业的措施。

我们发现德国正在发生着一切，这些甚至都是在期待中发生的。但是，令人吃惊的还在于背后强大的推动力，以及数量庞大的希特勒追随者。纳粹反革命运动发生于1933年3月。我将带你回顾1933年以前的历史，了解一下这场运动早期的情况。

"1918年德国革命"这一说法是不真实的。实际上，它压根儿就不是一场革命。德国皇帝退位，共和国宣告成立，但是旧有的政治、经济和社会体系根本没有改变。社会民主党人在几年内控制着共和国政府。他们十分害怕反动旧势力和既得利益集团，总是试图向后者进行妥协。事实上，在他们身后有着无比强大的政党机器以及各种工会提供全力支持，他们不仅有无数的政党成员作为坚强的后盾，还得到了许多其他人士的同情。即便如此，面对反动分子的时候，他们却常常采用防御性政策，他们仅仅对本党内部极端左翼势力和共产党表现出了非常强硬的态度。他们的工作搞得一团糟，因此许多原本支持他们的人都转身离开了。那些弃他们而去的工人加入了共产党，共产党成员数量达到了数百万人，从而实力大增，而来自中产阶级的支持者们也转投反动政党了。社会民主党人和共产党人之间一直斗争不断，两方实力由此遭到了削弱。

战后的数年里，德国发生了严重的通货膨胀，德国工业家和大地主们对此拍手称赞。那些地主负债累累，家中地产都用于抵押欠款了，因此他们很乐意使用几乎毫无价值的通胀货币还清欠款，从而得以收回抵押的地产。大型工厂的老板改善了工厂设施，大型的垄断组织纷纷建立起来。德国商品变得非常便宜，立即占领了世界市场，失业问题随之烟消云散。在工会领导之下，工人阶级组织严密，即使德国马克大幅贬值，也成功地维持了原有的工资水平。中产阶级却遭到了这场通货膨胀的沉重打击，他们几乎失去一切，陷入了贫困潦倒的境地。正是这批在1923到1924年间变得一贫如洗的中产阶级首先加入了希特勒的队伍。由于多家银行破产倒闭，失业率上升，经济萧条逐渐蔓延到德国全境，从此更多的德国民众成了希特勒的拥护者。对现状不满的人认为希特勒能够庇护他们。他还拉拢大批旧时军队中的军官加入了他的组织。这支旧军队依照《凡尔赛和约》的规定，在战争结束后立即解散了，数千名军官失去了军职，从此便无所事事。这批人纷纷流向了各个私人武装，其中包括著名的纳粹"冲锋队"（Storm Troops）以及支持德皇复位的保守民族主义分子的"钢盔队"（Steel Helmets），这些私人武装都在不断地发展壮大。

阿道夫·希特勒组织起一个名为"国家社会主义工人党"（National Sozialist）的组织，以此来对抗社会民主党人。"Nazi"（纳粹）一词正是来源于这个政党名字："Na"来自"National"（国家的），而"zi"则来自"Sozialist"（社会主义者）。尽管这个政党名为"社会主义者"政党，但是它与社会主义毫无关系。众所周知，希特勒从来都是与社会主义不共戴天的敌人。这个政党将梵文词语"swastika"（卐字符号）作为政党标志，但是这个标识在古代就已经是人们所熟知的了。你应该知道，这个标识在印度十分流行，人们认为它是吉兆的象征。纳粹也组建了一支名为"冲锋队"的战斗部队，军服为褐色衣衫。因此，纳粹分子常被称为"褐衫军"，正如人们把意大利法西斯分子称作"黑衫军"那样。

纳粹的纲领并不明确，也无积极意义可言。它具有强烈的民族主义倾向，强调德国和德国人的伟大，其他就是各种仇恨的大杂烩。它坚决反对《凡尔赛和约》，由于德国人将这项和约看作德国的耻辱，因此纳粹就得到了广泛的民意支持。它反对马克思主义、共产主义和社会主义，反对工会等一切类似组织。它敌视犹太人，因为它认为犹太人是异族，玷污了德国"雅利安"种族的纯正血统，拉低了德国国民的高素质标准。它似乎也反对资本主义，但是这仅限于对牟取暴利者和富人的咒骂。它相当随意地提及国家控制，这就是唯一与社会主义相关的内容了。

法西斯主义的理论基础就是非比寻常的暴力思想。他们不仅对暴力大加赞扬和鼓励，而且还将之看作人类最崇高的责任。德国著名哲学家奥斯瓦尔德·斯宾格勒（Oswald Spengler）正是这种思想的积极倡导者。他提出："人类是食肉的野兽，他们勇猛、狡诈，且十分残酷……理想即为懦弱……食肉兽是最高级的生物生命形式。"他还指出："同情、妥协以及静默都没有任何实质意义，而憎恶才是食肉兽群中最为真实的族群情绪。"人类不能像温顺的奶牛那样，日日群居，受人驱赶，东游西荡，他们应当成为凶猛的狮子，独霸巢穴，"卧榻之侧不容他人酣睡"。对他们来说，战争无疑是最值得关注的，也是最有乐趣的。

1933年1月30日，年迈的兴登堡总统（当时已是86岁高龄）将德国权力最大的行政职务交到希特勒手中，任命他为政府总理，这就相当于首相一职。纳粹和民族主义者结为联盟，但是很快纳粹显然完全控制了局面，开始独揽大权。由于纳粹与民族主义者的结盟，它在大选中赢得魏玛共和国国民议会中的绝大多数席位。就算他们不能赢得绝大多数席位，纳粹也不会受到什么影响，因为他们逮捕了国民议会中的反对者，将这些人全都投入了监狱。国民议会中所有的共产党成员都遭到了清除，许多社会民主党人也遭受了同样的命运。随即议会大楼燃起熊熊大火。纳粹分子声明这完全是共产主义者的"杰作"，他们密谋想要破坏国家。共产主义者坚决予以否认。事实上，他们控诉纳粹领袖才是纵火的元凶，指出纳粹纵火的目的是为了找到攻击共产党的借口。

从此以后，纳粹恐怖统治或者"褐色恐怖"（Brown Terror）

在全德国蔓延开来。首先，国民议会遭到解散（尽管纳粹分子占据了绝大多数席位），希特勒和他的内阁独揽了大权。他们可以制定法律，随心所欲做一切想做的事情。《魏玛共和国宪法》（ *The Weimar Constitution of Republic* ）遭到废除，民主也被公然摈弃。德国本来实行联邦制，但是现在这个制度也宣告终结了，所有的权力都集中到了柏林。德国各地都是独裁者执政，他们只需服从上一级独裁者的指挥。当然，希特勒是最大的独裁者。

　　自纳粹掌权以来，他们在德国公然犯下了种种暴行，现在仍然在背地里倒行逆施，将这些暴行一一罗列却是毫无意义的。暴力殴打、酷刑折磨以及枪击谋杀在德国几乎变成了家常便饭；德国民众，无论男女，都沦为了纳粹恐怖统治的牺牲品。无数民众身陷囹圄，在监狱或集中营里苦苦挣扎着，据说还遭受了非常残酷的对待。纳粹对共产主义的攻击是最为猛烈的，但是更为温和的社会民主党人日子也并不好过。纳粹对犹太人发动了猛烈的攻击。除此之外，和平主义者、自由主义者、工会会员以及国际主义者也未能幸免。纳粹声称他们发动了一场战争，将要彻底消灭马克思主义和马克思主义者，甚至要灭绝一切左翼分子。犹太人也必须从各种岗位和职务上彻底消失。成千上万的犹太裔教授、教师、音乐家、律师、法官、医生以及护士都被撵走了。犹太裔商店店主们遭到了联合抵制，而大量犹太工人也被工厂辞退了。纳粹大规模销毁他们所列的禁书，常常进行公开焚书的行动。只要报纸上出现一丁点儿不同的言论或

者批评之声，这家报社就一定会受到无情的打压。纳粹不允许
刊登任何一条关于恐怖统治的新闻，即使是私下讨论也会招致
严厉的惩罚。

除纳粹党之外的任何组织和政党当然都已经遭到了镇压。
在这些遭到镇压的政党和组织中，共产党首当其冲，其次是社
会民主党，再者是天主教中央党，最后甚至就连身为纳粹同盟
的民族社会主义党也未能幸免。伟大的德国工会是数代德国工
人辛苦劳作、勤俭节约和牺牲奉献的象征，但是它们也已经毁
于一旦，全部资金和财产都遭到查抄。最终仅有一个政党、一
个组织得以保留，它就是纳粹党。

在德国，中产阶级失去了一切，他们贫困潦倒，忍饥挨饿，
这才是一切野蛮行径和杀戮纵火行为的根源所在。实际上，这
是一场攸关生存的战斗。犹太裔医生、律师、教师、护士等遭
到驱逐，这是因为"雅利安"德国人没有能力与他们竞争，却
对他们的成就垂涎三尺，想要把他们的工作据为己有。犹太人
的商店遭到强行关闭，因为他们是十分有力的竞争对手。许多
并非由犹太人经营的商店也关门大吉了，而且店主遭到了纳粹
的逮捕，这是因为纳粹怀疑他们哄抬物价，牟取暴利。支持纳
粹的农民一直眼巴巴地望着东普鲁士的大片土地，他们希望能
够将这片土地瓜分过来，收入私囊。

尽管犹太人散落在世界各处，也没有自己的归属，但是他们
可不是无助之辈，也并不缺乏报复的能力。他们控制了大量商业
和金融业务，悄无声息且毫不费力地宣布抵制德国商品。他们所

做的还不止于此。1933年5月，在纽约举行的一次会议上还宣布通过了一项决议。他们决定将"抵制在德国生产或加工的一切商品、材料以及制造品，或者其零部件；抵制一切德国航运、货运和交通服务，以及所有德国医疗、娱乐和其他休闲服务。总而言之，不做任何可能会给德国现政权带来物质支持的任何行为。"

这就是德国境外对希特勒主义的一种反抗行为，除此之外还有另外一些反抗活动带来了更加深远的影响。一直以来，纳粹都在谴责《凡尔赛和约》，强烈要求对其进行重新修改，尤其是和约中关于德国东部边境的部分。在东部边境，通往但泽的波兰走廊将德国的一小片领土与德国本土大部分隔开来，这种安排的确是十分荒谬的。纳粹还大肆叫嚣，要求在军备上完全平等（你也许记得，根据和约，德国几乎裁掉了全部军队）。希特勒到处发表极有煽动性的演说，威胁将要重整军备，这让全欧洲陷入了焦虑不安的局面，因为欧洲是最害怕德国强大起来的。在一段时间内，欧洲似乎已经到了濒临战争的边缘。出于对纳粹的恐惧，欧洲列强突然又重新结盟了，法国开始对苏俄表现出了友好的姿态。那些由《凡尔赛和约》造就的或者是受益于该和约的国家（如波兰，捷克斯洛伐克、南斯拉夫以及罗马尼亚）害怕和约遭到重新修改，它们立即团结起来，在同一时间紧紧靠拢苏俄，向它寻求庇护。希特勒改变了他的策略，开始谈论起和平，而墨索里尼则提议英、法、德、意四国签订《四国协议》（Four-Power Pact），以此帮助希特勒摆脱困境。

最后，在1933年6月，四国签订了这份协议，尽管法国之前一直犹豫不决。这份协议措辞十分温和，仅仅要求四国在特定的国际事务问题上，尤其是关于《凡尔赛和约》的修改提议问题上，进行相互协商。但是这份协议被看作是一个组建反苏阵营的企图。法国明显是极不情愿签署这份协议的。1933年7月1日，苏联和它的邻国们在伦敦签署了《互不侵犯协议》（non-Aggression Pact），以此回应《四国协议》，也许这也是后者所造成的结果。很有意思的是，法国对苏联等国签订的协议表示了极大的同情和认可。

从此纳粹德国成了欧洲的风暴中心，引发了更大的恐慌，让这个本就惊惧莫名的世界雪上加霜。德国国内会发生什么呢？纳粹政权将会持续下去吗？

这篇关于希特勒主义的记述篇幅虽然很长，但是你不得不承认，对欧洲乃至全世界而言，纳粹的胜利以及发展都是无比重要的，必将带来影响深远的后果。毫无疑问，德国纳粹正在推行法西斯主义，而希特勒自己也是典型的法西斯分子。但是，纳粹运动比意大利的法西斯主义影响更为深远，行动也更为极端。究竟这些极端因素会发挥什么作用，或只是遭到粉碎，尚有待继续观察。

纳粹运动的发展从一定程度上扰乱了传统的马克思主义理论。传统的马克思主义者认为，唯一真正的革命阶级是工人阶级，这个阶级在经济状况恶化之时将会团结中产阶级中失去一切、不满现状的底层人士，最终必将发起一场工人革命。事实上，在德国发生的一切确实是迥然不同的。在危机到来之时，工人们完全没有任何革命性可言，组成新生的革命阶级的却主要是一无所有的底层中产阶级以及其他不满现状的人士。这种情况完全不符合传统马克思主义的理论。但是，一些马克思主义者指出，不能把马克思主义看作教条、教义或者宗教，它并非是一锤定音的宗教权威。它是历史的哲学，是看待历史的方法，能够用来解释多种事物并找到关联，也是实现社会主义或社会平等的一种行动方法。根据时代和国家情况的变化，马克思主义的基本原则具有不同的应用方式。

58.战争的阴云

国家之间的依存度越来越高，国际主义倾向越来越明显，这一直是过去全球发展的总趋势。尽管各个独立国家仍旧存在，但是一个规模庞大、错综复杂的国际关系与贸易格局发展起来了。这个过程不断地发展，到后来国家与国家之间、民族与民族之间发生了抵触。下一个必然的步骤将是国际社会主义格局。辉煌一时的资本主义制度已经走到了最后阶段，它应该退出历史舞台，让位于社会主义制度了。但可惜的是，资本主义是不可能心甘情愿地拱手相让的。由于遭受了危机和崩溃的威胁，资本主义已经缩回到保护壳里，试图扭转过去的趋势，打破相互依存的发展进程。经济民族主义从此浮出水面。但是经济民族主义会成功吗？即使成功了，又能持续多久呢？

这是一个光怪陆离的世界，各国之间相互争斗，相互戒备，形势纷繁复杂、纠缠不清，新的趋势接踵而来，而冲突之源也在不断增加。在每个大陆之上，在每个国家之中，弱者和被压迫者都希望能够分享他们参与创造的一切生命中的美好事物。他们要求偿还他们的债务，这笔债务是他们早就应该收回的。在某些地区，他们采取了十分激进的做法；而在其他地区，他们的做法则相对温和。在长期遭受不公的对待和残酷的剥削之后，如果这些悲愤的人做出了一系列令我们讨厌的举动，难道我们还能责怪他们吗？他们被忽略和蔑视，不曾有人自找麻烦来教会他们基本的礼仪。

弱者和被压迫者发起的动乱让统治阶级感到无比恐惧。全世界的统治阶级串通一气，想要镇压这场巨变。因此法西斯主义蔓延开来，而帝国主义镇压了所有的反对势力。关于民主、人民福祉以及托管的动听言论早已消失得无影无踪了，统治阶级和既得利益集团开始进行赤裸裸的独裁统治，而这种做法在许多地区似乎都取得了胜利。一个更加残酷的时代出现了。在这个时代里，铁腕人物频频涌现，暴力统治横行，因为无论何处，新旧秩序都开展着生与死的较量。纵观全球，无论是在欧洲、美国还是在印度，风险都在增大，而旧政权的命运仍然悬而未决，尽管当前它起来看似乎还很坚固。一旦整个帝国主义-资本主义体系的根基开始动摇，甚至已经不能履行任何责任或者达到任何要求，不彻底的改革是不可能解决目前所面临的问题的。

无数的政治、经济和种族矛盾让当今世界阴云密布，上空一直笼罩着战争的阴霾。据说，最根本的矛盾是帝国主义与法西斯主义以及帝国主义和共产主义之间的矛盾。这个矛盾已经成为世界性的问题，绝对没有妥协的余地。

封建主义、资本主义、社会主义、无政府主义、共产主义——如此多的主义！在它们身后，机会主义也是如影随形！但是也有许多心怀理想主义的人。他们并非是凭空幻想，天马行空，而是想要为伟大的人类目标而奋斗，想要实现人类社会的伟大理想。萧伯纳（George Bernard Shaw）曾经在某本书上写道：

人生真正的快乐，在于你自认有一个伟大的生活目标；在于被扔进垃圾堆之前完全发挥了自己的力量；在于自己是自然界的力量之一，而不是无病呻吟、自怨自艾、只会埋怨世界，怪它没有倾尽一切让你感到愉快。

通过对历史的探究，我们知道了世界是如何变得越来越紧凑的，世界各部分是如何联系在一起而且互为依存的。当今世界的确已经成了一个不可分割的整体，其各个组成部分都在相互作用、相互影响。现代历史不再是散乱的国家历史了，我们早已超越了那个阶段。如果要让我们书写的世界历史有意义，就必须将世界作为唯一的主线，将所有国家串联到一起，并力图找到推动国家发展的真正力量。

在过去，即使国家与国家之间因为地理等许多屏障被隔绝开来，它们也受到了共同的国际和洲际力量的深刻影响。伟人总能留名史册，这是因为人的因素在任何命运的危急时刻都发挥了重要作用。但是，比个人力量更为强大的，是那些发挥了重要作用的巨大力量，它们几乎毫无目的，有时又是冷酷无情；在这些伟大力量的驱使之下，渺小的人类只能随波逐流。

这就是我们生存的当今世界。巨大的力量影响着万千人类，它们就像地震或者其他自然巨变那样带来了翻天覆地的变化。不论我们如何努力，我们也不可能阻挡它们前进的步伐，也许在我们的小天地里，我们可能对它们产生细微的影响，让它们放慢步伐，或者改变它们前进的方向。在遭遇这些力量时，不同性格的人有着不同的反应：一些人深感恐惧，而其他人则对此表示热烈欢迎；一些人试图与之斗争，而另一些人则无助地屈从于命运的摆弄；还有一些人想要迎风破浪，略微控制这些力量，为它们指引方向；这些人甘愿自冒风险，享受积极参与这一伟大进程的无上乐趣。

对我们而言，20世纪是个动荡不安的世纪，没有和平可言；20世纪的三分之一已经过去，满是战争和革命。法西斯党魁墨索里尼曾说："这是一个革命的世界，历史事件本身就是推动我们向前的巨大力量，就像难以平息的意志。"伟大的共产主义者托洛茨基也警告我们不要妄想和平和安逸的生活，他说："显然，20世纪是人类有史以来最为动荡不安的世纪。那些一心要想追求和平安逸生活的同代人，压根儿就不应该出生在这个时代。"

这个世界正在经历阵痛，而战争和革命的阴云沉重地压在天空之上。如果我们不能逃离宿命，又应该如何面对它呢？要像遇到危险的鸵鸟一样消极逃避吗？还是干脆勇敢地参与到事件的发展过程中，面对一切可能面对的风险和困境，享受投入一场伟大冒险活动的乐趣，感受"我们与历史的步伐一致"的自豪呢？

我们，或者至少是那些在思考的人，都在满怀期盼地展望未来，看着未来逐渐展开在我们的面前，变成了现在的一切。一些人满怀希望，等待着结果，而另一些人则惊恐不安。这会是一个更加公平和快乐的世界吗？在这个世界里，生命中的美好事物是否会不再仅仅属于少数人，而是让大众都能够自由享受呢？抑或这个世界还会比当今世界更为严酷，而世界文明发展所带来的许多舒适便利在残酷的毁灭战争之后就会彻底消失呢？这是两种极端情况，两种情况都可能会发生，似乎不可能有折中的路线。

我们在等待和观望的时候，我们也在为我们所期望的世界而努力奋斗着。人类之所以能够从野蛮阶段进化到文明社会，是因为他们从不会无助地屈服于自然法则，他们常常会奋力反抗，渴望控制自然，让它为人类的利益服务。

这就是现在。创造明天是你和你们这一代人的责任。全世界无数孩子们正在成长，也正在努力学习，积极参与创造美好的明天。

59.历史的教训

历史并不令人愉快。人类尽管自诩取得了很大的进步，但仍然是讨厌而自私的动物。在人类史漫长而沉闷的记录中，充斥着自私、好斗和残忍，但是透过这一切，还是可以看到一线进步的希望。我算是个乐观主义者，往往会对未来充满希望。但是不能让我们的乐观蒙住我们的双眼，看不到周围的黑暗之处，看不到不合时宜的、轻率的乐观主义的危险性，因为世界的过去和现在都没有给乐观主义太多的发展空间。对于那些理想主义者和那些不愿轻信的人，这个世界是个很艰难的地方。有各种各样的问题被提了出来，却没有直接的答案；各种各样的疑问出现了，也不会轻易消失。这世界上为什么有如此之多的愚蠢和苦难？这是个古老的问题，它困扰着 2 500 年前我们国家的悉达多王子。根据传说，他问了自己这个问题很多次，然后受到了启迪，成了佛。据说，他自问：

梵天（Brahm）怎么能够创造一个世界，
却又让它如此悲惨呢？
既然他是万能的，
他却让世界成为这个样子，

那么他就不仁慈，

如果他不是万能的，

那他就不是造物主了吗？

在我们自己的国家里，为自由而战的斗争还在继续，然而，我们的许多同胞对此并不在意，而是在相互之间争论、争吵，并且以一个宗派或者宗教集团或者狭隘的阶级的立场来思考问题，忘记了广大民众的利益。还有一些人对自由毫无想象：

……与独裁者休战，变得温顺驯服，

他们拾起被扔掉的王冠和信条，

给破布和碎片重新镀金。

以法律和秩序之名，独裁兴旺起来，并试图镇压那些不向它屈服的人们。奇怪的是，应该成为弱者和受压迫者的避难之所的东西，在压迫者的手中却成了武器。这封信已经引用了好几段语录了，但我必须再引用一段，因为这一段对我很有感染力，而其似乎很适合我们目前的状态。它选自孟德斯鸠的一本书。孟德斯鸠是18世纪法国的一位哲学家。

没有哪一种暴政会比在法律庇护下、披着正义色彩的暴政更为残酷，它用同一条船溺死了我们本希望搭救的不幸者。

　　我给你提供的只不过是最简单的概述而已。这不是历史，它们不过是对过去漫长历史的快速一瞥。如果你对历史感兴趣，如果你感受到了历史的奇妙，你就会自愿地大量阅读书籍，解开联系各个时代的线索。但是只读书还不够。如果你想了解过去，你就必须带着同情和理解来看待过去。要了解一位历史人物，你就得深入理解他所处的环境，即他的生活状况以及他的思想。那种用现在的情况和思想来判断历史人物的做法是十分荒谬的。比如，在当今世界，奴隶制度受到彻底的反对，但是伟大的柏拉图则认为奴隶制度是极其必要的。近些年来，无数人拼命地想要保持美国的奴隶制度。我们不能用现在的标准来看待历史，这是每个人都愿意承认的。但是没人认为使用过去的标准来评判现在也是同样荒谬的做法。尤其是各种宗教发挥了重要作用，它们将传统信仰和习俗完全固定了下来，这也许在其诞生之特定年代和国度中产生了某些积极作用，但是对当今时代则极其不合时宜了。

　　如果你能带着同情的眼光来看待过去的历史，你就会发现枯燥的历史也会变得无比生动、丰富起来。你会看到，在不同时代和不同地域之中，无数人（男人、女人和儿童）都走在自己特定的历史轨迹之上，他们和我们不同，但又与我们极为相似，都拥有同样的人类美德和弱点。历史不是一场魔术表演，但会给那些洞察历史的人带来不可思议的魔力。

　　来自历史艺术长廊中的无数画面纷纷涌入我们的脑海。埃及—巴比伦—尼尼微—古印度文明—雅利安人来到印度并散布到整个欧亚大陆—中国的灿烂文化—克诺索斯和希腊—罗马帝国和拜占庭—阿拉伯人成功地穿越了两个大陆—印度文化的复兴以及衰落—鲜为人知的美洲玛雅文明以及阿兹特克文明—蒙古铁蹄横扫世界—欧洲中世纪以及那些美轮美奂的哥特式大教堂—伊斯兰教来到印度，莫卧儿王朝开始其统治—西欧文艺复兴—发现美洲大陆以及开拓东方航线—西方列强开始侵略东方—大型机械问世，资本主义得到发展—工业化进程加快，欧洲获得世界主导权，帝国主义猖獗横行—现代世界的科学奇迹。

　　这些伟大的帝国崛起又陨落，遭到后人的彻底遗忘，直到它们的遗迹被孜孜不倦的探索者从深深的沙土中挖掘出来，才再次回到人们的视线里。这些帝国早已烟消云散，但是许多奇思妙想流传至今，仍然生机勃勃，带来了更加深远的影响。

　　　　权势滔天的埃及摇摇欲坠，

　　　　慢慢地跌入了人们记忆的深渊；

　　　　希腊陨落了，特洛伊之城化为了废墟，

　　　　辉煌的罗马已经失去了头上的桂冠，

　　　　威尼斯的骄傲已然荡然无存。但是孩子们的梦想，

　　　　虚无缥缈、难以捉摸、毫无用处，

　　　　好比地上的阴影，一文不值，

　　　　却流传至今。

玛丽·柯勒律治（Mary Coleridge）如此吟唱着。

　　过去给予了我们丰厚的馈赠。的确，今天我们所拥有的一切，如文化、文明、科学以及对部分真理的了解，都是从古到今的历史给予我们的馈赠。我们的确对过去负有义务。但是我们的责任或者义务并非只限于过去，我们也对未来负有责任，也许这个责任还要比对过去的责任更加重要。因为过去已然过去，早已成为定局，我们无力扭转。而未来还在路上，我们也许还能稍微对它产生一丝影响。如果我们在过去已经得到了部分真理，那么还有许多真理隐藏在未来，我们还得一一寻找。但是，过去总是那么顽固，它将我们紧紧地攥在手心，对未来怀着深深的嫉恨。我们必须与过去斗争，奋力挣脱它的束缚，跌跌撞撞地向着未来前行。

　　有人说，我们可以从历史中学到许多教训；也有人说，历史绝不会重复。这两种说法都是对的，如果我们只是盲目地模仿，或者眼巴巴地盼着它重复发生、一成不变的话，我们是什么都学不到的。但是，如果我们深入探寻，努力去发现推动历史发展的力量，我们就一定能够从中受益。即便如此，我们也不可能得到直接的答案。卡尔·马克思说过："历史不会提供过去问题的答案，它只会不断地提出新的问题。"

　　在过去，人们心怀信仰，盲目地相信这一切，从未产生过任何疑问。如果以前的建筑师、修建者和人民大众没有拥有如此虔诚的信仰，他们就不可能为后世留下如此恢弘的寺庙、清真寺以及大教堂。他们恭恭敬敬地将一块一块的石头堆积起来，在上面雕刻出美丽的图案，他们的虔诚由此可见一斑。古老寺庙的塔尖、清真寺的细长光塔以及直指上苍的哥特式大教堂，带着万般虔诚，似乎每一块石头都饱含着对上苍恭敬的祈祷，这些建筑体现出古人心中深深的信仰，虽然我们现今缺乏这样的信仰，但是也会对它们产生无限的景仰之情。但是信仰的时代已经过去了，石头的魔力也随之消失得无影无踪。现在许多寺庙、清真寺和大教堂仍在继续修建，但是它们已经失去了中世纪时期使其具有无限生机的精神了。它们就像代表着我们这个时代的商业大楼一样，体现的是时代的精神。

我们的时代与之全然不同。这是一个精神幻灭、充满困惑和迟疑的时代。我们已经抛弃了许多古代的信仰和习俗。无论是在亚洲、欧洲还是在美洲，都已经没有了信仰。因此我们找寻着新的途径，新的、与我们所处环境融合在一起的真理。我们相互质疑，不断争论，提出了无数的"主义"和哲学。就像在苏格拉底时代，当今时代的人们也怀疑一切，但是这种怀疑已不再限于雅典这样的一座城市了，现在这已经成了全球的普遍现象。

有时，这个世界缺乏正义，充满痛苦，野蛮残暴，让我们深感压抑，满心绝望，看不到任何出路。像马修·阿诺德（Matthew Arnold）一样，我们在这个世界上看不到任何希望，我们只能做到真诚以对。

啊，爱人，让我们彼此

忠诚坚贞！因为这个世界，

它像梦幻之地在我们面前摊开，

> 如此多样，如此美丽，如此崭新，
>
> 其实没有欢乐，没有爱情，也没有光明，
>
> 没有确定，没有平和，痛苦也没有助援；
>
> 而我们在此也如同身处暗夜的平原，
>
> 响遍了抗争斗杀的阵阵杂乱警鸣，
>
> 有如无知的队伍趁夜交兵。[1]

但是如果我们深陷于如此阴郁的想法，我们就不可能从人生或历史中获得有用的教训。因为历史能让我们了解发展、进步以及人类发展的无限可能性。人生是多姿多彩的，尽管它也会沼泽遍布、泥泞不堪，但是我们还能看到大海、高山、白雪、冰川、美妙的星空之夜（尤其是在监狱里！），享受来自家人和朋友的关爱、投身于共同大业的同志之情、优美的音乐、精彩的书本以及伟大的思想。我们也许会如此感叹：

> 上帝啊，虽然我居住在地球之上，是地球的孩子，
>
> 但是我也是浩瀚星空之子。[2]

我们可以轻而易举地赞叹宇宙的瑰丽，愉快地生活在这个充满思想和想象的世界里。但是如果我们沉溺于安逸的生活，

1　译文引自《多佛海滩》，王道余译。——译者注

2　这是亨利·纽波特爵士（Sir Henry Newbolt）所写《最后的谜》（*The Final Mystery*）的一句。——译者注

逃避他人的痛苦，罔顾他们的遭遇，那么这就丧失了勇气与同情。思想要证实自己的合理性，就必然会转化为行动。"行动是思想的结果，"我们的朋友罗曼·罗兰（Roman Rolland）如是说，"任何不付诸行动的思想都是背叛，都是枉然。如果我们是思想的奴仆，那么我们必须也是行动的奴仆。"

人们逃避行动，常常是因为他们害怕行动所带来的后果，因为行动意味着风险。远远看去，危险是那么可怕，但是如果走近一观，看起来就不那么恐怖了。它还是会令人感到愉悦的伴侣，给人生带来激情和乐趣。如果按部就班地生活着，就会时常感觉枯燥，我们将太多东西看得过于平常，不能从中获得任何快乐。可是，如果我们暂时失去了它们，我们又会再次感受到人生之中这些再普通不过的事物究竟有多么珍贵！许多人喜欢攀登高峰，甘愿冒着生命危险，去体验征服险峰、克服苦难所带来的喜悦与豪情。由于他们时时刻刻都在感触危险，因此他们的感官就变得更加敏锐，那种命悬一线的生活所带来的快感则会更加强烈。

我们都可以自由选择，要么为了人身的安全，选择居住在浓雾弥漫的山谷之中，要么勇敢攀登高峰，与危险相伴，但能呼吸高处纯净的空气，远眺美景，并迎接新升的太阳。

在这封信中，我大量引用了名言和诗句。在信件的末尾处，我还想要引用拉宾德拉纳特·泰戈尔的诗句。下面的祷告诗出自泰戈尔的《吉檀迦利》（*Gitanjali*）：

在那里，心是无畏的，头也抬得高昂；

在那里，知识是自由的；

在那里，世界还没有被狭小的家国的墙隔成片段；

在那里，话是从真理的深处说出；

在那里，不懈的努力向着'完美'伸臂；

在那里，理智的清泉没有沉没在积习的荒漠之中；

在那里，心灵是受你的指引，

走向那不断放宽的思想与行为——进入那自由的天国，

我的父呵，让我的国家觉醒起来罢。[1]

1　译文引自《吉檀迦利》，冰心译。——译者注

后　记

　　五年零三个月之前，我在台拉登地区监狱的囚室里写完了该系列的最后一封信。我两年的刑期正在接近尾声，我把在这漫长孤寂生活中（但是在我脑海之中总有你相伴）写给你的那一大堆信件放到了一边，开始重整思绪，思考出狱之后要参与的各种运动和行动。很快我就刑满释放了，但是五个月之后，我又被判决入狱两年，不得不再次回到了监狱之中。于是，我再次提笔记事，而这一次的故事则与我自己有着更为密切的关系了。

　　我再次出狱，我们都感到十分悲伤，从此以后我都未能走出这个人生的阴霾。但是，个人的不幸在这个冲突不断的悲惨世界中是无足轻重的，我们必须拼尽全力进行斗争，给这个世界带来剧烈的改变。随后我们挥手告别，你走上了一条求学之路，受尽一切呵护，而我则投身于混战之中，远离了平静的人生。

　　五年多的光阴逝去了，沉重的战争和苦难也随之化为了历史的画面，现实世界与梦想世界也越隔越远。有时，希望就像溺水之人那样想要努力地大口呼吸，却被身后追逐的恶魔一把掐住了脖子。在我奋笔疾书之时，我眼前的阿拉伯海波澜壮阔、无际无边，如此美不胜收，寂静如甜蜜的梦乡，在银色的月光之下闪动着粼粼波光。

在这篇后记中，我想要向你讲述这五年中所发生的事件，因为这些信件将会整理成册，成为新书出版，而我的出版商则要求信件的内容必须得与时俱进。这个任务十分艰难，因为这段时间内发生了太多的事情，如果我有时间提笔进行写作，我就会超过限额写出另一本书来。就算是略略记录每件大事都会是相当冗长累赘的。因此我只能概要地介绍历史事件。在我早已完成的信件中，我又加上了一些注释，为你提供更多的史实。好了，现在我们可以来简要地回顾过去的五年了。

在最后的几封信中，我提到了现代世界的巨大矛盾和竞争，指出纳粹主义和法西斯主义的发展以及战争的阴影，希望引起你的关注。在这五年里，这些竞争和冲突大为加剧了，尽管新的世界大战至今并未发生，但是在非洲、欧洲以及远东地区，都发生了许多惨绝人寰的大型战争。每年甚至每个月，都会发生侵略战争和恐怖行为。这个世界变得越来越杂乱无章，国际关系也没有任何秩序可言，国际联盟等为国际合作所做出的努力全都惨淡收场。裁军早就成了历史，现在每个国家都拼尽了全力，疯狂地加强军备。恐惧紧紧地攫住了这个世界。在不可一世、咄咄逼人的纳粹主义和法西斯主义的攻击之下，整个欧洲大陆瑟瑟发抖，它的情况以极快的速度恶化，走上了野蛮暴力之路。

在之前的信件中，我十分详尽地分析了引发1914年至1918年世界大战的各种原因、这场大战的产物《凡尔赛和约》以及《国际联盟盟约》。但是，固有的问题还未得以解决，而许多新问题又不断涌现：战争赔款、战争债务、裁军、集体安全、经济危机以及大规模的失业现象。在和平问题背后仍然还有许多曾经破坏了世界平衡的重要社会问题。在苏联，新的社会力量已经获得了胜利，他们不畏巨大的困难和外界的压力，正在努力建设一个新的世界。在其他地区，深刻的社会变革也在不断继续，但是找不到任何突破口，最终还是遭到了现有政治经济体系的控制。世界的物质大为丰富，生产力得到了巨大提高，无数代人的梦想终于实现了。但是，早已习惯束缚的奴隶会害怕自由的来临，愚蠢的人类早已对物资稀缺习以为常，他们很难摆脱这种定式思维。因此，新的财富受到极大的限制，遭到刻意的抛弃，然而事实上，这个世界的失业问题越来越严重，而人民的生活也越来越痛苦。

各种会议在不断地召开，世界各国代表常常聚集在一起，想要解决这个惊人的矛盾，并确保和平不受影响。战后的确签订了许多协议和条约，也建立了许多联盟，如《华盛顿条约》、《洛迦诺公约》、《凯洛格-白里安公约》以及《互不侵犯条约》，但是这些条约并未触及最根本的问题，只要触及残酷的现实，这些条约或者协议就会立即失效，任由赤裸裸的武力来裁决欧洲的命运。《凡尔赛和约》已经名存实亡，欧洲的版图再次发生了改变，世界正在划分新的格局。战争债务已经不再是问题了，那些最富有的国家已经决定放弃偿还了。

因此，我们又倒退回到1914年大战爆发之前的局面，所有的问题和矛盾依然存在，只不过比当初严重了上百倍。资本主义制度正在不断衰退，经济民族主义因而得以不断蔓延，大型垄断组织也取得了进一步的发展。它变得十分激进和暴力，甚至都不能容忍议会民主制的存在了。法西斯主义和纳粹主义应运而生，它们公然实施暴力血腥行为，将战争作为它们政策的最终目标。与此同时，一个伟大的新兴大国在苏联大地上崛起，它将会一直挑战旧秩序，并对帝国主义和法西斯主义起到强大的遏制作用。

我们所处的时代是革命的时代，这场革命自1914年大战爆发之后就开始了，它年复一年、日复一日，从未停止，让整个世界都陷入了矛盾冲突的剧痛之中。150年之前的法国大革命逐渐开创了一个政治平等的时代，但是当今时代已经不同往日了，仅此政治平等已是孤掌难鸣。现在，民主的界限必须拓宽，要将经济平等也纳入其中。这是我们每一个人都必须经历的革命，这场革命才能确保经济平等，从而使民主具有完整的意义，并让我们能够与科技发展的步伐保持一致。

这种平等是与帝国主义或资本主义背道而驰的，因为这两种主义都建立在不平等以及对他国或者某个阶级的剥削基础之上。因此，那些受益于这种剥削的人将会极力抗拒这种平等。一旦它们之间的矛盾加剧，甚至就连政治平等和议会民主的概念都会遭到彻底否定。这就是法西斯主义，它的做法几乎再现了那个落后的中世纪。它极力宣扬种族优越，虽然不再尊奉皇帝，却将一位领袖推上了神坛，让他得到了无上的权力。在过去的五年里，法西斯主义的势力极大地增强了，它不断地攻击一切民主原则以及自由文明的概念，这就使如何保护民主成了今日世界所面临的重要问题。在当今世界，最根本的矛盾并不在于共产主义和社会主义与法西斯主义之间，而是在于民主和法西斯主义之间。因此，所有真正的民主力量联合在了一起，共同反对法西斯主义。今日的西班牙完全就是一个典范。

但是在民主政治的背后不可避免地隐藏着更进一步的民主观点。正是因为害怕这点，世界各国的反动分子虽然满口民主的漂亮话，却对法西斯主义表示赞同和拥护。法西斯国家的角色十分明显了，它们的目标或政策已是确定无疑的。但是，在这种状况之下，最关键的因素是那些所谓民主国家所扮演的角色，尤其是英国。在亚洲、非洲以及欧洲，英国政府从头到尾都非常反动，它大力支持法西斯主义和纳粹主义的发展。奇怪的是，它甚至不惜危及大英帝国的安全，也要纵容法西斯和纳粹主义的行为，由此可见它多害怕真正民主的发展，对法西斯领袖表达了非常多的阶级同情。如果法西斯主义足以强大到统治全世界的话，英国政府可是"功不可没"啊。美国则对民主更在意，不止一次提议要与其他国家联合压制法西斯的侵略行为，但是英国断然拒绝了这个提议。法国由于太过依赖伦敦城以及英国的对外政策，所以完全不敢单独行动。

在劳工问题上，英国也一直反对国际劳工大会（International Labour Conference）。1937年6月，国际劳工大会委员会批准了一项公约，规定纺织行业的工作时间为一周40小时。它顶住了英国的极力反对，通过了这项约定。就连英国的各大自治领都反对英国，转而支持美国。当然，英国政府指派的印度代表还是站在了英国一边。美国代表团成员（其中包括企业主和政府代表）评论道："来到日内瓦之前，没人知道英国政府有这么反动。"其中一个人还补充道："英国就是最反动的势力。"

　　尽管国际联盟有各种不足，但是它仍然是国际共识的象征，《国际联盟盟约》也对侵略行为制定了相应的惩罚措施。在日本入侵满洲里时，它只是指派了一个调查委员会前往调查，随后对此侵略行为屡次表示了谴责，但是除此之外，并未采取任何有效的行动。英国政府实际上完全支持日本的冒险行为，从此以后，除了偶有偏差之外，它就始终贯彻着无视和削弱国际联盟的政策方针。纳粹主义崛起，公然推行着对外侵犯的政策，直接对国际联盟发起了挑战，但是英国和法国姑息了这种行为，任由国际联盟慢慢衰落。法西斯国家一个个都退出了国际联盟，德国在1933年10月退出了，而日本和意大利也紧随其后。1934年9月，苏联的加入为国际联盟输入了新鲜的血液。出于对纳粹德国的恐惧，法国选择与苏联结为同盟，但是英国不顾《国际联盟盟约》，拒绝与苏联合作，宁愿与纳粹德国结为盟友。法西斯国家的每次侵略都得逞了，这就让它们更加肆无忌惮，也让它们确信它们可以明目张胆地反抗国际联盟，却又不用遭受任何惩罚，因为它们清楚地知道英国政府是不会表示反对的。

　　正是因为英国政府和法西斯国家不断勾结，才能够解释中国、阿比西尼亚、西班牙和中欧所发生的一切。我们终于明白，代表着和平愿望和人类进步的光荣国际联盟为什么今日却会如此衰败不堪。

现在，我们已经看到，日本在满洲里大获全胜，并在那里建立起了一个傀儡政权——"满洲国"，公然反抗了国际联盟，也彻底蔑视了国际社会。尽管它的确发动了军事入侵，但是没有宣战。日本在当地挑起内部争斗，以此作为派军干涉的借口。意大利和德国随后对这种新的手段大加改进，它们在海外发起规模空前的虚假宣传，使这种手段更加完善。现在不会有任何国家宣战，宣战是过去的历史了。1937年，希特勒在纽伦堡发表讲话，他指出："如果我想要攻击我的敌人，我是不会与之协商，并耗费数月做好战备，我只会采用我一贯的做法：像暗夜划过的闪电那样，快速地扑倒我的敌人。"

1935年1月，在全民公投的支持下，德国占领了萨尔盆地。同年5月，希特勒最终撕毁了《凡尔赛和约》中的裁军条款，下令德国实行全民义务兵役制。德国公然单方面撕毁和约的行为让法国大为恐慌。然而英国却默许了，而英国更过分的行为还在后面。一个月后，英国与德国秘密签订了《海军条约》。这个条约本身就违背了《凡尔赛和约》，因此英国自己也在无视这个和约。最令人感到惊讶的是，在英德签订该条约的时候，德国正在大规模地重整军备，威胁到整个欧洲的安全；英国在没有通知自己的老盟友法国的情况下，就做出了此等行为。在法国看来，英国的行为完全是背信弃义，这让法国十分恐惧，于是它赶紧与墨索里尼达成了协议，以尽可能减少来自意法边境的威胁。

阿比西尼亚[1]——墨索里尼终于等到了他一直苦苦等待的机会。很多年前，他就打算要入侵阿比西尼亚，但是他一直不确定英国和法国的态度，所以他总是犹豫不决。法国和意大利之间局势始终很紧张。1934年10月，南斯拉夫国王亚历山大一世与法国外长路易·巴尔都（Louis Barthou）在马赛遭到刺杀，这很明显是意大利特工所为。现在，墨索里尼确信法国和英国都难以有效地反对意大利侵略阿比西尼亚的行为了。1935年10月，意大利入侵阿比西尼亚，而当时国际联盟正在举行会议。阿比西尼亚是国际联盟的成员国，整个世界都对其遭到侵略而感到十分震惊。国际联盟宣布意大利为侵略者，很久之后才慢吞吞地对它进行经济制裁，也就是说，禁止任何国际联盟成员国与它发生商品交易。但是最重要的军需品，如石油、钢铁、煤炭，并不在禁止交易商品之列。英伊石油公司（Anglo-Iranian Oil Co.）加班加点地努力生产，以保证对意大利的石油供应。经济制裁让意大利颇感不便，但是没有给它的行动带来严重困难。美国建议禁运石油，但是遭到了英国的强烈反对。

英国外交大臣塞缪尔·霍尔爵士（Sir Samuel Hoare）以及法国部长拉瓦尔先生（Monsieur Laval）达成一致意见，同意意大利占领阿比西尼亚的大片土地，但是这引起了公众的强烈愤慨，塞缪尔·霍尔爵士为此被迫辞职。在这种情况下，阿比西尼亚民众同仇敌忾，英勇反抗，但是在意大利近地飞机的大面积轰炸

1　今名埃塞俄比亚。——编者注

面前，他们的力量实在太过弱小了。意大利使用了大量的燃烧弹和毒气弹来攻击平民、救护车和医院，连妇女和儿童都不放过，实为史上最为血腥残暴的屠杀。1936年5月，意大利军队进入阿比西尼亚首都亚的斯亚贝巴（Addis Ababa），随后占领了该国大部分地区。两年半之后，阿比西尼亚民众仍在边远地区进行各种抵抗行动。即使英国和法国现在已经承认了意大利对阿比西尼亚的控制，但是要占领阿比西尼亚还为时尚早。

国际联盟诸国背叛了阿比西尼亚，让其陷入悲剧之中，这让全世界都清楚地认识到，国际联盟已然形同虚设。希特勒现在可以毫不畏惧地蔑视国际联盟了。1936年3月，他指挥大军进入非军事区莱茵兰地区，从而再一次撕毁了《凡尔赛和约》。

西班牙——1936年，法西斯势力再次发起攻势，想要将欧洲控制在自己手中。这场斗争势必将会是一场维护民主和自由的生死之战。我们早已了解，敌对势力妄图想要夺取西班牙的控制权，而这个年轻的共和国则与教会和半封建反动势力展开了殊死搏斗。最后，进步组织团结一致、万众一心，并于1936年2月建立了人民阵线。在此之前，法国早已建立了一个人民阵线来对抗日益强大的法西斯势力，这个法西斯势力公然威胁法兰西共和国，甚至还组织起一场并未成功的起义。当时法国民众热情高涨，法国人民阵线借此势头取得了大选的胜利，随后组建政府，通过了许多救济工人的法律。

西班牙人民阵线也在西班牙议会的选举中大获全胜，并组建了政府。它承诺将会实施各种遭到长期拖延的改革，并抑制教会的权力。反动势力十分害怕改革，他们马上勾结在一起，决意进行反击。他们向意大利和德国寻求援助，还对西班牙的摩尔人军队许下重诺。1936年7月18日，佛朗哥将军发动叛乱。他不仅得到了军队的支持，还得到了两大强国的援助。共和国似乎已然摇摇欲坠了，但是就在濒临绝境的关头，号召西班牙民众保卫自由，并给他们分发了武器。普通民众积极响应号召，几乎赤手空拳地对抗着拥有枪炮和飞机的佛朗哥叛军。他们竟然成功地拖住了佛朗哥前进的步伐。海外志愿者大批涌入西班牙为民主而战，他们组建了国际纵队（International Brigade），在共和国最急需帮助的时刻提供了非常重要的帮助。但是，来到西班牙的不仅仅只是志愿者，还有大批的意大利常规军，他们成了佛朗哥的有力支持者，随之而来的还有意大利和德国提供的飞机、飞行员、武器以及技术人员。支持佛朗哥的是来自德意两大强国经验丰富的参谋人员，而支撑着共和国的却是热情、勇气以及牺牲精神。1936年11月，叛军已经行进到了马德里郊外，但是共和国的人民付出了极大的努力，使叛军停步于此，难以向前继续迈进。"禁止通行！"是人民发出的呐喊声。马德里日夜忍受着飞机和大炮的轰炸，城内辉煌的建筑完全沦为了一片废墟，敌人发射的燃烧弹让这座城市经常陷入火海之中，最英勇的共和国儿女为了保卫国家献出了宝贵的生命，而这座伟大的城市却始终不可征服，也无法战胜。两年过去了，叛军还是被困在马德里郊外，始终不能向前一步。"禁止通行"的呼声响彻云霄，满目疮痍的悲情马德里一直高高地昂起自由的头颅，它已经成了西班牙人民不屈不挠、自尊自强精神的象征。

我们必须理解这场西班牙战争，因为它远非地方战争或者国内斗争。一开始，西班牙的反动势力发起了一场叛乱，想要推翻经过民主选举而组建起来的议会。他们提出共产主义已经威胁到西班牙，而宗教也正处于危险之中，极尽危险耸听之能事，但是事实上在人民阵线代表中，共产主义者屈指可数，绝大多数都是社会主义者和共和主义者。至于宗教，来自巴斯克地区（Basque）的天主教徒一直都是共和国最勇猛的斗士。共和国保证人民享有宗教自由，这与德国希特勒的做法是截然不同的，但它是坚决反对教会在土地和教育方面的既得利益的。当时，反动分子十分害怕民主会打击并彻底终结封建土地制度，于是发起了叛乱以反对民主。我以前就说过，一旦民主威胁到反动势力的根本利益，后者是既不会遵守民主形式，也不会尝试让全体选民改弦易辙的，这对他们来说是多此一举的做法。他们只会付诸武力，通过暴力和恐怖手段将反动意志强加给人民大众。

意大利和德国两大法西斯国家自愿与参与叛乱的西班牙军事和宗教集团结为同盟，因为它们想要操纵西班牙，进而控制地中海地区，并在那里修建海军基地。它们也想要得到西班牙的矿产资源。因此，西班牙战争不是内战，实际上是一场欧陆战争，是一场企图击溃法国、削弱英国从而构建法西斯主义在欧洲主导地位的权力的政治角逐。德国和意大利的利益并不一致，但是眼下它们勾结在了一起。

如果西班牙也成为法西斯国家，法国就会遭受致命的打击，而英国通过地中海飞往好望角和东方的航线也会处于威胁之中。直布罗陀海峡从此就会毫无用处，而苏伊士运河也会一文不值。因此，就算不是出于对民主的热爱，仅是为了维护本国的利益，英国和法国都应该向西班牙政府提供各种正当援助，以彻底镇压西班牙国内的叛乱。但是我们发现，阶级利益又一次凌驾于国家利益之上，操纵了政府的一举一动。英国政府制定了"不干涉计划"，而这个计划完全就是我们时代最可笑的闹剧。德国和意大利都是"不干涉委员会"（Non-Intervention Committee）的成员，但是它们公然支持西班牙叛军，并承认叛军政府为合法政府。它们还派遣本国军队援助佛朗哥，它们的飞机飞临西班牙城镇上空大肆轰炸。"不干涉"从此就意味着唯有叛军才能获得援助。英国政府还怂恿法国政府关闭位于比利牛斯山脉（Pyrenees）的法西边境，禁止任何援助流向西班牙共和国。

佛朗哥的飞机或舰船炸沉了向共和国运送粮食的英国船只，然而英国首相张伯伦先生（Mr. Chamberlain）却为佛朗哥的行为强辩。英国政府做出如此表态，是因为它害怕民主的影响日益扩大。几天之前，它与意大利签订了一份条约，进一步认可了佛朗哥的地位，让意大利更加肆无忌惮地干涉西班牙内务。如果西班牙共和国把全部希望都寄托在英法两国身上并依照它们的意见行事的话，那么它现在早就已经消失得无影无踪了。但是，不论英法两国采用何种政策，西班牙人民都拒绝向法西斯主义投降。对他们而言，这是一场西班牙民族反抗外国侵略者、维护本国独立的民族战争，必将流芳百世、永载史册。他们以非凡的勇气和忍耐力创造了无数的奇迹，让世界为之侧目。在这场战争中，最惨无人道的是支持佛朗哥的意德两国飞机对西班牙城镇和平民的无差别轰炸。

在过去的两年时间里，共和国已经建立了一支战斗力惊人的军队，而最近他们已经将所有外国志愿者都送出了国境。

尽管佛朗哥占领了西班牙近75%的土地，也断绝了马德里和瓦伦西亚（Valencia）与加泰罗尼亚的联系，新生的共和国军队现在却死死地拖住了他前进的步伐。后来，埃布罗河战役（Battle of Ebro）爆发，这场惨烈的战役持续不断地打了几个月，新生的共和军队则在这场战争中充分地证明了自己的作战能力。显然，除非佛朗哥得到国际社会的大力支持，否则他是无法打败这支共和国军队的。

现在，共和国面临的最大困难就是食品短缺，尤其是在冬季这段时间内。因为共和国不仅需要供应军粮，还必须为其控制范围内的普通居民提供食品。除此之外，它还得为那些从佛朗哥军队占领区逃到共和国区域内的无数难民提供食品。

中国——西班牙的悲剧就到此为止吧，现在让我们把目光转向悲惨的中国。

日本仍在继续侵略满洲里，我曾经告诉过你，英国公然对此表示支持。美国曾向英国提出共同合作，抵制日本侵略，但是英国断然拒绝了。为什么英国会如此支持日本的侵略行为，放任这个竞争对手日益强大呢？从20世纪早期开始，英国几乎一直在为日本保驾护航，帮助它发展成了一个强大的帝国主义国家。一开始，英国的目的是想要扶持日本对抗沙俄。世界大战结束后，英国的两大竞争对手则是美国和苏联，因此，即便日本威胁到了它的重要利益，它仍然一直沿用了传统的亲日政策，至今也未曾改变。美国在1933年承认了苏联政府，其中一个原因是由于它与日本之间的激烈竞争。

从1933年以来，中国大地上出现了许多政权：其一，是获得列强认可的蒋介石国民政府；其二，是同样声称秉承国民党意志的南方广东国民政府；其三，是控制中国内陆大片土地的苏维埃政权；其四，是内陆地区为数众多的半独立军阀统治政府。在北平以北，日本正在不断地蚕食着中国的土地。蒋介石并未抵抗日本的侵略，他集中全部力量，年复一年派遣国民军队远征中国内地，意图彻底镇压中国的苏维埃政权。这些远征行动大多遭到了失败，即便国民军队占领了苏维埃地区，中国的苏维埃红军也会成功逃离，进入更偏远的地区再次建立他们的政权。红军在朱德的领导下进行了跨越中国的12000公里长征，这个惊心动魄的行动已经成了军事史上的经典。

尽管中国苏维埃政权向蒋介石提议合作，共同抵抗日本侵略，但是这两大政权之间的冲突仍然从未消停。1937年，日本大举进攻中国，终于促使混战之中的各大势力实现联合，共同建立了抗日统一战线。中国进一步向苏联靠拢，1937年11月，中苏两国签订了《互不侵犯条约》。

日本遭遇了激烈的抵抗。日本派遣飞机轰炸中国城镇，采取各种令人难以置信的野蛮暴行，大肆屠杀中国军民，妄图击溃中国的反抗。但是中华民族在这场残酷的考验中实现了新生，长久以来的麻木不仁从中国人民身上完全褪尽了。众多伟大的城市在日军飞机的轰炸中化为了灰烬，无数的中国人民死于非命。然而，日本也承受了很大的压力，它的金融和经济体系已经显现出崩溃的迹象。印度人民自然会无比同情中国人民以及西班牙共和国。在印度、美国以及世界其他地区都发起了抵制日货的大规模行动。

　　强大的日本军事机器仍在横扫中国大地，而中国人民则采用了游击战术来骚扰日本军队，并取得了极大的成功。日本占领了上海和南京后，继续向广州和汉口进发，但是中国人宁愿烧毁这两座繁华的城市，也不愿将之拱手让与日本人。即使日本军队占领了这些城市，他们所得到的也不过是已经化作焦炭的废墟，就像拿破仑当年占领莫斯科一样。但是，中国人民的反抗是不会被日本人击垮的，每一次新的危难只会让他们更加顽强，更加勇猛。

　　奥地利——现在让我们重新回到欧洲，看看奥地利是如何迎来如此悲惨的结局的。这个小共和国经济破产，国家分裂，受到两面夹击：一面是蠢蠢欲动的纳粹德国，而另一面则是虎视眈眈的意大利法西斯。尽管维也纳市政当局是由进步的社会主义者在控制，但是整个奥地利是在陶尔斐斯（Dollfuss）总理的教权法西斯主义（clerical fascism）的统治之下，这个独裁者投靠墨索里尼，以此来避免纳粹的侵略。意大利违背《凡尔赛和约》，派遣军队支持陶尔斐斯，墨索里尼还建议他镇压奥地利国内的社会主义者。陶尔斐斯决定解除维也纳社会主义工人的武装，进而发动了1934年2月的反革命运动。维也纳的战斗持续了4天，许多著名的工人住所遭到炮轰，部分遭到彻底破坏。陶尔斐斯取得了胜利，但是也颠覆了其国内唯一有能力抵抗外来侵略的组织。

与此同时，纳粹也在继续玩弄阴谋诡计。1934年6月，陶尔斐斯在维也纳遭到纳粹分子的暗杀。原本这场政变之后德国纳粹马上就会入侵奥地利。希特勒正要派遣纳粹军队穿过德奥边境时，墨索里尼却发出警告，威胁将要派遣意大利军队保卫奥地利，对抗德国军队，这就让希特勒不得不停止侵略行动。墨索里尼不想看到德国吞并奥地利，进而与意大利紧紧毗邻。1935年，希特勒正式宣布，他不会兼并奥地利，或者寻求德奥合并。

但是意大利对阿比西尼亚的侵略削弱了它的力量，再加上它与英法之间的摩擦加剧，墨索里尼只好与希特勒达成协议。现在，希特勒可以随心所欲地处理奥地利问题了，纳粹活动随机越发猖獗起来。1938年初，英国首相张伯伦明确表示英国不会插手奥地利事务。随后，事态发展更为迅速。奥地利舒施尼格（Schuschnigg）总理决定举行公民投票，但是遭到希特勒的坚决反对。1938年3月，德军入侵奥地利。这个历经帝国沧桑的古老国度走到了终点，从此奥地利从欧洲版图上消失了。奥地利末任总理舒施尼格沦为了德国人的阶下囚，由于他不肯完全妥协，纳粹德国威胁将会对他进行审判。现在他还处于纳粹分子的囚禁之中。

纳粹德国进入奥地利后，纳粹分子更加疯狂地对奥地利人民实施恐怖统治，其手段之残暴，远胜德国纳粹早期在德国实施的恐怖统治。无论是过去还是现在，犹太人都遭受了极大的痛苦，而在维也纳城内，野蛮暴力大行其道，恐怖手段层出不穷，这座城市已经不复往日的美丽和文明。

捷克斯洛伐克——纳粹在奥地利的胜利让欧洲大为震惊，但是捷克斯洛伐克的恐惧最为强烈，因为它现在已经遭到纳粹德国的三面包围。许多人都认为纳粹德国会马上入侵捷克斯洛伐克。而在此之前，纳粹分子已经开始采用惯常的手段，玩弄各种阴谋诡计，试图在捷克斯洛伐克的边境地区挑起内部矛盾。

在捷克斯洛伐克的苏台德地区，即古老的波希米亚，聚居人口均为讲德语的居民，这些人曾经是奥匈帝国的主体民族。他们并不接受捷克斯洛伐克，提出了许多合法的抱怨，他们希望得到自治权。他们也不想加入德国，他们中有不少德裔是全然反对纳粹政权的。波希米亚以前从来都不是德国的一部分。奥地利消失之后，希特勒很可能会入侵捷克斯洛伐克。一想到这点，许多人就感到十分害怕，因此他们纷纷加入当地纳粹政党，以保证自己的安全。

捷克斯洛伐克拥有十分稳固的国际地位。它是一个发达的工业国家，国家组织严密，军队实力强大，作战效率极高。它与法国和苏联都缔结了同盟，而英国也理应在发生冲突之时站到它这一边。作为中欧地区硕果仅存的民主国家，它得到了世界各国（包括美国）所有民主人士的同情和支持。一旦战争爆发，只要民主力量能够团结一致，纳粹势力无疑将会一败涂地。

苏台德地区少数民族问题再次被提起，当然他们的痛苦的确应尽力抚平。但事实上，捷克斯洛伐克少数民族的待遇远比中欧其他地区的少数民族好得多。真正的问题并非是这个少数民族的问题，而是希特勒想要夺取东南欧地区的控制权以及通过暴力和恐吓强加其意志的欲望。

捷克政府尽最大的努力来解决这个少数民族问题，它几乎同意了纳粹的全部要求。但是只要捷克政府退让一步，对方就会再进一步，提出更加过分的要求，最后就会威胁到这个国家的存亡。显然，希特勒的目的是要扫除这个给他的行动造成莫大障碍的民主国家。英国的政策名义上是要采用和平的方式解决这个问题，但实际上助长了希特勒的侵略行为。英国政府将朗西曼勋爵（Lord Runciman）派到布拉格进行调停，但是英国的调停工作实际上是不断地对捷克政府施压，让它屈从于纳粹的要求。

最后捷克人接受了朗西曼勋爵的提议，尽管这本来就会对捷克的形势造成深远的影响，但是现在纳粹分子变得更加贪婪，他们为了强迫执行其要求，开始调动德国军队做出进攻的姿态。于是张伯伦先生亲自插手这次事件，他前往贝希特斯加登（Berchtesgaden）与希特勒会晤，在那里接受了希特勒的最后通牒，同意将大片捷克土地割让给德国。随后，英国和法国也对它们的盟友捷克斯洛伐克发出了最后通牒，逼迫它立即接受希特勒的条件，并威胁如果它不照办就完全将之抛弃。面对盟国的背叛，捷克人民惊愕不已，最终捷克政府在悲痛和绝望中屈从了。张伯伦先生来到莱茵河畔的哥德斯堡（Godesberg），与希特勒再次会晤，他发现希特勒再次狮子大开口。这次就连张伯伦都无法妥协了。1938年9月的最后一个星期，世界战争就像黑沉沉的阴影一样在欧洲上空弥散开来。人们赶紧寻找防毒面具，在公园和花园里努力挖掘壕沟，以躲避德军的空中轰炸。张伯伦急匆匆赶往慕尼黑，这一次就连法国总统达拉第先生（Monsieur Daladier）和墨索里尼先生也赶来了，与希特勒一起展开会谈。苏联虽然是法国和捷克斯洛伐克的盟国，却并未收到邀请。尽管这次会谈将会决定捷克斯洛伐克的命运，但是会谈四方完全没有与同为盟国的捷克斯洛伐克商量之意。希特勒提出了会给欧洲带来深远影响的新要求，还威胁将会立即发动侵略战争，因此其他三方全盘接受了希特勒的要求。9月29日，会谈四国签订了包括希特勒上述要求在内的《慕尼黑协定》。

　　战争得以暂时避免，欧洲各国人民顿时松了一口气。但是欧洲为此付出了沉重的代价，英法两国无耻透顶、丢尽了脸面，欧洲的民主制度遭受了沉重的打击，捷克斯洛伐克四分五裂，作为和平工具的国际联盟荡然无存，而纳粹则在中欧和东南欧取得了巨大的成功。这场无耻交易所得来的和平却不过只是暂时休战而已，在这段时间内，欧洲各国都在疯狂地整顿军备，厉兵秣马，为即将爆发的战争做好一切准备。

　　《慕尼黑协定》是欧洲乃至世界史上的转折点。欧洲再次重新划分势力范围，英国和法国政府竟然公然与纳粹主义和法西斯主义站到了一起。英国忙不迭地批准了《英意条约》，承认了意大利占领阿比西尼亚，并任由意大利插手西班牙内务。英、法、德、意四国协定开始逐渐成形，它们组成了联合阵线，共同对抗苏联以及西班牙等地区的民主力量。

　　苏联——尽管这些年来，这些超级大国总是玩弄各种阴谋诡计，不断违背神圣的誓言，苏联却一直严格地履行国际责任和义务，维护和平，反对侵略，直至最后也从未置盟国捷克斯洛伐克于不顾，这是非常值得注意的一点。但是，英国和法国完全无视它，转而对侵略者示好，而遭受英法背叛的捷克斯洛伐克也走上了纳粹的道路，从而终止了它与苏联的联盟关系。捷克斯洛伐克已经四分五裂，而匈牙利和波兰却趁火打劫，贪婪地从中捞取好处。捷克斯洛伐克内部发生了许多重大变化，斯洛伐克（Slovakia）也宣布实行自治。该国仅存的部分现在几乎沦为了德国的殖民地。

　　因此苏联的外交政策严重受挫。但是，现在的苏联十分强大，也是欧亚地区法西斯主义和反民主势力扩张之路上的唯一障碍。尽管英法两国近来无视苏联，但是它仍是当今世界最强大的国家之一。第一个五年计划取得了总体上的成功，尽管它在细节方面失败了，尤其是并未能提高产品的质量。苏联的机械技师都没有接受过训练，国内交通状况也大部分没有得到改善。集中全力发展重工业的后果是消费品紧缺以及人民生活水平下降。但是这项计划使苏联快速实现了工业化以及农业的集约化，为将来的发展打下了坚实的基础。第二个五年计划（1933—1937）把中心从重工业转移到了轻工业上，目的在于摆脱第一个五年计划的缺陷，大力生产消费品。这个计划取得了巨大的进步，人民生活水平得到了改善，而且还在不断地提高。无论是在文化教育方面，还是在许多其他领域，苏联社会所取得的进步都是令人瞩目的。苏联极力想要保持发展势头，巩固其社会主义经济体制，因此它始终在国际事务中贯彻执行和平的政策。在国际联盟中，它支持大规模裁军、集体安全以及共同反对侵略。它尽力改变自己，以适应资本主义大国的要求，因此共产党设法与其他进步政党联合在一起，建立了"人民阵线"或"联合阵线"。

从整体上看，苏联的进步十分显著，社会经济得以快速发展，但是它在这段时间内也经历了一场严重的内部危机。在前面某一封信中，我已经讲到过斯大林和托洛茨基之间的矛盾。许多对现有政权深感不满的人逐渐聚集在一起，据说其中一些人甚至里通外国，勾结法西斯国家密谋造反。据称就连苏联情报机关国家政治管理局（GPU）的首领雅戈达（Yagoda）也与这群人有千丝万缕的联系。1934年12月，苏联政府高官基洛夫（Kirov）遭到谋杀。政府随即就对反对者采取了十分严酷的手段，从1937年开始，政府对无数牵涉其中的显要人士进行了一系列的政治审查和公审，在国际社会引起了极大的争议。

那些遭到审判的人有所谓的托洛茨基派、右倾领袖们，包括莱科夫（Rykov）、托姆斯基（Tomsky）与布哈林（Bukharin），以及军队将领（其中最显要的是图哈切夫斯基元帅（Marshal Tuchachevsky）。

　　我也不太清楚审判内容或者让他们遭受厄运的具体事件，因为事情实在太过复杂含糊了。但是毫无疑问，这些审查让许多人都惊恐不安，甚至就连苏联的朋友都深受影响，进而加深了外界对苏联的偏见。了解内情的人相信，的确有人策划了惊天阴谋，妄图推翻斯大林政权，而审查都是正当的。似乎可以确定的是，这场阴谋并未得到广泛的支持，而苏联人民肯定是反对斯大林的敌人的。尽管如此，苏联国内的镇压活动波及范围极广，程度极高，也许伤害到了许多无辜的人，但这也显示苏联整体政治局势并不平稳，而且这场残酷的镇压也极大地损害了苏联的国际地位。

　　经济复苏——自1930年起，全球贸易出现大幅下滑的趋势，经济走入低谷，资本主义世界在数年时间内一蹶不振。终于它显示出了复苏的迹象。绝大多数国家的经济形势都有了部分好转，其中英国的复苏情况最为显著。英国受益于英镑贬值、高额关税以及对大英帝国自治领市场和资源的盘剥。英国设置关税壁垒，为国内产业提供政府补贴，进行农业改革，并有效组织生产商以减少国内竞争，这一系列举措让其国内市场得以复苏。它尝试着对生产和国内分配进行计划。它也对丹麦和斯堪的纳维亚国家施加压力，迫使它们购买英国商品。

虽然经济大为复苏了，但是国际贸易受到了极大的损害。因此，这只不过是相对而言，也绝不能称之为完全复苏。真正的复苏取决于国际贸易的振兴。必须注意的是，英国并未偿还，也并不打算偿还它所欠下的美国外债。各国纷纷进行大规模的军备重整，这在一定程度上也促进了全球经济的复苏。但是这种复苏显然是既无保障也不稳定的。严重的失业问题仍然存在。

大英帝国——尽管英国暂时渡过了经济危机，但是大英帝国的情况仍极不乐观，各种意图瓦解它的政治经济势力比以往更为强大了。甚至就连帝国的统治者们都已经失去了信心和希望，不相信大英帝国还能继续存在。他们根本无法解决其内部问题。一心想要争取独立的印度也变得更加强大了，小小的巴勒斯坦也让他们心烦意乱。在资本主义世界中，英国最大的竞争对手美国一直在挑战英国的霸权。当英国政府倒向法西斯国家时，美国便进一步疏远了英国。苏联成功地建成了社会主义，反对一切帝国主义。德国和意大利则贪婪地望着大英帝国的丰厚财产。在慕尼黑，面对它们的威胁，英国一直唯唯诺诺，委曲求全，这就让它们更加轻视它，简直把它当成了一个二流国家，并用十分傲慢的语言把它呼来喝去。本来英国也许可以通过发展民主制度、坚持集体安全政策来巩固它的地位，但是它选择放弃一切，转而支持希特勒。现在，英国帝国主义陷入了慕尼黑政策所带来的无数矛盾之中，进退两难，已经无可救药了。

殖民地——现在德国提出了殖民地的要求，它就是"一无所有"和"不满现状"的国家。那些众多没有殖民地的小国又怎么样了呢？而那些真正"一无所有"的殖民地人民又该如何？整个争论是建立在帝国主义体系延续的基础之上的。一个国家满意与否取决于它所采取的经济政策。而在帝国主义之下，不满意的情况总会存在，这是因为不平等是帝国主义的常态。在俄国革命之前，据说沙俄就是一个不满现状、不断扩张的国家。现在的苏联虽然国土面积缩小了，但是对现状"很满意"，这是因为它没有帝国主义野心，并且推行着不同的经济政策。

德国如此渴望得到殖民地，这并非是因为除此之外它就无法得到原材料（市场都是开放的，它想买就能买到），而是因为它想要盘剥殖民地的人民来牟取私利。它用早已贬值的德国货币，即所谓的被"冻结"的马克来支付给殖民地，继而强迫他们购买德国的商品。

我已经为你列举了过去五年内所发生的一些主要事件以及它们所带来的影响。我都不知道应该在哪里停笔了，因为全球各地骚动不安，冲突不断，而变化也极为频繁，我们已经不可能仅从某地或者某国层面来思考全球问题，更不要说解决这些问题了。必须从世界整体层面上来解决这些问题。与此同时，世界形势愈加恶化，战争和暴力主导了整个世界。欧洲曾经无比自豪地引领着现代世界，但是现在已经在隆隆的炮火声中重新回到了野蛮时代。欧洲古老的统治阶级完全无能为力，无法找出一条突破重重难关的出路。

《慕尼黑协定》彻底打破了这个世界本就不稳定的平衡。东南欧开始向纳粹势力投降，纳粹的阴谋在每个国家中也愈演愈烈。称作"奥斯陆集团"（Oslo Group）的欧洲小国（丹麦、挪威、瑞典、芬兰、荷兰、比利时与卢森堡）意识到与英国的友好关系对它们毫无价值，它们于是宣布中立，拒绝承担任何集体安全责任。日本在远东变得更加咄咄逼人，它占领了广东，进而与英国在香港的利益产生了矛盾冲突。巴勒斯坦的局势也在急速恶化。英美关系也降到了冰点。张伯伦先生与法西斯国家站到了一起，美国的罗斯福总统却不断公开指责纳粹主义的意图和手段。出于对欧洲冲突以及英法对法西斯侵略之态度的厌恶，美国对此不予理会、置身事外，同时也开始大规模地重整军备。苏联也是这样做的。它的结盟政策以及与西方国家签订的《互不侵犯条约》都没有取得成效，而它可能要遭到排挤，被迫陷入孤立的局面。但是美国和苏联都清楚地认识到，在这个纷繁复杂的世界里，没有任何国家可以完全置身事外或者保持中立，只要世界爆发冲突，它们都必然会被拖入其中。因此它们都在积极做好一切准备。

美国——罗斯福总统的美国内政遭遇了许多阻碍，最高法院以及反动势力都对他进行了诸多阻挠。在最近的几次选举中，罗斯福总统的对手共和党人在国会中的势力大为增强。但是罗斯福总统在美国人心中仍然享有极高的威望和地位。

罗斯福总统也遵循着要与南美政府发展友好关系的政策。在墨西哥，政府和英美石油利益集团一直矛盾不断。在墨西哥大地上发生了一场影响深远的革命，确立了墨西哥人民的国家权力。教会以及那些在石油与土地方面拥有既得利益的团体失去了许多特权，因此它们都对这些变革表示了强烈的反对。

土耳其——在这个冲突不休的世界里，土耳其没有任何外来的敌人，看上去似乎格外地平静祥和。它早已解决了与希腊和巴尔干国家之间由来已久的仇恨。它与苏联以及英国的关系都相当不错。它与法国就亚历山大勒塔的归属问题发生了冲突。你应该还记得，法国政府曾经把它的托管地叙利亚分割成为五个小国，亚历山大勒塔就是其中之一。亚历山大勒塔的主要居民为土耳其人，最终法国接受了土耳其的意见，让这个地区成为一个自治的国家[1]。

土耳其在睿智的凯末尔·阿塔土克的领导下，摆脱了种族等问题，全心全意投身于国内建设发展之中。阿塔土克一生都在为土耳其人民服务。他于1938年11月10日过世，在此之前，他有幸得知他的努力已经获得了巨大的成功。最后，他的老战友伊斯麦特·伊诺努（Ismet Inonu）将军接替了他的职位，出任土耳其总统一职。

伊斯兰教——凯末尔·阿塔土克让中东地区的伊斯兰教重新焕发了活力。伊斯兰教摆脱了中世纪观念，从而跟上了当今世界变革的步伐。阿塔土克的做法给中东地区的伊斯兰国家带来了深远的影响，它们建立现代国家，奉行民族主义，而不再

---

1 1939年，即亚历山大勒塔脱离法国托管的第二年，该国举行了一次全民公投，公投决定加入土耳其共和国。——编者注

以宗教作为治国基础了[1]。但是，由于印度的穆斯林遭到帝国主义的控制，因此印度所受到的影响并不像其他伊斯兰国家那样显著。

冲突不断的世界——欧洲和太平洋是当今世界两大战场。在这两个区域中，气势汹汹的纳粹主义试图摧毁民主和自由，统治整个世界。国际纳粹主义联盟已经形成，它不仅公然发动战争（虽然并未宣战），而且还在各个国家玩弄阴谋诡计，挑起矛盾冲突，从而创造插手干涉的机会。它大肆颂扬战争和暴力，并展开规模空前的虚假宣传。尽管国际共产主义早已偃旗息鼓，多年以来始终支持着世界和平和民主，但是它仍然叫嚣着反共产主义的口号，用以掩盖其帝国主义的野心和图谋。在美国，纳粹分子多次密谋生事。1937年12月，法国发现了一起颠覆共和国的阴谋。卡古拉德分子（Cagoulard），即所谓的"戴帽子的人"，是这次阴谋的组织策划者，德国和意大利为他们提供了大量的武器援助，他们就借此大肆展开爆炸袭击和谋杀活动。在英国，拥有极大影响力的团队则促使英国的外交政策朝着纳粹路线转变。

国际纳粹主义不仅仅只是最为极端的帝国主义，还制造了许多宗教和种族矛盾，重演了中世纪的场面。在德国，天主教会和新教都遭到了镇压。德国还大肆宣扬种族优越论，而意大

1　事实上，从凯末尔时代至今，中东地区从未完全接纳现代世俗国家及其政教分离原则。半个多世纪以来，中东经历了多次以宗教立国、反世俗国家的浪潮，包括1979年的伊朗伊斯兰革命与近年的伊斯兰国（ISIS）。——编者注

利随后也如法炮制。从此，犹太人，甚至犹太人的后裔，都遭到了无情的杀戮，纳粹分子采用了科学的手段无情地施展暴行，其冷酷血腥程度简直世所罕见、前所未有。纳粹对犹太种族的残酷迫害彻底激怒了一位年轻的波兰籍犹太男子。1938年11月初，他在巴黎刺杀了一名德国大使。这本是个人行为，但是德国政府迅速地对全部犹太人展开了有组织的恐怖镇压。德国境内所有犹太教堂都被烧毁了，犹太人的商店遭到大规模的抢劫，损失十分严重。无数犹太人在大街上和自己家中遭到了野蛮的袭击。在纳粹领袖的眼中，这些行为都是正当的。除此之外，他们还将8 000万英镑的罚款强加在德国犹太人身上。

这个自古以来就背负着伤痛的犹太民族悲痛万分，他们脆弱无助、无家可归，要么绝望地自杀，要么大批地逃离，他们开始源源不断地踏上了征途，但是又能去向何方呢？当今世界简直是难民遍布，犹太人、苏台德地区的德国社会民主党人、从佛朗哥占领的土地上逃出来的西班牙农民、中国人、阿比西尼亚人，多得简直数不胜数。这就是纳粹主义和法西斯主义造成的恶果。整个世界都惊慌失措，许多组织纷纷建立起来帮助这些难民。但是英法这两个所谓的民主政府奉行与纳粹德国和意大利法西斯保持友好合作关系的政策，因此它们都是造成法西斯恐怖蔓延以及文明礼仪毁灭的帮凶，而无数的人沦为难民，变成了无家可归的流浪者。如果这就是纳粹国家所代表的，就像圣雄甘地所说的那样，"毫无疑问，德国是不会得到盟友的。一个自称代表正义和民主的国家怎么会与公然反对正义和民主的国家结为同盟呢？或者英国的意图就是想进行军事独裁统治吧？"

如果英法两国已经沦为了法西斯国家的卫道士，那么中欧和东南欧小国会完全倒向法西斯怀抱就完全不足为奇了。事实上，它们正在快速地沦为法西斯主义的奴隶。只有纳粹德国才是它们的主宰。德国还是比意大利技高一筹，意大利现在已经不能与之平起平坐，它在法西斯联盟中已然退居次席了。德国和意大利都想要扩张殖民地范围，但是德国的真正梦想是向东推进，占领乌克兰和苏联。英国和法国可能会支持德国的行动，它们天真地认为，这或许能够帮助它们保护现有的一切。

美苏两个大国挺身而出，它们是现代世界最强大的两个国家，其广阔的国土让它们几乎能够自给自足，它们几乎是不可战胜的。出于各种不同的原因，它们都反对法西斯和纳粹。在欧洲，苏联是唯一可以抵抗法西斯的屏障。如果它也遭到毁灭，那么欧洲的民主制度就彻底终结了，英国和法国必然也不会幸免。美国远离欧洲大陆，它不会轻易地介入欧洲事务，也不想牵涉其中。但是一旦美国插手欧洲或者太平洋的事务，它必定会让世界真切地体会到它的强大力量。

在印度和东方国家，自由和民主相伴而来，英国的一些自治领甚至远比英国政府更加进步。民主和自由在今天陷入了巨大的危险之中，这场危机尤为严峻，正是因为那些假装支持民主自由之友的无耻背叛。但是西班牙和中国为我们树立了绝佳的榜样，展现了真正的民主精神，鼓舞了整个世界。这两个国家都挺过了残酷的战火，正在建立起一个崭新的民族，而它们国家生活的多个领域都开始焕发出生机和活力。

1935年，阿比西尼亚遭到侵略；1936年，西班牙受到攻击；1937年，中国再次遭到侵略；1938年，奥地利遭到纳粹德国侵略，并从地图上彻底消失了，捷克斯洛伐克四分五裂，沦为了德国的附属。每年，世界都那么多灾多难。1939年我们又会迎来什么呢？它会给我们以及世界带来什么呢？

1938年11月14日，阿拉伯海

图书在版编目（CIP）数据

尼赫鲁世界史 /（印）尼赫鲁著；梁本彬等译 . 一
北京：中信出版社，2016.6
　书名原文：Glimpses of World History
　ISBN 978-7-5086-5987-9

　Ⅰ . ①尼… Ⅱ . ①尼… ②梁… Ⅲ . ①世界史－通俗－
读物 Ⅳ . ① K109

　中国版本图书馆 CIP 数据核字 (2016) 第 047081 号

尼赫鲁世界史

著　　者：［印度］贾瓦哈拉尔·尼赫鲁
译　　者：梁本彬　梁爽　孙匀　熊笛　杨婷婷
策划推广：中信出版社（China CITIC Press）
出版发行：中信出版集团股份有限公司
　　　　　（北京市朝阳区惠新东街甲 4 号富盛大厦 2 座 邮编 100029）
　　　　　（CITIC Publishing Group）
承 印 者：北京盛通印刷股份有限公司

开　　本：880mm×1230mm 1/32　　印　　张：13.75
插　　页：32　　　　　　　　　　　字　　数：235 千字
版　　次：2016 年 6 月第 1 版　　　印　　次：2016 年 6 月第 1 次印刷
广告经营许可证：京朝工商广字第 8087 号
书　　号：ISBN 978-7-5086-5987-9
定　　价：68.00 元